पुराण साहित्य भारतीय साहित्य और जीवन का अक्षुण्ण निधि है। इनमें मानव जीवन के उत्कर्ष और अपकर्ष की अनेक गाथाएं मिलती हैं। अठारह पुराण में अलग-अलग देवी-देवताओं को केन्द्र में रखकर पाप और पुण्य, धर्म और अर्थ, कर्म और अकर्म की गाथा कही गई है। इस रूप में पुराणों का पठन और आधुनिक जीवन की सीमा में मूल्यों की स्थापना आज के मनुष्य को एक निश्चित दिशा दे सकता है।

निरन्तर द्वन्द्व और निरन्तर द्वन्द्व से मुक्ति का प्रयास मनुष्य की संस्कृति का मूल आधार है। पुराण हमें आधार देते हैं। इसी उद्देश्य को लेकर पाठकों की रुचि के अनुसार सरल, सहज भाषा में प्रस्तुत है पुराण-साहित्य की श्रृंखला में **'वराह पुराण'**।

वराह पुराण

डॉ. विनय

डायमंड बुक्स

प्रकाशक डायमंड पॉकेट बुक्स (प्रा.) लि.

X-30 ओखला इंडस्ट्रियल एरिया, फेज-II

नई दिल्ली- 110020

फोन : 011-40712200

ई-मेल : ebooks@dpb.in

वेबसाइट : www.diamondbook.in

मुद्रक :

VARAH PURAN

By – *Dr. Vinay*

प्रस्तावना

भारतीय जीवन-धारा में जिन ग्रंथों का महत्त्वपूर्ण स्थान है, उनमें पुराण भक्ति ग्रंथों के रूप में बहुत महत्त्वपूरण माने जाते हैं। पुराण-साहित्य भारतीय जीवन और साहित्य कौ अक्षुण्ण निधि है। इनमें मानव जीवन के उत्कर्ष और अपकर्ष की अनेक गाथाएं मिलती हैं। भारतीय चिंतन-परंपरा में कर्मकांड युग, उपनिषद युग अर्थात् ज्ञान युग और पुराण युग अर्थात् भक्ति युग का निरंतर विकास होता हुआ दिखाई देता है। कर्मकांड से ज्ञान की ओर आते हुए भारतीय मानस के ऊर्ध्व शिखर पर पहुंचा और ज्ञानात्मक चिंतन के बाद शक्ति की धारा प्रवाहित हुई।

विकास की इसी प्रक्रिया में बहुदेववाद और निर्गुण ब्रह्म की स्वरूपात्मक व्याख्या से धीरे-धीरे भारतीय मानस अवतारवाद या सगुण शक्ति की ओर प्रेरित हुआ। पुराण साहित्य सामान्यतया सगुण भक्ति का प्रतिपादन करता है। यहीं आकर हमें यह भी मालूम होता है कि सृष्टि के रहस्यों के विषय में भारतीय मनीषा ने कितना चिंतन और मनन किया है। पुराण साहित्य को केवल धार्मिक और कथा कहकर छोड़ देना उस पूरी चिंतन-धारा से अपने को अपरिचित रखना होगा जिसे जाने बिना हम वास्तविक रूप में अपनी परंपरा को नहीं जान सकते।

परंपरा का ज्ञान किसी भी स्तर पर बहुत आवश्यक होता है क्योंकि परंपरा से अपने को संबद्ध करना और तब आधुनिक होकर उससे मुक्त होना बौद्धिक विकास की एक प्रक्रिया है। हमारे पुराण-साहित्य में सृष्टि की उत्पत्ति, विकास- मानव उत्पत्ति और फिर उसके विविध विकासात्मक सोपान इस तरह से दिए हैं कि यदि उनसे चमकदार और अतिरिक्त विश्वास के अंश ध्यान न रखे जाएं तो अनेक बात बहुत कुछ विज्ञानसम्मत भी हो सकती है क्योंकि जहां तक के रहस्य का प्रश्न है, विकासवाद के सिद्धांत के बावजूद और वैज्ञानिक जानकारी के होने पर भी वह अभी तक मनुष्य की बुद्धि के लिए एक चुनौती है। इसलिए जिन बातों का वर्णन सृष्टि के संदर्भ में पुराण-साहित्य में हुआ है, उसे एकाएक पूरी से नहीं नकारा जा सकता।

महर्षि वेदव्यास को इन अठारह पुराणों का का श्रेय है। महाभारत के रचयिता भी वेदव्यास ही हैं। वेदव्यास एक व्यक्ति रहे होंगे या एक पीठ, ये प्रश्न दूसरा है और यह भी बात अलग है कि सारे पुराण कथा-कथन शैली में विकासशील रचनाएं हैं। इसलिए उनके मूल रूप में परिवर्तन होता गया। लेकिन यदि ध्यानपूर्वक देखा जाए तो ये सारे पुराण विश्वास की उस भूमि पर अधिष्ठित हैं, जहां ऐतिहासिकता, भूगोल का तर्क उतना महत्त्वपूर्ण नहीं रहता जितना उसमें व्यक्त जीवन-मूल्यों का स्वरूप। यह बात दूसरी है कि जिन जीवन-मूल्यों की स्थापना उस काल में पुराण-साहित्य में की गई वे हमारे आज के संदर्भ में कितने प्रासंगिक रह गए है? लेकिन साथ में यह भी कहना होगा कि धर्म और धर्म का आस्थामूलक व्यवहार किसी तर्क और मूल्यवत्ता की प्रासंगिकता की अपेक्षा नहीं करता। उसमें एक ऐसा आत्मविश्वास और आत्मालोक जन्म लेता है जिससे मानव का उत्कर्ष होता है। हम कितनी भी भौतिक और वैज्ञानिक उन्नति कर लें, अंततः आस्था की तुलना में यह उन्नति अधिक देर नहीं ठहरती। इसलिए इन पुराणों का महत्त्व तर्क पर अधिक आधारित न होकर भावना और विश्वास पर आधारित है और इन्हीं अर्थों में इनका महत्त्व है।

जैसा कि हमने कहा कि पुराण-साहित्य में अवतारवाद की प्रतिष्ठा है, निर्गुण, निराकार की सत्ता को मानते हुए सगुण साकार की उपासना का प्रतिदिन इन ग्रंथों का मूल विषय है। अठारह पुराणों में अलग-अलग देवी-देवताओं को केन्द्र में रखकर पाप और पुण्य, धर्म और अधर्म तथा कर्म और अकर्म की गाथाएं कही गई हैं। उन सबसे एक ही निष्कर्ष निकलता है कि आखिर मनुष्य और इस सृष्टि का आधार-सौंदर्य तथा इसकी मानवीय अर्थवत्ता में कहीं-न-कहीं सद्गुणों की प्रतिष्ठा होनी ही चाहिए। आधुनिक जीवन में भी संघर्ष की अनेक भाबूभमियों पर आने के बाद भी विशिष्ट मानव मूल्य अपनी अर्थवत्ता नहीं खो सकते। त्याग, प्रेम, भक्ति, सेवा, सहनशीलता आदि ऐसे मानव-गुण हैं जिनके अभाव में किसी भी बेहतर समाज की कल्पना नहीं की जा सकती। इसीलिए भिन्न-भिन्न पुराणों में देवताओं के विभिन्न स्वरूपों को लेकर मूल्य के स्तर पर एक विराट आयोजन मिलता है। एक बात और आश्चर्यजनक रूप से पुराणों में मिलती है कि सत्कर्म की प्रतिष्ठा

की प्रक्रिया में अपकर्म और दुष्कर्म का व्यापक चित्रण करने में पुराणकार कभी पीछे नहीं हटते और उसके देवताओं की कुप्रवृत्तियों को भी व्यापक रूप में चित्रित किया है लेकिन उसका मूल उद्देश्य सद्भावना का विकास और सत्य की प्रतिष्ठा ही है।

कलयुग का जैसा वर्णन पुराणों में मिलता है, आज हम लगभग वैसा ही समय देख रहे हैं। अतः यह तो निश्चित है कि पुराणकार ने समय के विकास में वृत्तियों को और वृत्तियों के विकास को बहुत ठीक तरह से पहचाना। इस रूप में पुराण का पठन और आधुनिक जीवन की सीमा में मूल्यों का स्थापन आज के मनुष्य को एक दिशा तो दे सकता है क्योंकि आधुनिक जीवन में अंधविश्वास का विरोध करना तो तर्कपूर्ण है लेकिन विश्वास का विरोध करना आत्महत्या के समान है।

प्रत्येक पुराण में हजारों श्लोक हैं और उनमें कथा कहने की प्रवृत्ति तथा भक्त के गुणों की विशेष परख अभिव्यक्ति बार-बार हुई है। लेकिन चेतन और अचेतन के तमाम रहस्यात्मक स्वरूपों का चित्रण, पुनरुक्ति भाव से होने के बाद भी बहुत प्रभावशील हुआ है और हिन्दी में अनेक पुराणों यथावत लिखे गए। फिर प्रश्न उठा सकता है कि हमने इस प्रकार पुराणों का लेखन और प्रकाशन क्यों प्रारम्भ किया? उत्तर स्पष्ट है कि जिन पाठकों तक अपने प्रकाशन की सीमा में अन्य पुराण नहीं पहुंचे होंगे, हम उन तक पहुंचाने का प्रयास करेंगे और इस पठनीय साहित्य को उनके सामने प्रस्तुत कर जीवन और जगत् की स्वतंत्र धारणा स्थापित करने का प्रयास कर सकेंगे।

हमने मूल पुराणों में कही हुई बातें और शैली को यथावत स्वीकारा है और सामान्य व्यक्ति को भी समझ में आने वाली सामान्य भाषा का प्रयोग किया है। किंतु जो तत्त्वदर्शी शब्द हैं उनका वैसा ही प्रयोग करने का निश्चय इसलिए किया गया कि उनका ज्ञान हमारे पाठकों को उसी रूप में हो। हम आज के जीवन की विडंबनापूर्ण स्थिति के बीच से गुजर रहे हैं। हमारे बहुत सारे मूल्य खंडित हो गए हैं। आधुनिक ज्ञान के नाम पर विदेशी चिंतन का प्रभाव हमारे ऊपर बहुत अधिक हावी हो रहा है इसलिए एक संघर्ष हमें अपनी मानसिकता से ही करना होगा कि अपनी परंपरा में जो ग्रहणीय है, मूल्यपरक है उस पर

फिर से लौटना होगा। साथ में तार्किक विदेशी ज्ञान भंडार से भी अपरिचित नहीं रहना होगा क्योंकि विकल्प में जो कुछ भी हमें दिया है, वह आरोहण और नकल के अतिरिक्त कुछ नहीं। मनुष्य का मन बहुत विचित्र है और उस विचित्रता में विश्वास और विश्वास के द्वंद्व भी निरंतर होता रहता है। इस द्वंद्व से परे होना ही मनुष्य जीवन का ध्येय हो सकता है। निरन्तर द्वंद्व और निरंतर द्वंद्व से मुक्ति का प्रयास मनुष्य की संस्कृति के विकास का यही मूल आधार है। हमारे पुराण हमें आधार देते हैं और यही ध्यान में रखकर हमने सरल, सहज भाषा में अपने पाठकों के सामने पुराण-साहित्य प्रस्तुत करने का प्रयास किया है। इसमें हम केवल प्रस्तोता हैं, लेखक नहीं। जो कुछ हमारे साहित्य में है। उसे उसी रूप में चित्रित करते हुए हमें गर्व का अनुभव हो रहा है।

'डायमण्ड पॉकेट बुक्स' के श्री नरेन्द्र कुमार जी के प्रति हम बहुत आभारी हैं कि उन्होंने भारतीय धार्मिक जनता को अपने साहित्य से परिचित कराने का महत् अनुष्ठान किया है। देवता एक भाव संज्ञा भी है और आस्था का आधार भी। इसलिए वह हमारे लिए अनिवार्य है। यह पुराण उन्हीं के लिए है, जिनके लिए यह अनिवार्य है।

– डॉ. विनय

वराह पुराण का महत्व

वराह पुराण में भगवान नारायण के वराह रूप धारण करके पृथ्वी का उद्धार करने की कथा है। इसमें पंच महाभूतों के बारे में भी बताया है। सतयुग, त्रेता, द्वापर और कलयुग नामक चार युगों का वर्णन वराह भगवान् ने करते हुए प्रथम कल्प के प्रारम्भ में स्वायंभुव मनु और उनके पुत्रों के बारे में बताया है।

नारद इसमें प्रियव्रत को नारायण मंत्र के विषय में बताते हुए ब्रह्मपार स्तोत्र के विषय में बताते हैं। अश्वशिरा नामक राजा की कथा है, जो बहुत धर्मात्मा राजा था। साथ ही भगवान् वराह ने इस कथा के बाद पुण्डरीकाक्षपार स्तोत्र के प्रकार बताए। इसके आगे उन्होंने सनत्कुमार ने विशाल नामक राजा की कथा सुनाते हुए पिण्डदान करने से उत्पन्न प्रभावों को बताया। आगे भगवान् वराह ने बताया है कि किस प्रकार भगवान् नारायण ने अपने अकेलेपन को दूर किया और सृष्टि रचना की और साथ वैष्णवी देवी के प्रसंग को सुनाया।

इसमें आगे पृथ्वी-उद्धार की कथा है और श्री वराह नारायण ने पृथ्वी को विविध अपराधों का परिचय भी कराया है। आहार से व्यक्ति का आचार-विचार बनता-बिगड़ता है, अतः इस सम्बन्ध में उन्होंने कुछ नियमों से परिचय कराया है।

पितरों के पिण्डदानों के विषय में बताते हुए मार्कण्डेय के साथ हुए संवाद को स्पष्ट किया है। उन तिथियों का उल्लेख किया गया है, जिसमें पूजा-पाठ करने से अधिक फल मिलता है।

आभूषण रूप में धारित नाग की कथा है। साथ ही नृसिंह द्वादशी व्रत, वामन द्वादशी, राम द्वादशी, कृष्ण द्वादशी, बुद्ध द्वादशी, द्वादशी व्रत, कान्ति व्रत आदि के महत्व को भी क्रम से बताया गया है।

वराह ने द्वीपों का वर्णन भी किया है, उन्होंने सबसे पहले जम्बूद्वीप का विस्तृत वर्णन किया है और फिर बाद में शाकद्वीप, कुशद्वीप, क्रौन्चद्वीप, शाल्वद्वीप तथा गोमदक और

पुष्कर द्वीपों के विषय में भी बताया है। आगे सप्त द्वीपों के संक्षिप्त परिचय के उपरांत पृथ्वी का परिणाम बताते हुए सूतजी ने सूर्य-मण्डल के नौ हजार योजन के बारे में बताया है।

भगवान् वराह ने मथुरा के विषय में भी बताया है। यहां के सभी क्षेत्र भगवान् के चरण चिह्नों से पवित्र हैं। मुनियों के पूजन के विषय में बताते हुए शिवलिंग या एक शालिग्राम के पूजन को महत्त्व दिया है।

इस तरह से वराह पुराण मन के क्लेश को दूर करता है। यह भक्त भगवान् वराह के संवादों का सार है। इसको पढ़ने और सुनने से मोक्ष की प्राप्ति होती है और पाप नष्ट हो जाते हैं।

अनुक्रमणिका

पूवपक्ष

वराह-पुराण का वाचन प्रारम्भ करने से पूर्व अनन्त रूपधारी भगवान् विष्णु नारायण ने ही वराह रूप धारण करके पृथ्वी उद्धार किया था। उनकी अनेक लीलाओं में से पृथ्वी-उद्धार की लीला बहुत उल्लेखनीय और महत्त्वपूर्ण थी।

बहुत पहले की बात है कि एक बार पृथ्वी भगवान् नारायण के सामने पहुंची और उसने कहा कि यह बहुत आश्चर्य की बात है कि आप प्रत्येक कल्पांत में मेरा उद्धार करते हैं और आज तक मैं आपकी शक्ति से पूरी तरह से परिचित नहीं हो पायी। हे भगवन्! आप मुझे अपनी शक्ति से परिचित कराइए। भगवान् नारायण ने पृथ्वी की बात सुनी और मुस्कराने लगे। उन्हें मुस्कराते हुए देखकर पृथ्वी ने फिर कहा कि आप कभी कछुआ, मछली और कभी कुछ बनकर मेरी रक्षा करते रहे हैं और मुझे प्रतिष्ठित करते रहे हैं। हे प्रभु! मुझे यह भी बताने की कृपा करें कि आपको पाने का आधार क्या है? और मेरी कुछ अन्य जिज्ञासाएं हैं जिन्हें आप सुलझाने की कृपा करें।

पहली जिज्ञासा है कि इस सृष्टि के उत्पन्न होने और इसके अवसान का रहस्य क्या है? दूसरी जिज्ञासा है कि चार युगों का क्या महत्त्व है और उनमें से श्रेष्ठ कौन है?

अपनी जिज्ञासाओं को कहते हुए ही पृथ्वी ने हंसते हुए वराह के पेट में सारा ब्रह्माण्ड, देवता, लोकपाल आदि देखे। यह देखकर पृथ्वी भयभीत हो गई और फिर उसका भय दूर करने के लिए भगवान् ने अपना मुंह बंद कर लिया। पृथ्वी ने भगवान की उपासना की और उनकी स्तुति करते हुए बोली कि हे प्रभु! आप भगवान् केशव के रूप में मेरी रक्षा करें। केशव मेरे पैरों की, नारायण कमर भाग की, माधव जंघाओं की, गोविन्द गुह्यांगों के रूप में, विष्णु के रूप में नाभि की, मधुसूदन के रूप में पेट की, वृक्षस्थल और हृदय की वामन के रूप में, विष्णु के रूप में कण्ठ, मुख और नेत्रों की रक्षा करें। हे प्रभु! आप भक्त-वत्सल हैं, पापों को नष्ट करने वाले हैं, याद करने मात्र से आप भक्तों के पास आ जाते हैं आप शेष की शैया पर विराजमान रहते हैं।

भगवती पृथ्वी की प्रार्थना से प्रसन्न होकर भगवान् वराह ने उन्हें अपने मायावी रूप के दर्शन कराए और फिर उनके प्रश्नों का उत्तर देने लगे।

भगवान ने कहा कि सर्वप्रथम सृष्टि या सर्ग का स्थान आता है। सृष्टि का मूल सनातन परमात्मा है, उसका न कभी जन्म होता है न अन्त। वह जब भी सृष्टि करना चाहता है, तो अपने आपको चार भागों में बांट देता है।

उसके अहम तत्त्व से (क्योंकि अहम तत्त्व सबसे पहले उत्पन्न होता है) सृष्टि-उत्पन्न का कार्य प्रारम्भ होता है। फिर आकाश, अग्नि आदि पंच महाभूत बनते हैं। उसके बाद महत्त्व, अणुरूपा प्रकृति, सत, रज व तमागुण से प्रभावित एवं पृथक्-पृथक् विभक्त होने वाली समष्टि बुद्धि का उदय होता है। इसके पश्चात् तमोगुण का संयोग प्राप्त कर महदब्रह्म प्रादुर्भूत होता है। वसुन्धरे! जिसे प्रकृति नाम से जाना जाता है, यह प्रकृति बड़ी ही महिमायुक्त है, किन्तु उससे भी अधिक महिमामय क्षेत्रज्ञ है। इन्हीं महिमायुक्त महद् ब्रह्मादि से सत्व आदि गुण, उन गुणों से आकाश आदि तन्मात्राएं निर्मित होती हैं, जिनसे यह इन्द्रिय समुदाय अस्तित्व में आता है।

सृष्टि के क्रम को आगे बढ़ाते हुए भगवान् नारायण ने कहा कि महाभतों की रचना क्रम से होती है। इनमें सबसे पहले आकाश, फिर शून्य के बाद शब्द बनता है। प्रारम्भ में केवल शून्य, शून्य से शब्द, शब्द से आकाश, आकाश से वायु, वायु से तेज और तेज से जल की रचना होती है। मैं इनके संयोग से शरीर की रचना करता हूं और फिर तुम्हारा उद्धार इसलिए करता हूं कि तुम शरीर को धारण करने में समर्थ हो सको। जीव के जन्म के विषय में भी महत्त्वपूर्ण बात यह है कि वह जल में जन्म लेता है और पानी में रहने के कारण नारायण रूप को प्राप्त करता है। यह सब कुछ प्रत्येक कल्पांत में होता है।

नाभि से कमल की उत्पत्ति होती है और उससे ब्रह्मा का उद्भव और फिर मैं उन्हें रचना की आज्ञा देता हूं क्योंकि उनको क्रोध आता है और उस क्रोध से एक शिशु का जन्म होता है जिसे रुद्र कहते हैं। बालक को आदेश दिया जाता है कि वह सृष्टि की रचना करें लेकिन वह जाकर तपस्या करने लगता है। इसके बाद ब्रह्मा दायें और बायें अंगूठे से

प्रजापति और उसकी रचना करते हैं। फिर स्वयंभुव मनु का जन्म होता है और उससे-सृष्टि आदि बनती है।

भगवान् नारायण ने कहा कि मैं वराह रूप में तुम्हें यह सब कुछ बताता हूं। सबसे पहले कल्पांत में रात्रि होती है और इसमें विष्णु नींद में सो जाते हैं और प्राणियों का निशान नहीं रहता। उनके जागने पर केवल शून्य होता है। फिर इसके बाद विष्णु ही सबसे पहले मोह, अंधकार, तमिस्त्र, अन्धमिस्त्र, महामोह आदि का सृजन करते हैं। ये सभी 'बुद्धिमान तमोमयी' सृष्टि कहे जाते हैं। इस रचना के उपरांत लता-तरु-गुल्म-तिनके व पर्वत बनते हैं, जो चेतना रहित व तभोगुण-प्रधान कहे गये है। इसे ही प्रथम सर्ग कहा जाता है। इस मुख्य सर्ग के पश्चात् पशु-पक्षी आदि का निर्माण होता है, जिन्हें वायु की गति तुल्य वक्र गति वाली रचना समझकर तिर्यग्योनि की संज्ञा दी गई है। इससे भी सृष्टिकर्ता को संतोष नहीं होता है, तो देवता आदि ऊर्ध्वस्रोत सर्ग अस्तित्व में आता है। इस सर्ग से सम्बद्ध प्राणी स्त्री-पुरुष के संयोग से उत्पन्न होने पर भी मोक्ष-प्राप्ति का साधन नहीं पाते। फलस्वरूप ब्रह्मा जी पुनः नव सृष्टि के सम्बन्ध में चिंतन करना प्रारम्भ कर देते हैं और इस बार अर्वाक् स्रोत सर्ग की रचना होती है। इसके प्राणी भूतल आदि नीचे के लोक में रहने वाले तथा परम पुरुषार्थी, सिद्ध होते हैं तथा मनुष्य कहे जाते हैं। गुणानुसार ये मनुष्य सुख-दुखादि के अधिकारी बनते हैं। इस प्रकार कुल छः सर्गों का उल्लेख मैंने किया है। इनमें प्रथम महत्तत्त्व, द्वितीय तन्मात्रयुक्त भूत, तृतीय वैकारिक, चतुर्थ मुख्य, पंचम तिर्यम् तथा पष्ठ देता सम्बन्धी सर्ग है। इसके अतिरिक्त अन्य सर्ग अर्वाक्, अनुग्रह तथा कौमार के नाम से प्रसिद्ध है। इनमें से प्रथम तीन प्राकृत और बाद के पांच वैकृत सर्ग कहे जाते हैं। अन्तिम सर्ग मिश्रित है। इन्हीं नौ सर्गों की सृष्टि का मूल कारण जानना चाहिए। इसके साथ नवधा सृष्टि भी होती है और इसका रूप इस प्रकार है।

ब्रह्मा ने सबसे पहले रुद्र आदि देवताओं का सृजन किया। उसके बाद मरीचि आदि दस मुनियों की सृष्टि हुई - इनमें सनत आदि निवृत्ति-मूलक ऋषि थे और मरीचि आदि प्रवृत्ति-मूलक धर्म के पालनकर्ता थे। ऋषि नारद इन सबसे अलग माने जाते हैं।

आदि प्रजापति अंगूठे से पैदा होने के कारण दक्ष कहे जाते हैं। इनसे सृष्टि का विकास हुआ क्योंकि इन्हीं की कन्याएं मरीचि आदि ऋषियों से विवाहित होकर गर्भ धारण करती हैं और इस तरह सृष्टि बढ़ती है।

भगवान् वराह बोले कि सतयुग, त्रेता, द्वापर, कलयुग नाम से चार युग हैं। प्रथम कल्प के प्रारम्भ में स्वयंभुव मनु के दो पुत्र पैदा हुए- प्रियव्रत और उत्तानपाद। इनमें प्रियव्रत बहुत तपस्वी ज्ञानी थे- उन्होंने अपने पुत्रों को राज्य का अधिपति बनाया और फिर तपस्या करने लगे। उसके बाद एक दिन नारदजी उनसे मिलने गये तो प्रियव्रत ने उनका बहुत सत्कार किया। प्रियव्रत ने बहुत कुछ पूछा और कहा कि किसी एक विचित्र घटना के विषय में बताइए। तब नारद ने कहा कि एक घटना तो अभी घटी है। श्वेत द्वीप में एक सुन्दर सरोवर है, जब मैं उसके पास पहुंच तो फूल खिले हुए थे और उसके किनारे चुपचाप एक सुन्दरी खड़ी थी। उसे वहां देखकर मुझे बहुत आश्चर्य हुआ और मैंने उसका परिचय पूछा। उसने मेरे पूछने पर कोई उत्तर नहीं दिया लेकिन इस तरह से प्रेमभरी दृष्टि से मेरी तरफ देखा कि मेरा सारा ज्ञान खो गया। मैंने उसकी शरण ली तब मैंने उसके शरीर में एक दिव्य पुरुष को देखा और उसमें फिर एक और पुरुष को और फिर उसमें तीसरे पुरुष को। मैं इन सब बातों से चमत्कृत हुआ कि वे सब लुप्त हो गये। जब मैंने उनसे पूछा तो वह बोली, 'मैं वेदों की जननी सावित्री हूं। तुम मुझे नहीं पहचान सके, अतः मैंने तुम्हारा सब ज्ञान अपहृत कर लिया है। मेरे शरीर में प्रकट होने वाले तीन पुरुष तीन वेद थे। प्रथम ऋग्वेद- स्वयं भगवान् रूप हैं। यह वेद अग्निमय है तथा इसका सस्वर पाठ करने सो सभी सघादि भस्म हो जाते है। नारायण रूप ऋग्वेद से उत्पन्न दूसरे पुरुष यजुर्वेद हैं जो साक्षात् ब्रह्मा हैं। तृतीय सामवेद रूप भगवान् शंकर हैं तथा स्मरण करने मात्र से शीघ्र ही सूर्यवत सम्पूर्ण पाप-तिमिर को नष्ट कर देते हैं।'

नारद ने यह सब सुनने के बाद उनसे पूछा कि क्या अब मुझे ज्ञान की प्राप्ति हो जायेगी? तब सावित्री देवी ने कहा कि अब तुम्हें इस सरोवर में स्नान करने पर पूर्व जन्म और ज्ञान की प्राप्ति होगी। तो हे राजन्! मैंने वहां स्नान किया और अपने ज्ञान को पुनः प्राप्त किया। यह सुनकर प्रियव्रत ने नारद के जीव का वृतांत जानने की इच्छा व्यक्त की। तब नारद ने कहा, 'मेरा पूर्व जन्म द्वितीय सतयुग में मानव योनि के रूप में हुआ था। उस समय मेरा

नाम सारस्वत था। वहा पर एक अवान्त नाम का नगरा था, उसम मरा शाात स बठकर जीवन चलता था। एक दिन अकेले में बैठे-बैठे मेरे मन में वैराग्य पैदा हो गया। मैंने अनुभव किया कि ये संसार सारहीन और नाशवान है, यह असत्य है। मुझे वास्तविक ज्ञान के लिए पुत्रों को सब कुछ सौंप कर तपस्या करनी चाहिए। जब यह विचार मेरे मन में आया तो मैंने भगवान् की शरण ली और फिर उनके कहने से तप कार्यों में लीन हो गया। अनेक दान कर्म करने लगा। इस स्वरूप में मैंने नारायण मंत्र का जाप किया और मेरी इस भक्ति से प्रसन्न होकर भगवान् श्रीहरि ने मुझे साक्षात् दर्शन दिये और मुझसे वर मांगने को कहा। मैंने कहा, 'प्रभो आप मुझे अपने शरीर में लय करने की कृपा कीजिये।' इस पर वे बोले- 'अभी तुम्हारे शरीर धारण करने की आवश्यकता है, अतः मुझ में लय होने की इच्छा मत करो। तुम्हारी भक्ति तथा इससे पूर्व पितरों को जल-नार-अर्पित करने से मैं तुम पर परम प्रसन्न हूं अतः वरदान देता हूं कि तुम नारद नाम से विख्यात होगे। यह कहकर सनातन ईश अन्तर्धान हो गए तथा मैं यथापूर्व भक्ति-भाव के साथ उपासना में लगा रहा। समय पूर्ण होने पर शरीर त्याग कर ब्रह्मलोक का अधिकारी बना। ब्रह्मा के प्रथम दिवस का समारम्भ होने पर मैंने भी उनके मानस-पुत्र के रूप में जन्म ग्रहण किया और नारद नाम पाया। अन्य देवगण भी उसी दिन उत्पन्न हुए।

इसके बाद नारद ने प्रियव्रत को नारायण मंत्र के विषय में बताते हुए ब्रह्मपार स्तोत्र के विषय में बताया। उन्होंने कहा कि यह स्तोत्र इस प्रकार है- जो परात्पर है, अमृतस्वरूप है, सनातन, शक्ति एवं शौर्य का आगार है, जो पुराणपुरुष विश्व का आधार है, उसे मेरा बारम्बार प्रणाम है- परम तेजस्वी, जगत के कर्ता-भर्ता, महाविष्णु रूप, शुद्ध-स्वरूप, भक्तवत्सल को मेरा प्रणाम है। सृष्टि के पूर्व में जब केवल शून्य मात्र था, उस काल पुरुष में प्रकट होकर जिन्होंने प्रकृति की रचना की उन शुद्ध-बुद्ध पुराण पुरुष को मेरा नमन है। जिनके असंख्य चरण, हस्त, सिर तथा नेत्र हैं, चन्द्र-रवि जिनकी परम ज्योतिर्मय आंखें हैं, जो क्षीरसागर में शयन करने वाले हैं, जो द्वादश मूर्तियों में विभक्त होने वाले हैं, जो स्वयं विष्णु, ब्रह्मा व महेश रूप हैं, जो दक्षिणाग्नि, गार्हपत्य व आहनीय- तीनों रूपों में विभक्त हैं, उन भगवान् नारायण को मेरा प्रणाम है। अपने श्री विग्रह को सतयुग में श्वेत (शुक्ल),

त्रेता में लाल (रक्त), द्वापर में पीत व कलयुग में कृष्ण (श्याम) वर्ण से प्रकट (प्रकाशित) करते है, जिन्होंने अपने मुख से ब्राह्मणों, भुजाओं से क्षत्रियों, जंघाओं से वैश्यों और पदाग्रभाग से शूद्रों को उत्पन्न किया है, जिनके हाथ में ढाल, खड्ग, गदा और कमल सुशोभित है, उन अप्रमेय रूप भगवान् श्रीहरि नारायण को मेरा बारम्बार प्रणाम है।

भगवान् वराह यह सारा वृत्तांत पृथ्वी ने सुना तो उन्होंने पूछा कि नारायण और सम्पूर्ण भगवान् में क्या अन्तर है। वे एक है या दो। यह सुनकर भगवान् वराह बोले- हे पृथ्वी! सनातन देवों के भी देव नारायण ही पूर्ण भगवान् हैं। मत्स्य, कच्छप, वराह, वामन, नृसिंह, परशुराम, राम, कृष्ण, बुद्ध और उनके ही प्रत्यक्ष अवतारी रूप हैं तथा इन्हीं रूपों में देवता उनके दर्शन करते हैं। उनका परिपूर्णतम रूप देखने में तो देवता असमर्थ हैं। जो व्यक्ति उनके साक्षात् रूप को देखने की अभिलाषा करते हैं वे भी इन्हीं अवतारों के माध्यम से उन्हें प्राप्त करते हैं। ब्रह्मा भी उन्हीं की रजोगुण व तमोगुण मिश्रित मूर्ति रूप हैं और उन्हीं के माध्यम से ये सृष्टि करते हैं। उन पूर्णतम परमात्मा के आठ रूप या मूर्तियां हैं, जो धरती, जल, तेज, वायु, गगन, क्षेत्रज्ञ, बुद्धि तथा अहंकार नाम से प्रसिद्ध है। इस प्रकार यह चराचर सृष्टि उन्हीं का रूप है तथा वे इसमें ही सम्पूर्ण रूप में व्याप्त है! इस विषय का विवेचन कठिन है।

अब मैं तुम्हें एक संक्षिप्त कथानक सुनाता हूं। प्राचीन काल में अश्वशिरा नाम का बहुत धर्मात्मा राजा हुआ। वह दानी और ज्ञानी या। एक बार उसने बहुत बड़ा यज्ञ किया और दान-दक्षिणा दी। इसके बाद वह अपने धर्म में लीन रहा और तपस्वियों के बीच में चर्चा करता था। एक दिन वहां कपिल मुनि आये और राजा ने उनसे कहा कि आप मुझे भगवान् नारायण की उपासना करने की प्रक्रिया बताएं। यह सुनकर उस ऋषि ने कहा कि दोनों साक्षात् नारायण यहां उपस्थित हैं, आप चाहे जैसे भक्ति कीजिए। तब राजा ने पूछा कि आप कैसे नारायण हो सकते हैं? नारायण तो चार हाथ वाले है और गरुड़ पर सवारी करते चतुर्भुज नारायण और गरुड़ विद्यमान हैं। फिर भी उसे बहुत विस्मय हुआ और कहा कि भगवान् नारायण तो कमल में बैठे हुए ब्रह्मा से युक्त होते हैं तब कपिल मुनि ने वही रूप धारण करके उन्हें दिखाया। ब्रह्मा की आंखों से क्रोध टपक रहा था जैसे वही रुद्र रूप हो।

इस पर भी राजा ने विचार किया कि भगवान् ऐसी सरलता से दर्शन थोड़े ही देते हैं। तब उसने देखा कि अनगिने पशु-पक्षियों ने उसके राजमहल को घेर लिया है। इसको भी राजा ने योगी की माया समझा और हाथ जोड़कर उसने वास्तविक रूप में प्रकट होने के लिए कहा। तब कपिल और जैगीषव्य बोले कि हे राजन्! भगवान् नारायण का रूप हमेशा नहीं देखा जा सकता। उसकी विचित्र माया होती है, वह अव्यक्त नारायण होने के साथ-साथ व्यक्त भी होती है। वह पशु-पक्षियों में व्याप्त है। आप चाहे तो अपने में, पशु-पक्षी में-किसी में भी अपनी भावना को दृढ़ बनाकर उसे अनुभव कर सकते है। इस तरह भगवान् को सबमें जानना ही सच्चा ज्ञान है।

यह सुनकर राजा ने उनसे पूछा कि मुझे केवल एक बात बताइए कि ज्ञान प्रधान है या कर्म। तब भगवान् कपिल उनसे बोले कि इस विषय में रैभ्य और वसु ने जो बृहस्पति से सुना मैं उसी को बताता हूं। बहुत प्राचीन काल की बात है कि वसु जो ब्रह्मवंशी राजा था-उसके मन में कर्म और ज्ञान के विषय में जानने की भावना पैदा हुई और इस ज्ञान को प्राप्त करने के लिए वे आचार्य गुरु बृहस्पति के पास गये। जब वे जा रहे थे तब उन्हें एक चित्ररथ नाम का विद्याधर मिला और उनसे कहा कि ब्रह्मा ने एक बहुत बड़ी सभा का आयोजन किया हुआ है। सभी देवता वहां पर हैं और देव-गुरु भी वहीं है। यह सुनकर वसु दरवाजे पर ही आचार्य की प्रतीक्षा में रुक गये और रैभ्य भी वहां पहुंचे। थोड़ी देर बाद जब सभा विसर्जित हो गई तो बृहस्पति वहां आये और उन दोनों ने करबद्ध होकर कर्मशील और ज्ञानी में कौन बड़ा है और कौन मोक्ष का अधिकारी है, पूछा। तब आचार्य बृहस्पति ने इस विषय को व्यापक रूप से समझाने के लिए उनको कहा कि सभी कर्म (शुभ और अशुभ) यदि भगवन को समर्पित हो जाएं तो उनके प्रति मनुष्य की लिप्सा समाप्त हो जाती है। इसको व्यापक रूप से जानने के लिए विवेचन की अपेक्षा एक प्रसंग सुनाता हूं और इस प्रसंग से ही आपको कर्मशील के महत्त्व के विषय में पता चल जायेगा।

प्राचीन प्रसंग को सुनाते हुए आचार्य बृहस्पति ने कहा कि यह प्रसंग एक धर्मात्मा और संयमशील ब्राह्मण का है। उसका नाम संयमन था। एक बार वह पवित्र नदी, पुण्य प्रदाता भागीरथी में नहाने के लिए गया। वहां उसकी भेंट एक निष्ठुरक नाम के बहेलिये से

हा गइ। वह बहालया अपन उस कठार कम म मन-प्राण स लगा हुआ था, उस यह भा नहीं मालूम था कि वह क्या कर रहा है?

ब्राह्मण ने उसे ऐसा कर्म करने से रोका। इस पर वह बोला-द्विजश्रेष्ठ इन सब जीवों के रूप में परमात्मा स्वयं विचरण कर रहे हैं। मैं उन्हें मारने वाला कौन होता हूं? जैसे कोई ऐन्द्रजालिक अपना इन्द्रजाल फैलाता और उठा लेता है, ठीक वैसे ही इस सृष्टि (माया) को भी परमात्मा रूपी मायावी फैलाता है। इसलिए कोई भी मनुष्य कर्ता होने का अहंकार नहीं कर सकता। यदि वह ऐसा करता है तो वह 'अहम' से ग्रस्त है तथा मोक्ष का अधिकारी कभी नहीं हो सकता। निष्ठुरक की इन ज्ञानपूर्ण बातों पर मुग्ध होकर संयमन ने उससे पूछा, भद्र! तुम ऐसी ज्ञानपूर्ण एवं युक्ति संगत बात किस प्रकार कह रहे हो? इसका कोई उत्तर न देकर निष्ठुरक ने सूखी हुई पत्तियों का अम्बार लगाकर उनके ऊपर एक जालीदार लोहे का खण्ड रख दिया। इतना सब कर लेने के उपरांत उसने ब्राह्मण से उस अम्बार में आग लगा देने को कहा। आग लगाने पर पत्तियां जल उठीं और लौह-छिद्रों से उज्ज्वल मराल पंक्तियों के सदृश उनकी ज्वालाएं उठने लगीं। उन धधकती ज्वालाओं का लक्ष्य करके व्याध ने कहा-तपोनिष्ठ द्विजराज! आप इनमें से कोई एक ज्वाला चुन लें और इसके साथ ही उसने अग्नि पर जल प्रक्षिप्त करके उसे शान्त कर दिया। तब ब्राह्मण से कहा-जिस ज्वाला का आपने चयन किया है कृपापूर्वक वह मुझे दे दीजियेगा, जिससे मैं अपना यह जीवन सुख एवं शान्ति से व्यतीत कर सकूं। यह सुनकर ब्राह्मण ने जाली की ओर देखा, किन्तु वहां ज्वाला न थी। वह तो मूल अग्नि के साथ ही शान्त तथा लुप्त हो चुकी थी। इससे निरुत्तर-सा होकर ब्राह्मण ने अपने चर्मचक्षु मूंद लिये और मौन भाव से बैठ गया। तब निष्ठुरक ही बोला, विप्रवर! जिस प्रकार अग्नि से ही उसकी ज्वालाएं थीं और अग्नि के शांत होते ही वे भी लुप्त हो गई, इसी प्रकार ही परमात्मा तथा प्रकृति के संयोग से ही इस विकार-युक्त सृष्टि का प्रादुर्भाव हुआ है, अतः इसकी भी यही नियति है। यह जानकर तथा अहम भाव से रहित होकर मानव का सदा अपना नियत कर्म करते रहना चाहिए। जीवात्मा के शरीर धारण करने पर मनुष्य को, परमात्मा को हृदय में धारण करने हुए धर्मानुष्ठान तथा कर्मरत रहने पर उसे किसी प्रकार को क्लेश-विषाद नहीं होता।

यह सब कहकर निष्ठुरक दिव्य-यान में विराजकर दिव्य-लोक को गया, और इधर बृहस्पति ने यह सब सुनकर रैभ्य एवं वसु दोनों संतुष्ट भाव से निज-निज गृह को प्रस्थान कर गए। कपिल मुनि ने यह प्रसंग सुनाकर अश्वशिरा की शंका का समाधान कर दिया। तदुपरांत अश्वशिरा अपने पुत्र स्थूलशिरा को राज्य सौंपकर नैमिषारण्य में जाकर नारायण के ही अर्चन में प्रवृत्त हो गया। भक्तिपूर्वक यज्ञ रूप प्रभु का स्तवन करने में ही राजा ने जीवन बिता दिया और वह परमपद को प्राप्त हुआ।

इसके बाद भगवती पृथ्वी से कहा कि आप शक्तिशाली स्तोत्र को बताइए क्योंकि वह स्तोत्र ज्ञान देने वाला है और उससे भक्त एकाकार हो जाता है। पृथ्वी की बात सुनकर भगवान् वराह ने उस स्तोत्र का पाठ किया। स्तोत्र का पाठ करके भगवान् वराह ने कहा कि हे श्रीहरि! रवि-राशि, अग्नि-पवन, इन्द्र आदि नाना रूपों में व्याप्त श्री भगवान् को मेरा नमन है। वे ही यज्ञ रूप हैं, सूर्य-चंद्र उनके चक्षु हैं। महाभयंकर, दीर्ष दन्त (दाढ़ों) से वे सुशोभित हैं। कुश समूह रूपी रोमावली, संवत्सर रूपी उदर एवं सनातन शक्ति युक्त भगवान् को मेरा प्रणाम है। स्वर्ग, धरती, शून्य में सदा विराजित, अज, अनादि, अनन्त, देवता-दानवों की विजय-पराजय से परे, जगत के कारण रूप एवं सर्जक भगवान् नारायण को मैं नमस्कार करता हूं। चतुर्भुज रूप- शंख, चक्र, गदा, पद्म आदि धारण करने वाले, कभी लघुकाय तथा कभी पर्वताकार रूपधारी और कभी असंख्य, प्रलयंकर तथा कालाग्नि-सदृश यज्ञरूप श्री नारायण देव को मेरा बार-बार नमन है। संसार के आवागमन के बंधन से मुक्ति दिलाने वाले, साधकों के लिए केवल ध्यान द्वारा गम्य यज्ञमूर्ति परमात्मा को मेरा नमन है। प्रभो मैं आपके रूप की झांकी पाने मात्र से उसी में खो चुका हूं। मेरी भावना परम पवित्र बन चुकी है। मैं जान चुका हूं कि आपके अतिरिक्त और कुछ भी नहीं है। यह सारा संसार आपकी ही माया है और जागतिक व्यापार उस माया का विस्तार है।

इसके बाद भगवान् ने कहा कि अश्वशिरा ने अग्निमय मूर्ति में समाकर एकत्व प्राप्त किया। फिर इसके बाद भगवान् वराह ने रैभ्य मुनि के विषय में बताया कि उन्होंने आचार्य गुरु से विदा लेने के बाद अपना यज्ञ कर्म किया और अपने बड़े पुत्र विवश्वान को राज्य सौंपकर पुष्कर तीर्थ में चला गया। जब वह वहां पहुंचा तो उसने भगवान् पुण्डरीकाक्ष की

भक्ति की तब यज्ञ की अग्नि से एक मूर्ति निकली। उसने राजा वसु से अपने लिए आदेश मांगा। यह देखकर राजा वसु ने उससे परिचय पूछा तो उसने परिचय दिया कि बहुत पहले काश्मीर के राजा थे। एक बार शिकार करते-करते जब आप मृग रूपधारी तपस्वी को नहीं पहचान पाए तो आपने उसे अपने बाण से मार दिया। जब आपको पता चला तो आप दुःखी हुए और उदास मन से अपने महल में लौट आए। वहां आने के बाद आपने प्रायश्चित्त करने का निश्चय किया। प्रायश्चित्त स्वरूप आपने द्वादशी पर्यन्त व्रत किया और गऊ का दान किया। इसके बाद पेट के दर्द की यातना से आपकी मृत्यु हो गई। मरते समय आपके गले से नारायणी नाम निकला। तब मैं एक ब्रह्म राक्षस के रूप में आप के शरीर में विद्यमान था और आपको कष्ट देना चाहता था लेकिन मैं आपको कष्ट दे रहा था तो नारायणी नाम के उच्चारण से विष्णु के पार्षद आपको लेने आये और मुझे उन्होंने पीटा। मैं आपके रोमों से बाहर निकल आया और आपने सद्गति पायी।

एक कल्प के बाद आप फिर काश्मीर के राजा बने और मैं आपके शरीर में आ गया। किन्तु विष्णु का नाम न होने के कारण मैं आपके शरीर से बाहर भी नहीं आया। लेकिन जब आपने पुण्डरीकाक्षपार स्तोत्र सुना तो मैंने आपको छोड़ दिया, तब मेरे भी पाप नष्ट हो गये और मैं धार्मिक बन गया। यह सुनकर राजा वसु ने व्याध से कहा कि तुम्हारी इस चर्चा से मुझे भी पूर्व जन्म का स्मरण हो गया है। मैं तुम्हें वरदान देता हूं कि तुम धर्म व्याध कहलाओगे। यह कहकर राजा वसु नारायण-लोक में चले गये तब पृथ्वी ने यह सब सुनकर भगवान् वराह से पुण्डरीकाक्षपार स्तोत्र के विषय में जानना चाहा।

यह सुनकर भगवान् वराह ने कहा कि पुण्डरीकाक्षपार स्तोत्र इस प्रकार से है। हे पुण्डरीकाक्ष भगवन्! आपको नमस्कार है। आप मधुसूदन, सर्वलोक महेश्वर, सुदर्शनधारी, महाबाहु हैं। आप श्रीहरि को मेरा बारम्बार प्रणाम है। आप ही देवाधिदेव, आदिदेव वेदवेदांग में पारंगत हैं। आपके कोटि नेत्रपद हस्त हैं। आप कमल-नेत्र-पुण्डरीकाक्ष हैं, आप सर्वव्यापी हैं, आपको मेरा कोटि-कोटि प्रणाम है। आप सर्वाश्रय, सर्वत्र जयशील, विष्णु नामधारी, नील-मेघ कान्ति सम्पन्न, शुद्ध स्वरूप, सर्वव्यापी, अविनाशी, सनातन, जन्म-मरण से परे शून्यवत सूक्ष्म हैं, सम्पूर्ण चराचर आपका ही स्वरूप प्रतिभासित करता है-आपका वन्दन है-अभिनन्दन है-आपको नमन है।

भगवान् वराह ने रैभ्य मुनि का विवरण देते हुए कहा कि उन्होंने कुछ समय बाद गया तीर्थ में जाकर अपने पितरों का पिण्डदान किया और फिर तपस्या में लीन हो गये। फिर एक दिन सूक्ष्म-काय एक योगी वहां पहुंचा। उन्होंने उसके तप का प्रयोजन पूछा और यह पूछने के साथ उस योगी ने अपने को आकाश जितना व्याप्त कर लिया। इस तरह वह विशाल से विशाला हो गया है। तब रैभ्य ने पूछा कि आप कौन? तो उन्होंने उत्तर दिया कि मैं भगवान् ब्रह्मा का पुत्र सनत्कुमार हूं। मैं तुम्हारे प्रेम के कारण यहां आया हूं। तुम धन्य हो। इसके उपरांत रैभ्य ने उससे पूछा कि आपने मुझे धन्य कहा है। आप बताएं कि इसका प्रयोजन क्या है? इसके उत्तर में सनत्कुमार ने कहा कि गया में पिण्डदान करने से तुम धन्य हो गये हो। इसके आगे सनत्कुमार ने कहा कि पुराने समय में विशाल नगर में विशाल नाम का एक राजा था। वह बहुत प्रसन्न रहा करता था। सब तरह से आनन्दित किन्तु पुत्रहीन होने के कारण उसे बहुत कष्ट होता था। उसके पुत्र प्राप्त करने के लिए अपने आचार्यों और ब्राह्मणों से विचार-विमर्श किया और उनकी सलाह पर उसने गया तीर्थ में तपस्या की। जब उसने पिण्ड दान किया तो उसे आकाश में सफेद, लाल और काले रंग के तीन पुरुष दिखाई दिये। राजा ने उनसे पूछा कि आप कौन हैं? इसका उत्तर देते हुए उन्होंने कहा कि श्वेत वर्ण वाला तुम्हारा पितर है अर्थात् पिता है (मैं तुम्हारा पिता हूं)। मैंने हमेशा अच्छे कर्म किए हैं और ये लाल रंग वाले तुम्हारे पितामह हैं और श्याम वर्ण वाले तुम्हारे दादा हैं। ये अन्यायी रहे हैं और अपने कर्मों का भोग-भोग रहे हैं। ये अभी तक यातना भोग रहे थे लेकिन तुमने जो पिता, पितामह और दादा के नाम से गया में पिण्डदान किया है, उससे हम मुक्त हो गये हैं।

यह कथा सुनाकर सनत्कुमार जी ने कहा कि गया में पिण्डदान करने से ऐसा ही प्रभाव होता है। पितरों की मुक्ति हो जाती है और पिण्डदान करने वाला भी अक्षय पुण्यों को प्राप्त करता है। इसीलिए आप धन्य हुए क्योंकि आप तो यहां पर प्रतिदिन तप कर रहे हैं। यह कहकर सनत्कुमार जी चले गये और रैभ्य मुनि ने भगवान् के गदाधर रूप को स्मरण करते हुए उसका अर्चन प्रारम्भ कर दिया। तब भगवान् ने उन्हें अपनी चारों भुजाओं सहित पीले वस्त्र पहनकर दर्शन दिए और रैभ्य के वरदान मांगने के लिए कहा। इस पर रैभ्य ने सनत

आर सनन्दन ऋाषया क लाक म निवास का वरदान मागा। भगवान् नारायण उन्ह वरदान देकर अन्तर्धान हो गये।

यह कथा-भाग सुनकर पृथ्वी भगवान् वराह से बोली कि आप मुझे सतयुग के प्रारम्भ में भगवान् की लीला का ज्ञान कराने की कृपा करें। उसे सुनकर मैं पुण्य को प्राप्त करूंगी।

पृथ्वी की जिज्ञासा को सुनकर भगवान् वराह ने कहा कि उस समय प्रारम्भ में केवल भगवान् नारायण थे। उन्होंने अकेलेपन को दूर करने के लिए सृष्टि-रचना की। जैसा कि अभी हमने पहले बताया है कि ब्रह्माजी ने सृष्टि के प्रारम्भ में मानस-पुत्रों की रचना की। यहां भगवान् ने ब्रह्मविद्या और एकाक्षरी विद्या अर्थात् ओमकार के रूप में विभाजित किया। इसके बाद क्रम से भूलोक, भुवर्लोक, स्वर्लोक, महर्लोक तथा जनलोक की रचना हुई और वह विद्या इन्हीं में व्याप्त हो गई। इसके बाद ब्रह्माण्ड को आकार प्रदान किया गया।

सृष्टि रचना का यह क्रम भी पूर्व कल्प के समान हुआ। जिस संकल्प से इस सृष्टि का सृजन हुआ, उसे ही कल्प कहा गया है। इस कल्प की रात्रि के आने पर भगवान् ने नींद ले ली और ऐसा होते ही प्रलय में तीनों लोक लय हो गये, भगवान् ने सभी स्वर एवं व्यंजन में अ से ह पर्यन्त की रचना की। इसके बाद वे वेद रचना में प्रवृत्त हुए। इस तरह सृष्टि की रचना करने के उपरान्त प्रभु को उसके पालन-पोषणादि की चिन्ता हुई। इस चिन्ता के साथ ही उनके नेत्रों से तीव्र तेज प्रकट हुआ। दक्षिण नेत्र से उष्ण तेज प्रकट हुआ जिससे सूर्य का जन्म हुआ तथा वामाक्ष के हिम-शीतल तेज से शशि का जन्म हुआ। रवि-शशि की रचना के उपरांत प्राणवायु, अग्नि तथा जल बने। प्रभु की विराट मूर्ति की जंघा, चरण, भुजा तथा मुख से क्रमशः वैश्य, शूद्र व क्षत्रिय और ब्राह्मण उत्पन्न हुए। इस रचना के उपरांत दानव, यक्ष, किन्नर आदि बनाये गये। इनमें से मानवों से भूलोक, खेचरों से भुवर्लोक, पुण्यात्माओं से स्वर्लोक तथा सनक, सनन्दन आदि ऋषि-मुनियों से महर्लोक की शोभा बढ़ी।

अपनी नींद से जागने पर जब भगवान् विष्णु ने वेदों के प्रचार के विषय में सोचा तो उन्हें वेद नहीं मिल पाये। तब उन्होंने मत्स्य का अवतार लेकर वेदों की रक्षा करते हुए उनका उद्धार किया। इस तरह अनेक कल्प-कल्पातों से सृष्टि का यह क्रम होता आ रहा

है। जब नारायण सोते हैं तो मानो उनका निर्गुण रूप सृष्टि में व्याप्त रहता है और जब जागते हैं तो उनका सगुण रूप हमारे सामने आता है।

सृष्टि-उत्पत्ति और विस्तार : वैष्णवी देवी

भगवान् वराह ने सृष्टि-रचना के विषय में बताते हुए उसका विस्तार से वर्णन किया! उन्होंने कहा कि सृष्टि के प्रारम्भ में ब्रह्मा जी से सर्वप्रथम सात मानस-पुत्रों का जन्म हुआ। उस मानस-पुत्रों की संतानों से उनकी वंशबेल निरंतर विकसित होती रही। इन्हीं से अण्डज, स्वेदज, उद्भिज तथा जरायुज प्राणियों की सृष्टि हुई। इस सारी सृष्टि में सरस्वती देवी का मुख्य हाथ रहा है। उन्हीं की सहायता से त्रिकाल की व्यवस्था हुई। सृष्टि की यह देवी अनेक नामों- सरस्वती, अमिताक्षरा, एकाक्षरा, विश्वेश्वरी, ज्ञाननिधि, विभावरी आदि से भी प्रसिद्ध है। कुछ ज्ञानीजन तो यहां तक मानते हैं कि स्त्रीवाचक सभी नाम इनके ही पर्याय हैं।

भगवान् वराह ने पुनः कहा, देवि! अब तुम तपस्यारत वैष्णवी देवी का प्रसंग सुनो। वह दीर्घकाल तक कौमार्य व्रत धारण करके मंदराचल पर कठोर तप करती रही। एक दिन उनके मन में विक्षोभ उत्पन्न हुआ और परिणामतः कोटि-कोटि अनिंद्य सुन्दरियां वहां प्रकट हो गई। देवी ने उन सबके लिए रत्न-जटित भव्य प्रसादों की रचना की। उन सब सुंदरियों के मध्य वे नक्षत्रों के बीच पूर्णमासी के चन्द्र के समान दीप्त हो रही थीं। एक दिन इन्द्रलोक, ब्रह्मलोक आदि की यात्रा करते हुए देवर्षि नारद वहां आ पहुंचे। देवी ने उन कन्याओं में से एक विद्युत्प्रभा से उन्हें पाद्य-अर्घ्य व आसन देने को कहा। नारद जी वैष्णवी देवी की रूप-माधुरी कौमार्य व्रत से उद्भासित उनके मुखमण्डल तथा तप-तेज को विस्मय विमूढ़ होकर निरखते रह गये। तब वे मन में कुछ निश्चय करके व्योम पथ के महिषासुर की नगरी समुद्रपुरी में जा पहुंचे। असुर ने उनका यथोचित स्वागत-सत्कार किया। तब नारद जी बोले, 'असुरराज! इस धरती पर एक स्त्री-रत्न उत्पन्न हुई है। सब सुरों-असुरों पर विजय पाने वाले आपके ही अनुरूप वह नारी-रतन मन्दराचल पर है। आज उसे प्राप्त कर सकें तो आप सचमुच ही धन्य होंगे। मैंने तो वैसा स्त्री-रत्न देवताओं, दानवों किन्नरों, गन्धर्वों आदि किसी भी जाति में नहीं देखा है। यह समाचार सुनाकर नारद ने अपना मार्ग ग्रहण किया, वे वहां से चल दिए।

नारद ने उस सुन्दरी का वर्णन सुनकर महिषासुर सब कुछ भूल कर उसी के चिन्तन में खो गया तथा शीघ्रातिशीघ्र उसे पाने को आतुर तथा अत्यधिक व्याकुल हो गया। उसने अपने कुशल एवं दूरदर्शी बुद्धिमान मंत्रियों- प्रघस, विघास, विभावसु, विद्युन्मालि, शंकुकर्ण, क्रूर, पर्जन्य और सुमाली आदि से इस विषय में मंत्रणा की। महिषासुर से सारा वृत्तांत सुनकर वे कुछ समय सोचते और फिर बोले, महाराज! यह विषय निश्चय ही अत्यधिक गंभीर है। प्रघस ने कहा, दैत्यराज! जिस सुन्दरी की बात आप कर रहे हैं, वह वैष्णवी देवी है। वह सती-साध्वी, परम शक्ति-सम्पन्ना हैं। विघास ने भी प्रघस की बात का अनुमोदन किया। तब यह निर्णय किया गया कि देवी का बलात् अपहरण करने की अपेक्षा प्रथम साम, दाम, भेद तथा दण्डनीति का प्रयोग कर लिया जाये और यदि इनसे सफलता न मिले तो ही बल का प्रयोग उचित रहेगा। सभी ने एक मत से इसका अनुमोदन किया। फलतः विद्युत्प्रभ नामक कुशल एवं चतुर दूत को देवी के पास संदेश देकर भेजा गया, किन्तु महिषासुर को इससे शान्ति न मिली। अतः एक और मंत्रणा करके उसने देवताओं पर आक्रमण करने का निर्णय कर लिया। विरूपाक्ष के सेनापतित्व ने उसकी पद्मसंख्यक सेना देवताओं पर आक्रमण करते देखकर देवताओं में खलबली मच गई, परन्तु तत्काल ही एकजुट होकर देवों ने दैत्यवाहिनी का सामना किया। बड़े-बड़े शूरवीर, दिग्गज योद्धा एक-दूसरे से भिड़ गये। नीलकुक्षि, मेघवर्ण, उदराक्ष, बलाहक आदि दैत्यों ने प्रहार करना प्रारम्भ किया। ज्योतिवीर्य, रक्ताक्ष, भीमदृष्ट और स्वर्भानु आदि ने आदित्यों को जा घेरा। रुद्रों से यज्ञहा, नल, मृगहा, ब्रह्महा आदि जा भिड़े। कहने का भाव यह है कि सभी अपने-अपने प्रतिद्वन्द्वियों से युद्ध करने लगे। वह युद्ध बड़ा ही भयानक था, किन्तु उसमें देवगण टिक न सकें और शीघ्र ही उनके पैर उखड़ गए। महिषासुर की वाहिनी ने विजयोन्माद में तुमुल घोष किया।

उधर, विद्युत्प्रभ दूत बनकर देवी के समीप पहुंचा और बड़े ही अहंकार तथा अभिमान के साथ महिषासुर का परिचय देकर उसका गुण-गान करते हुए बोला, प्राचीन समय में विप्रचिति नामक एक प्रचण्ड पराक्रमी दैत्य था। उसकी एक अति रूपवती कन्या थी, जिसका नाम महिष्मती था। एक बार वह भ्रमण तथा मनोरंजन हेतु वन-प्रान्तों में से गुजरती हुई एक उपत्यका में जा पहुंची। उसकी अनेक सखियां भी उसके साथ थीं। उस रमणीक स्थली में एक ऋषि का मनोरम आश्रम भी था। उस आश्रम में ऋषि को भगाकर स्वयं वहां

निवास करने के विचार से उस दानव-कन्या ने एक विकराल महिषी का रूप धारण कर लिया और ऋषि को डराने लगी। प्रारम्भ में थोड़ा भयभीत ऋषि ने शीघ्र ही अपने सिद्धि-ज्ञान से वस्तुस्थिति जान ली और उसे शाप दे डाला, 'दुष्टा जिस रूप में तूने मुझे डराने का प्रयत्न किया है, उसी रूप में तुम्हें सौ वर्ष पर्यन्त रहना होगा। यह शाप सुनकर उस दानवी ने ऋषि से क्षमायाचना करके उनसे अपने को शाप मुक्त करने की प्रार्थना की। इस पर ऋषि बोले, मेरा शाप सर्वथा मिथ्या तो नहीं हो सकता, किन्तु हां, कुछ कम किया जा सकता है। इसी महिषी रूप में एक पुत्र को जन्म देने पर तू शाप मुक्त हो जाएगी।

इस तरह शापग्रस्त वह दानव-कन्या नर्मदा तट पर विचरण करने लगी। वहीं सिन्धुद्वीप नामक एक ऋषि भी तपस्या करते थे। एक दिन दैत्य-सुन्दरी इन्दुमती सरिता में नग्न स्नान कर रही थी। उसे देखकर काम-विह्वल सिन्धुद्वीप का वीर्य स्खलित होकर सरिता के जल में गिर पड़ा। उस जल को उस महिषी ने पान कर लिया और उससे उसे गर्भ रह गया। कालांतर के सम्मुख सभी देवगण भी श्रीहत हो गये हैं। त्रैलोक्य उसके भय से कांपते हैं। हे सुन्दरी! वही दैत्याधिराज महिषासुर आपको प्राप्त करना चाहता है। आप उनका वरण कर अपने को कृतार्थ करें।

उसका यह संदेश सुनकर देवी ने भयंकर अट्टहास किया। इस अट्टहास को सुनकर भयाक्रान्त दूत ने देवी के पेट में त्रिलोक के दर्शन किये। इससे वह और भी चमत्कृत हो उठा। फिर उसने अपने रूप में अपनी इच्छा कही, उस दैत्य दूत की बात का देवी ने कोई उत्तर नहीं दिया, किन्तु उनकी द्वाररक्षिका विजया ने उससे कहा, हे दूत! तुमने जो कुछ कहा है, सो ठीक है किन्तु हमारी स्वामिनी ने आजन्म कौमार्य व्रत धारण किया है, अतः उसके पाणिग्रहण या वरण करने की बात व्यर्थ एवं सारहीन है। यहां विद्यमान अन्य कुमारियों को भी वह प्राप्त नहीं कर सकता, अतः अब तुम यहां से शीघ्र चले जाओ। यह सुनकर विद्युत्प्रभ वहां से लौट गया।

दूत के विदा होते ही व्योम मार्ग से ही वीणा का कलनाद करते हुए नारद पुनः वहां आ पहुंचे तथा देवी द्वारा आराधित होकर आसन ग्रहण करने के उपरांत बोले, महिषासुर

सब दवताआ का पराजत करक आपका अपहरण करन आ रहा ह। आप उसका वध करने को उद्यत रहें। देवर्षि नारद तो यह संदेश सुनाकर वहां से चले गये, किन्तु वैष्णवी देवी ने सभी कुमारियों को दानवराज की सेना से युद्ध हेतु तैयार हो जाने को कहा। तब सभी देवियों ने विविध आयुध धारणकर लिये और वे राक्षस-सेना के आगमन की प्रतीक्षा करने लगी। शीघ्र ही सेना वहां पहुंच गई। हे पृथ्वी! उन कुमारिकाओं और दानव वाहिनी के मध्य जैसा भयानक संग्राम हुआ, उसका मैं क्या और कैसे वर्णन करूं? चारों तरफ दानवों के नृत्य करते कबन्ध, रक्त-सरिताएं, अस्थिमज्जा आदि का अम्बार, आर्तनाद आदि सभी कुछ अश्रुतपूर्व तथा अदृष्टपूर्व था, अतः भयाक्रान्त दानव-सेना युद्धक्षेत्र में पलायन कर गई। अपनी सेना की इस पराजय से क्रुद्ध महिषासुर स्वयं गदा हाथ में लेकर देवी से लड़ने चल पड़ा। उस समय देवी ने बीस भुजाओं में धनुष, ढाल, तलवार, गदा, शूल, शक्ति, फरसा, बाण, शंख, वज्र, चक्र, मूसल, दण्ड, बर्छा, पाश, घंटा, ध्वज, पान-पात्र अक्षमाल तथा कमल धारण करके भगवान् रुद्र का स्मरण किया तथा उनसे युद्ध देखने की प्रार्थना की। तब उस महाबली दानव से उसका दस सहस्र दिव्य वर्षों तक युद्ध होता रहा। अन्त में वह दानव अपने प्राण की रक्षार्थ सर्वत्र भागता फिरा किन्तु देवी ने शतश्रृंग पर्वत पर उसे अपने चरणों के नीचे दबा कर अपने शल से उसका शिरच्छेद कर दिया। सिंह वाहिनी देवी के आयुद्ध से मारे जाने के कारण वह नीच दानव भी स्वर्ग का अधिकारी बना।

उस समय देवताओं ने देवी-स्तुति में स्त्रोत-पाठ कर उनसे वरदान प्राप्त किया कि देवताओं द्वारा प्रगीत देवी-स्तोत्र का जो भी पाठ करेगा वह सभी पापों से मुक्त हो जाएगा तथा उसकी सभी कामनाएं सफल होंगी। देवी के इस माहात्म्य को जानने वाला देवी के अनामयपद को प्राप्त करता है। इसके बाद भगवान् वराह ने पृथ्वी को तीसरी देवी के विषय में बतलाते हुए कहा, 'देवी! शिव के रौद्र रूप के तामस गुण से उत्पन्न देवी रुद्राणी लोक-कल्याण की भावना से प्रेरित होकर नीलगिरी पर कठोर तपस्या कर रही थी। वे पंचाग्नि-तप करती हुई साधनारत थीं। इसी मध्य देव जाति को एक प्रबल पराक्रमी दैत्य 'रुरु' व्याकुल करने लगा। यह दैत्य सागर से घिरी रत्नपुरी में रहता था। उसकी शक्ति, उसके

शाय, उसकी अतुल सम्पदा तथा उसके वैभव-विलास आदि का कोई अन्त न था। वस्तुतः वह एक अन्य इन्द्र के समान था। ब्रह्मा से उसे वर प्राप्त था कि मृत्यु होने पर भी तेरे मुण्ड और रुण्ड भूमि पर नहीं गिरेंगे। महत्त्वाकांक्षा से वह दैत्यराज अमरावती को विजय पाने के विचार से अपनी पुरी से बाहर आया। उसके बलाघात से सागर में प्रलयंकर उत्ताल तरंगे उठने लगीं, जिससे नक्रमरादि जलचर वस्त-व्याकुल से हो गये। समुद्र का पार्श्ववर्ती बहुत बड़ा क्षेत्र जलप्लावन की-सी स्थिति में आ गया। उसके साथ उसकी असंख्य चतुरंगिनी दानव-सेना भी जल से निकलकर अपने राजा की जय-जयकार करने लगी। उनके रथ कवि के आलोक से भी अधिक आभामय तथा गगनचुम्बी थे। वहां पर पर्वताकार गजों, अश्वों तथा चलते-फिरते शैलखण्डों के सदृश पादातिकों (पैदलों) के प्रयाण से भूमण्डल कम्पायमान होने लगा। देवसेना अनायास ही पराभूत होकर पलायन कर गई। देवी वसुन्धरे! इस विजय-मद से उफनता 'रुरु' दैत्य अमरावती की ओर चल पड़ा। अमरावती में इन्द्र के नेतृत्व में देवताओं की विशाल सेना ने उससे डटकर लोहा लिया, किन्तु अन्त में उन्हें पराजित होना पड़ा। युद्ध से परांमुख, भयाक्रान्त, देवता 'नीलगिरि' पर्वत पर तप कर रही देवी की शरण में पहुंचे तथा उनसे अपनी रक्षा करने की प्रार्थना करने लगे। देवी रुद्राणी ने देवों को अभयदान दिया और तब तीव्र निनाद पूर्वक अट्टहास किया। परिणामतः उनकी कोटि-कोटि भीम-भयंकरा अनुचरियां वहां प्रकट होकर ताण्डव नृत्य करने लगीं। भीम-भयंकर आयुधों से सज्जित वे सैनिकाएं युद्ध के लिए तैयार हो ही रही थीं कि गर्जन-कर्जन करता हुआ रुरु ससैन्य वहां आ पहुंचा। उसके आने पर उनकी हिम्मत बढ़ गई और कराला-काली देवियां उस दैत्य सेना का संहार करने लगीं। चराचर को रौंदने वाली तथा देव-विजयनी दैत्यसेना उन रण-चण्डिकाओं के सम्मुख टिक न पायी और देखते ही देखते सैनिक धराशायी होने लगे। अन्त में देवी ने 'रुरु' का वध कर उसके रुण्ड-मुण्ड को अपने शूल पर उठा लिया। तब से वे 'चामुण्डा' कही जाने लगी। इस प्रकार अपने कर्म से नाम पाने के बाद युद्धश्रमित तथा सुधार्त्त उन रणचण्डियों ने कालरात्रि चामुण्डा से भोजन मांगा। उन्हें क्या भोजन दिया जाए अथवा उनका भक्ष्य क्या है, इसका निर्णय न कर पाने के कारण देवी ने भगवान् रुद्र का स्मरण किया और वे वहां प्रकट हो

गए। उन्होंने कहा, 'इनका आहार वह भोजन होगा जो गर्भवती स्त्री द्वारा अथवा किसी अन्य स्त्री के वस्त्र धारण करने वाली नारी द्वारा बनाया गया हो। परपुरुष का स्पर्श कर जो स्त्री भोजन बनाएगी, वह भी इनका भोज्य होगा। सरोवर, पनघट तथा नदी आदि जलाशयों के तट पर रुदन करने वाली नारी भी इनके लिए भोजन सामग्री प्रस्तुत करेगी। नारी की योनिम में कण्डूयन (हाथ से खुजलाने) वाले दुष्ट तथा अधम व्यक्ति द्वारा दी गई बलि अथवा बलि अन्न से भी इनके आहार की पूर्ति होगी। इस तरह उसके आहार की व्यवस्था की गई।

यह कहने के साथ ही भगवान् शिव की दृष्टि रुरु की मृत देह पर पड़ी तो वे उसकी मृत्यु का कारण समझ गये तथा देवी की स्तुति एवं उनका गुणानुवाद करने लगे। उनके द्वारा की गई देवी-स्तुति को त्रिप्रकार स्तुति कहा जाता है। 'त्रिप्रकार स्तुति' सुनकर आनन्दित देवी ने भगवान् शिव से मनोवांछित फल मांगने को कहा तो वे बोले, 'इस स्तोत्र से जो आपका स्तवन करें, उस पर आप प्रसन्न होने की कृपा करें। उसके सभी पापों का विनाश हो तथा आप उसे वरदान भी दें।' देवी ने 'तथास्तु' कहा और शिवजी अन्तर्धान हो गये। यह 'त्रिप्रकार-स्तुति' सभी फलों का दाता तथा अघों-विघ्नों आदि का विनाश करता है। इससे सरस्वती (सृष्टि देवी), वैष्णवी तथा रुद्राणी आदि सभी देवियां प्रसन्न होती हैं। इसे लिखकर घर पर रखने से कोई विघ्न-व्याधि-बाधा नहीं व्यापती। अष्टमी, नवमी तथा चतुर्दशी को इस स्तोत्र का पाठ करने से विशेष फल मिलता है।

भगवान् वराह बोले, 'देवी! नौ करोड़ रुद्राणियों और नौ करोड़ वैष्णवों रूपों के अधीश्वर भगवान् रुद्र ही हैं। उनके व्रत का बड़ा माहात्म्य है। वह व्रत में तुम्हारे प्रति कह रहा हूं, तुम ध्यान देकर सुनो।

प्राचीनकाल में जब ब्रह्मा ने शिव-रुद्र का सर्जन किया तो उस समय उनके ब्रह्मा के जन्मजात पांच सिर थे। अद्भुत रुद्र को देखकर ब्रह्मा ने उसे अपने कन्धे पर प्रतिष्ठित कर लिया तथा अपने पंचम मुख से आथर्वण मंत्र का पाठ करने लगे। मंत्र का भाव था- सुव्रत, कपाली, बभ्रु, भव, निशालाक्ष, किरात तथा बल-विक्रम संज्ञाधारी हे रुद्र! आप विश्व की रक्षा करें तथा विश्व-रक्षक बनकर प्रजा का पालन करें।

इस मत्र म प्रयुक्त 'कपाला' शब्द क सुनकर रुद्र का क्राध आ गया आर उन्हान अपन बाएं हाथ के अंगूठे से ब्रह्मा का पंचम शीश उसके कबन्ध से अलग कर दिया, किन्तु वह उनके अंगूठे से ही चिपका रह गया। प्रयत्नपूर्वक भी जब वह अंगूठे से न छूटा तो भगवान् रुद्र ब्रह्मा की शरण में गये और उस शीश से मुक्ति का उपाय पूछने लगे। ब्रह्मा ने कहा, तुम अनुष्ठान पूर्वक कापालिक व्रत करो। उपयुक्त समय आने पर तुम इससे मुक्ति पा जाओगे। यह सुनकर रुद्र महेन्द्र पर्वत पर जा पहुंचे। उन्होंने उस सिर के तीन खण्ड कर डाले और केशों को अलग करके उन्हें यज्ञोपवीत के समान धारण कर लिया। वे सात द्वीपों, सभी तीर्थों, पावन सागर और सरिताओं में भ्रमण करने में तथा स्नान-ध्यान आदि में रत हो गए। कालान्तर में उन्होंने यज्ञोपवीत भी त्याग दिया और दिगम्बर रूप धारण कर लिया। अन्ततः वे काशी पहुंचे तथा वहां गंगा स्नान करते ही उनके अंगूठे से सिर अलग हो गया। उस समय ब्रह्मा जी भी वहां आ पहुंचे और बोले, 'तुम्हारा यह व्रत नग्न कापालिक, बाभ्रव्य, शुद्ध शैव आदि नामों से विख्यात होगा तथा जो इसे करेगा वह पूर्ण फल की प्राप्ति करेगा। इससे ब्रह्म-हत्या तक के पाप का मोचन होगा। मुझे प्रसन्न करने के लिए जिन मंत्रों का तुमने उच्चारण किया है, वे 'पाशपत मंत्र' कहलाएंगे। यह सुनकर वहां उपस्थित सभी देवों ने जय-जयकार किया और ब्रह्मा सहित सभी अपने-अपने लोकों को चले गये। यह पावन प्रसंग सुनकर धरती के मन में सत्यपा के शेष प्रसंग को जानने की इच्छा तीव्रतर हो उठी तथा उसने भगवान् वराह से इस विषय पर कुछ बतलाने के लिए प्रार्थना की। भगवान् बोले, 'सुमुखी! सत्यपा वस्तुतः भृगुवंशी द्विज ही था, किन्तु डकैतों की संगति में पड़ जाने से ही व्याध बन गया। फिर किस प्रकार से वह आरुणि और दुर्वासा की संगति से पुनः विशुद्ध ब्राह्मणत्व को प्राप्त हुआ। वह प्रसंग मैं बतला चुका हूं। अब उसके चमत्कार की बात कहता हूं। दुर्वासा की आज्ञा से वह हिमालय के उत्तरी क्षेत्र में 'पुण्याभद्रा' नामक नदी के तट पर एक विशाल वटवृक्ष की छाया में चित्र शिला पर बैठकर तपस्या करने लगा। एक दिन लकड़ी काटते हुए एक हाथ की तर्जनी कटकर अलग गिर पड़ी। किन्तु विस्मय यह हुआ कि उसमें से रक्त, मांस-मज्जा आदि के स्थान पर थोड़ी-सी भस्म मात्र निकली। ऋषि ने अनायास ही उस अंगुली को पुनः यथावत जुड़ा लिया। उस तरु पर से एक किन्नर

दम्पति से इस सारी विस्मयजनक घटना को देखा तथा अगले दिन इन्द्र को जाकर सुनाया। विस्मय विमूढ़ इन्द्र ने उस तपस्वी की शक्ति तथा चमत्कार की परीक्षा हेतु भगवान् विष्णु की सहायता से एक योजना बनाई। विष्णु विशाल शूकर बनकर सत्यतपा के आश्रम के चतुर्दिक भ्रमण करने लगे। वे तीर से घायल थे। इसी समय व्याध के रूप में इन्द्र भी वहां आ पहुंचे। उसने ऋषि से पूछा, क्या आप ने यहां कोई विशाल शूकर देखा है? मैं उसका वध कर अपने भूखे परिवार की रक्षा करना चाहता हूं। यह सुनकर ऋषि धर्म-संकट में पड़ गये। एक ओर शूकर की प्राण रक्षा का सवाल था तो दूसरी और व्याध के क्षुधित-परिवार की समस्या थी। ऋषि सोचने लगे- जिसका जो धर्म है, उसे वही करना उपयुक्त है। आंखें देख सकती है, किन्तु बोलना उनका धर्म नहीं है। वाणी का धर्म बोलना है, किन्तु वह देख नहीं सकती। अतः मुझे चुप ही रहना चाहिए। सत्यतपा का यह निश्चय जानकर दोनों देवताओं ने उन्हें साक्षात् दर्शन देकर वरदान प्रदान किया। इस पर्वकाल में जो भी यहां एक मास पर्यन्त ब्राह्मण-सेवा करेगा वह परम पुण्य का भागी होगा तथा जीवन के अन्त में मोक्ष को प्राप्त होगा। तब दोनों देवता अन्तर्धान हो गए। उसी समय सम्पूर्ण स्थलों की परिक्रमा कर गुरु आरुणि भी वहां आ गए। तब दोनों ही गुरु-शिष्य श्रीचरणों में लीन होकर मोक्षगामी हुए।

पृथ्वी बोली, भगवान्! आपकी कृपा से मुझे अनेक रहस्यों का ज्ञान हो गया है किन्तु मैं यह नहीं समझा पा रही हूं कि नन्दा, वैष्णवी आदि देवियों में क्या अन्तर है?

पृथ्वी के इस प्रकार पूछने पर भगवान् वराह बोले, वसुन्धरे! इनमें कोई अन्तर नहीं है। देवी ने ही विन्ध्यवासिनी बनकर चैत्रासुर का वध किया तथा इतना ही नहीं, दुर्गा बनकर मान्दर पर्वत पर स्थित महिषासुर का वधकर उसको सुरलोक पहुंचाया। इतना ही नहीं, नन्दा रूप भी उन्होंने देवकार्य करने के लिए धारण किया। इस प्रकार देवी अज्ञान के प्रतीक असुरों का सदा विनाश करती हैं। इस अज्ञान से ही पापवृत्ति वृद्धि होती है तथा पांच प्रकार के पापों का विकास होता है, अतः उन असुरों के विनाश हेतु समय-समय पर देवी विभिन्न रूप-वेश धारण करती हैं।

व्यक्ति स्तर पर अज्ञान के उन्मूलन का सफल उपाय भगवान् विष्णु का आराधन है। देवाधिदेव भगवान् विष्णु की भक्ति, नियमपूर्वक शुद्ध मन में उपासना या उनका यजन करने से व्यक्ति को सभी फलों की प्राप्ति तथा सभी पापों से निवृत्ति मिलती है। कार्तिक मास की शुक्ला द्वादशी अथवा अन्य मासों की द्वादशियों को विष्णु-पूजन तथा गुरु-प्रदत्त मंत्र का जाप करने वाला, पुत्र, धन-वैभव आदि से सम्पन्न हो जाता है। चन्द्र-ग्रहण अथवा संक्रान्ति को भी यह उपासना की जा सकती है। विष्णु पूजन विधि इस प्रकार है-

साधक गुरु को विष्णु रूप मानकर उसकी सेवा करें। एक वर्ष पर्यन्त गुरु उसके शौच, व्यवहार आदि की परीक्षा करता रहे। तदुपरान्त उसके पात्र सिद्ध होने पर उसे मंत्र प्रदान करें। शिष्य उस मंत्र का जाप तथा हरि-स्मरण करता हुआ गुरु के श्री चरणों में सो जाए। निद्रा में जो भी स्वप्न वह देखे, गुरु से निवेदन करके उसके शुभाशुभ का निर्णय करें। फिर एकादशी तिथि को व्रत धारण कर गुरु के निर्देशन में ही पूजन करें। गुरु की देख-रेख में शिष्य किसी एक भूखण्ड पर एक वृत्त या मण्डल बनाए और उस पर सोलह पंखुड़ियों वाले कमल एवं सर्वतोभद्र कमल की रचना करें। परम शुभ लक्षण युक्त उस कमल को श्वेत वस्त्र में ढक दे। कमल के मध्य में नौ दिशाओं में सभी लोकपालों सहित श्रीहरि की स्थापना करें। इसी प्रकार के उत्तर पत्रों पर क्रमशः बलराम, वसुदेव आदि की स्थापना कर उनकी पूजा करनी चाहिए। इसी क्रम से सभी दिशाओं-उपदिशाओं में पूजनोपचार का विधान है। श्रीवत्स, कौस्तुभमणि आदि की स्थापना नवम दल में होनी चाहिए। तत्पश्चात् आठ दिशाओं में आठ कलश स्थापित कर मध्य में प्रधान विष्णु कलश की स्थापना होनी चाहिए। इन कलशों से मुक्ति, लक्ष्मी, संतान, अमरत्व, पापनाश, शान्ति, धन-वैभव आदि की प्राप्ति होती है। इसे ब्राह्मण-क्षत्रिय-वैश्य आदि तीनों वर्णों के साधक कर सकते हैं। इन कलशों के जल से स्नान करने पर निश्चित ही मोक्ष मिलता है। पूजा पूर्ण होने पर गुरु की आज्ञा से सबकी प्रदक्षिणा की जाए। तत्पश्चात् गुरु प्राणायाम द्वारा आग्नेयी तथा वारुणी क्रियाओं द्वारा शिष्य का अन्तःकरण शुद्ध कर दे और तब उसे सोमरस का पान कराए। दीक्षित व्यक्ति को प्रज्ज्वलित अग्नि में 'ॐ नमो भगवते सर्व-रूपिणे हुं फट स्वाहा' मन्त्रोच्चारपूर्वक यज्ञ-हवन करना चाहिए। दीक्षा के अन्त में गुरु तथा अन्य ब्राह्मणों को

यथासाध्य दक्षिणा देना आवश्यक है। इस समय वराह पुराण श्रवण करने से सभी शास्त्रों के श्रवण का पुण्य लाभ सहज ही हो जाता है। इस पुण्य का लाभ पाने के लिए देवगण तक इस भारतवर्ष में जन्म लेने को उत्सुक रहते हैं।

इस पूजन के पूर्ण होने पर अन्य पदार्थों के साथ-साथ का दान भी अवश्य करना चाहिए अन्यथा साधक की धर्मात्मा राजा श्वेत तथा विनीताश्व जैसी दशा होगी।

फिर भगवान् बोले, हे देवि! महाराज श्वेत इलावृत्त वर्ष के शासक थे। वे बड़े दानी एवं पुण्यात्मा थे। महान् ज्ञानी तथा वेदज्ञ वसिष्ठ की सलाह से उन्होंने रत्न, अश्व, गज, स्वर्ण आदि दान किया, किन्तु वसिष्ठ के कहने पर भी यज्ञ में उन्होंने अन्न-दान कभी नहीं किया क्यों उसे वे तुच्छ वस्तु मानते थे। उन्होंने एक सहस्र अश्वमेघ यज्ञ किये थे। अन्त में प्रबल काल के प्रभाव से उन्हें यह पार्थिव शरीर छोड़ना पड़ा। मृत्यु के पश्चात् वे दिव्यलोक में अप्सराओं के साथ विहार करने लगे। वहां उन्हें सब कुछ प्राप्त हुआ किन्तु अन्न का अभाव रहा। वे सुधा-निवृत्ति हेतु उन्हें चाटने लगे। कुछ समय तक यह क्रम चलता रहा, किन्तु भला इससे क्या सुधा-निवृत्ति होती। अन्ततः एक दिन उन्हें वसिष्ठ ने इस स्थिति में देख लिया। राजा की व्यथित आत्मा ने उनसे अपना कष्ट कहा और उससे मुक्ति का उपाय पूछा। वसिष्ठ ने उन्हें विनीताश्व की कथा सुनाई जो राजा श्वेत के समान ही मृत्यु के उपरान्त सुधार्त्त होकर कष्ट पाता रहा था। वसिष्ठ ने कहा, राजन्! जो कुछ दिया ही न गया हो, उसे प्राप्त करने का तो प्रश्न ही नहीं उठता। आपने अन्न का कभी दान नहीं किया। अतः अब आप उससे वंचित होकर उसके महत्त्व को जान रहे हैं। विनीताश्व के होता ने उससे तिलधेनु तथा जलधेनु दान करने को कहा था जिससे सूर्य-चंद्र की स्थिति पर्यन्त जीव की तृप्ति होती है। इसका विधान निम्नोक्त है-

सोलह प्रस्थ अथवा चौंसठ कुड़व तिल से गौ (धेनु) का आकार बनाया जाए। चार प्रस्थ का धेनु-वत्स भी बनाना चाहिए। चन्दन से धेनु की नासिका, गुड़ से जिह्वा तथा पुष्प से पूंछ बनाकर विभिन्न अलंकारों तथा घंटे आदि से उसे सजाना चाहिए। इस गौ को गोमय से शुद्धिकृत गोचर्य क्षेत्र (इक्कीस सौ हाथ) में आकार दिया जाना चाहिए। फिर

उसका विधिपूर्वक पूजन कर, स्वर्णशृंग लगाकर उसे दान में देना चाहिए। दान ग्रहण करने वाले को भी उसे 'शुभ-श्री' के रूप में स्वीकार करना चाहिए।

वशिष्ठ ने कहा, महाराज! होता ने जलधेनु, रसधेनु, गुड़धेनु आदि के दान की विधि भी विनीताश्व को बतला दी थी। उसे भी आप जान लें। ताकि यदि आप चाहें तो इस अनुष्ठान से अपना कल्याण कर सकें।

होता बोले, 'किसी शुभ दिन गोचर्य के बराबर भूखण्ड को गोबर से लीपकर मध्य में एक कलश की स्थापना करें। इस कलश में चंदन, कपूर, अगरु तथा जल भरना चाहिए। इसी प्रकार एक-एक अन्य कलश की स्थापना करके प्रथम से धेनु तथा द्वितीय में धेनु-वत्स की धारणा करनी चाहिए। कलशों में जटामासी, उशीर, दूर्वांकुर, शिलाजीत, कुष्ठ-संज्ञक भेषक, आमलक, फल, सप्त धान्य, सरसों व पर्वतांचल की पवित्र रेणु आदि डालनी चाहिए। चारों दिशाओं में घृत, दधि, मधु तथा शर्करा से पूर्ण चार घट स्थापित करने चाहिए। इस प्रकार कल्पित धेनु को स्वर्ण-मुख ताम्र-संग, ताम्र-पृष्ठ तथा ताम्र-चक्षु से युक्त करना चाहिए। सूत्र से पूंछ तथा कांसे से दोहनी, गुड से जिह्वा (चीनी का प्रयोग भी हो सकता है), नवनीत से स्तन तथा ईक्षु से चरण बनाये जाने चाहिए। पश्चात् उस धेनु को मृग-चर्म पर रखकर और पुष्पादि से अलंकृत करके किसी शास्त्रज्ञ ब्राह्मण को दान में देना चाहिए। इससे अश्वमेघ यज्ञ के बराबर फल की प्राप्ति होती है। इस प्रकार की जलधेनु दान में देने वाला सभी पापों से मुक्त होकर विष्णु-लोक को प्राप्त होता है।

रसधेनु का दान भी परम पुण्यदायी तथा पापनाशक होता है। इस दान को करते समय दाता तथा दान लेने वाले को व्रत रखना चाहिए। साधक एक कलश में इक्षुरस भरकर गौ की तथा दूसरे कलश में वत्स की कल्पना करें। ईख से चरण, चांदी से खुर, स्वर्ण से सींग, वस्त्र से पूंछ, घृत से स्तन, शर्करा से मुख तथा जिह्वा की रचना तथा फलों से दांतों की रचना करें। आभूषण-कम्बल आदि से उसे आवृत कर सुपात्र को दान दे। दान से पूर्व भली-भांति उसका पूजन करें। इस दान से आवागमन के बन्धन से मुक्ति मिल जाती है।

गुड़धेनु दान के लिए पवित्र स्थल पर श्याम मृगचर्म पर कुशा एवं वस्त्र बिछाने चाहिए। गुड़ से गाय तथा बछड़े की आकृति बनाकर कांसे की दोहनी, सोने का मुख और मृग मणि-मुक्ता से दन्त, रत्न से ग्रीवा, चन्दन से नासिका, तांबे से पीठ, रेशन से पूंछ की रचना करके तथा अलंकार आदि से उसे सजाकर पूर्ण श्रद्धापूर्वक उसका पूजन कर दान में दे देना चाहिए। इस दान में मृत से निर्मित नैवेद्य तथा दीपक दर्शन अति आवश्यक है। दान के साथ में स्वर्ण की अंगूठी, कर्णाभूषण, उपानह (जूता), आतपत्र (छाता) तथा अन्याय द्रव्य भी देने चाहिए। यह दान क्षेत्रिय तथा अग्निहोत्री ब्राह्मण को ही दिया जाए तो उत्तम होता है। इस दान से दाता को ऋषि-मुनियों को दिव्य लोक प्राप्त होता है।

होता ने राजा से पुनः कहा, राजन्! अधिक या कम मात्रा में विधि-विधानों का प्रयोग करके, शर्कराधेनु, मधुधेनु, नवीनतधेनु, लवणधेनु, कार्पासधेनु तथा धान्यधेनु आदि का भी दान किया जाता है। ये सभी दान मनोरथ पूर्ण कर वांछित लोक प्रदान करने वाले हैं। इनके करने से साधक की निश्चय ही सभी पापों से मुक्ति हो जाती है। यदि साधक विधि के अनुसार कार्य नहीं करता तो, उसका भला नहीं होता।

भगवान् वराह बोले, देवि महाभागे! यह सर्वथा सत्य है सुन्दरी! कपिला धेनु के सिर तथा उसकी गर्दन मात्र में सभी तीर्थों का वास होता है। अतः प्रातःकाल उसके दर्शन, उसकी प्रदक्षिणा तथा उसके मस्तक अथवा ग्रीवा से छुए जल को माथे से लगाने पर व्यक्ति के पापों का विनाश होता है। उसके सुख-सौभाग्य की वृद्धि होती है और उसे सद्गति की प्राप्ति होती है। कपिला गाय की प्रदक्षिणा संपूर्ण पृथ्वी की प्रदक्षिणा के समान है। उसके मूत्र-स्नान से सर्वतीर्थों का फल प्राप्त होता है। एक कपिला गौ के दान का तथा एक सहस्र अन्य सामान्य स्वाभाविक मृत्यु का फल समान होता है। यदि कोई कपिला धेनु अपनी स्वाभाविक मृत्यु को प्राप्त हुई तो उसकी हड्डियों तक को सूंघने वाला मोक्ष का अधिकारी बन जाता है। कपिला गाय की सेवा करना परम फलदायी होता है। किसी सुधार्त्त कपिला गौ को भोजन कराने से 'गोमेध यज्ञ' का फल मिलता है। ऐसा व्यक्ति परम तेजस्वी रूप को स्थान पाता है। कपिला धेनु के वर्ण के आधार पर ग्यारह भेद होते हैं। इनमें से किसी

भी प्रकार की गौ का दान करने से श्रद्धालु भक्त मुक्ति-मुक्ति प्राप्त करके भगवान् विष्णु के श्री चरणों में स्थान का अधिकारी होता है।'

हे शुभ मुखवाली! इतना सब होने पर अश्रद्धापूर्वक या कुपात्र की कपिला धेनु दान देने पर उलटे महापातक लगता है। इससे छुटकारा पाने के लिए पुनः किसी सुपात्र, श्रोत्रिय, दीन, शुद्धाचारी द्विज को ही कपिला गाय का दान देना होता है। प्रसव होने वाली गाय, जबकि बछड़े ने गर्भ से मुंह बाहर निकलता हो, का दान करना समुद्र पर्यन्त पृथ्वी के सदृश है। ऐसी गौ को पूजकर तथा स्वर्ण रत्नादि से उसे अलंकृत करके ब्राह्मण को दे देना चाहिए। ऐसा करने वाला दानी गौ के तन के रोमों की संख्या कोटि-कोटि वर्षों तक ब्रह्मलोक में वास पाता है। इस प्रकार के गोदान से सभी प्रकार के पापों का निश्चय ही नाश होता है।

गोदान का महत्त्व स्थान-स्थान पर कहा गया है किन्तु शेष रूप में रत्न आदि से सम्पुष्ट गोदान मनुष्य को अधिक फल देने वाला होता है।

इस प्रसंग के महत्त्व को जानकर श्रोता पृथ्वी बहुत प्रसन्न हुई। उसने अनुभव किया कि मोक्ष के लिए दान का पुण्य पाना अत्यन्त लाभकारी है और उसमें भी गोदान की महिमा अधिक है।

वसिष्ठ से यह प्रसंग सुनकर महाराज श्वेत ने भी उस दान व्रत का पालन किया और वे भी मोक्षाधिकारी बने। उनके संपूर्ण पाप धुल गए। तब भगवान् वराह ने कहा यह संहिता बड़ी शुभ एवं सुखदायिनी है। इसे 'वराह संहिता' कहा जाता है। परम प्रभु ने इसे सर्वप्रथम कहा था तदुपरान्त यह क्रमशः ब्रह्मा-पुलस्त्य-परशुराम, उग्र तथा मनु द्वारा उत्तरोत्तर ही जाती रही। भविष्य में भी यह सिद्ध-पुरुषों व अठारह पुराणों- ब्रह्म, पद्म, वायु, शिव, भागवत, नारद, मार्कण्डेय, अग्नि, भविष्य, ब्रह्मवैतर्त, लिंग, वराह, स्कन्द, वामन, कूर्म, मत्स्य, गरुड़ व ब्राह्मण के ज्ञाता श्री व्यादेव (कृष्ण द्वैपायन) तथा उनके रोमहर्षण तथा शौनक आदि शिष्य इसका कथन करेंगे। जो भी व्यक्ति कार्तिक मास की द्वादशी तिथि को भक्ति-भावना से युक्त होकर इसका पठन-पाठन करता है, वराह पुराण का पूजन करता है, उसकी सभी मनोभिलाषाएं पूर्ण होती हैं तथा वह सभी पापों से मुक्त होकर भगवान् का सायुज्य मोक्ष लाभ करता है।

पृथ्वी-उद्धार की कथा

एक बार नैमिषारण्य में ऋषि को सम्बोधित करते हुए सूत जी ने बतलाया कि किसी समय सनत्कुमार ने पृथ्वी से प्रश्न किया था, हे देवि! मुझे कृपापूर्वक वह तत्त्व समझाइए, जो आपके रक्षक एवं आधार रूप भगवान् वराह ने आपको पुराण के रूप में सुनाया था।

इस पर देवी पृथ्वी बोली, सहर्ष! यह प्रसंग अति गोपनीय तथा अत्यन्त ही पुरातन है। रवि, शशि, नक्षत्रादि सहित इस सृष्टि का जब कोई अस्तित्व तक नहीं था, सर्वत्र प्रकाश फैलाने वाले वेद अतल जल में पड़े हुए थे, उस समय भगवान ने मत्स्य रूप धारण कर वेदों पर उद्धार किया था। तदुपरान्त कूर्मावतार, नृसिंहावतार, परशुराम तथा रामावतार धारण कर दुष्ट -दानव दलन जैसे महान् एक अपूर्व कृत्य सम्पादित किये। उन्हीं भगवान् ने वराह रूप धारण कर मुझे रसातल से निकाला और पुनः स्थापित किया। उस समय मैंने भगवान् की सर्वसत्ता, सर्व-शक्तिमत्ता तथा सर्वव्यापकता आदि का बखान करते हुए उनकी उपासना-प्रार्थना की थी। उसे 'केशव-स्तुति' कहते हैं। उस स्तुति का बड़ा माहात्म्य है। इस स्तुति को करने से सर्वरोगों, कष्टों, पापों तथा दरिद्रता आदि का नाश होता है। इस स्तोत्र के पाठ से अपुत्रवान को पुत्र की तथा अविवाहित को सुन्दरी पत्नी की प्राप्ति होती है। इस स्तोत्र का नित्यप्रति पाठ करने वाला अन्त में विष्णुलोक में वास पाता है। सूत ने प्रसंग को आगे बढ़ाते हुए कहा, विप्रो! पृथ्वी की आर्त्त स्तुति सुनकर भगवान् ने प्रकट होकर पृथ्वी को शीघ्र ही उसके उद्धार करने का आश्वासन दिया। इसके उपरांत उन्होंने अपना विग्रह एक विशाल वराह के रूप में प्रकट किया। छः हजार योजन ऊंचे तथा तीन हजार योजन चौड़े उस स्वरूप में भगवान् ने पृथ्वी को अपनी दाढ़ पर उठा लिया। उस समय कई पर्वत समुद्र में गिर पड़े। समुद्र सहित वह पृथ्वी भगवान् की दाढ़ में बड़ी ही सुन्दर लग रही थी। इस स्थिति में वे उसे एक सहस्र वर्षों तक धारण किये रहे। तब कर्दम प्रजापति प्रकट हुए। भगवान् वराह के नाम पर ही इसे 'वराह कलप' की संज्ञा दी गई है।

पृथ्वी ने श्री वराह नारायण से पूछा, प्रभो! आप किस प्रकार प्रसन्न होते हैं? पूजन, आवाहन, स्थापन, विसर्जन, संध्या आदि का क्या विधान है? भगवान्! आप यह सब मुझसे कृपापूर्वक समझाकर कहने का कष्ट करें। यह सुनकर भगवान् ने उत्तर दिया, मैं इस सब बातों को समझा कर कहता हूं। मैं तुम्हें स्वर्ग में सुख देने वाले सभी साधन बतलाता

हू तुम चित्त लगाकर सुनो! देवि वसुधे! मैं श्रद्धापूर्वक शुद्ध मन से स्मरण करने मात्र से प्रसन्न हो जाता हूं। अनगिनत यज्ञ-यजन आदि का मैं भूखा नहीं। सायंकाल, अर्द्धरात्रि, प्रकाश, अंधकार अथवा किसी भी समय मुझे नमन करने वाला व्यक्ति सहज ही मेरी कृपा को प्राप्त कर लेता है। मुझे प्राप्त करने के लिए मन में मेरे प्रति सच्ची आस्था का होना आवश्यक है।

द्वादशी तिथि को श्रद्धापूर्वक भक्ति-भावना सहित उपवास रखने वाला व्यक्ति मेरे दर्शन प्राप्त कर लेता है। उपवास के उपरांत हाथ में जल लेकर सूर्याभिमुख होकर 'ॐ नमो नारायण' मंत्र का उच्चारण करते हुए अर्घ्य देने वाला व्यक्ति अंजलि से गिरने वालो बूंदों की संख्या के बराबर सहस्रों वर्षों तक स्वर्ग-लोक में सुख एवं प्रतिष्ठा प्राप्त करता है। जो व्यक्ति द्वादशी तिथि को स्वच्छ-धवल वस्त्र धारण कर सम्पूर्ण तथा शरणागत भाव से मंदिर में मेरी प्रतिमा का श्वेत पुष्पों तथा सुवासित धूप आदि से मेरा अर्चन-पूजन करता है, वह मुझे परम प्रिय होता है तथा मेरी रूप (चतुर्भज) धारण कर मेरे ही लोक में आने का अधिकारी हो जाता है। मेरे शंख, चक्र, हल तथा मूसल युक्त रूप के दर्शन हेतु भक्तों को मूंग, धान, यव (जौ), कंगुनी, तीना, सन्, सत्तू और गेहूं का भोजन करना चाहिए।

छल-कपट रहित होकर षडंगों सहित वेद-विद्या के अध्ययन में रत रहने वाला, भिक्षान्न से आत्म-तृप्ति करने वाला, इष्टपूर्त कर्म (अग्निहोत्र, तप, अतिथि-सत्कार, वेद पाठ तथा बलि वैश्वदेव इष्ट कर्म तथा कूप-तड़ाग मन्दिर निर्माण और वृक्षादि रोपण इष्टपूर्त कर्म कहे जाते है) में रत रहने वाला तथा एकाग्रचित होकर मेरी उपासना करने वाला द्विज भी मुझे प्राप्त करके मोक्ष का अधिकारी बनता है।

दानशील, यजनशील, ज्ञानप्रिय, निरहंकार, अल्पभाषी, गुणग्राही, निन्दा, पिनशुनता तथा ईर्ष्या-द्वेष से मुक्त तथा अतिथि सत्कार करने वाला क्षत्रिय मुझे प्रिय होता है। इस प्रकार आचरण करके मेरी भक्ति करने वाला क्षत्रिय निश्चय ही मुझे प्राप्त करता है।

निर्लोभी, शुद्धमना, आचारवान तथा परोपकारी वैश्य भी यदि मेरे प्रति श्रद्धा रखता है, तो वह मुझसे भिन्न नहीं है। वैश्य को सदा दया-भाव वाला, मोह रहित, उपवासादि में

श्रद्धा रखने वाला तथा गुरु-भक्त होना चाहिए। ऐसे वैश्य को मेरा सान्निध्य सदा प्राप्त रहता है।

शुद्धभाव से मेरी उपासना करने वाले, भागवत मत को मानने वाले, रजोगुण-तमोगुण आदि से दूर रहने वाले, लोभ-मोहादि का त्याग कर द्विजाति के प्रति श्रद्धा-स्नेह भाव रखने वाले शूद्रवर्ण के स्त्री-पुरुष भी मेरे सच्चे भक्त हैं तथा मैं उन पर सहस्रों योगियों की अपेक्षा अधिक प्रीति रखता हूं। वे मेरी कृपा के सच्चे पात्र होते हैं।

हे देवि! इसी संदर्भ में मैं यह भी बतला दूं कि यदि क्षत्रिय धर्म पथ पर चलकर, अखाद्य वस्तुओं का त्यागकर, अहंकार आदि से रहित होकर, श्रद्धा एवं भक्तिपूर्वक व्रत धारण करें तथा जो कुछ मिल जाए उसी से संतुष्ट रहें, वर्जित कर्मों से दूर रहकर भक्ति-भावनापूर्वक मेरी उपासना करें, तो वह 'योग मार्ग' का पात्र होता है तथा इस योगी के रूप में वह योगी-समाज में भी पूजनीय माना जाता है। मेरे द्वारा निर्दिष्ट की गई विधि से कर्म करने-कराने वाला व्यक्ति निश्चय ही विष्णु-लोक को प्राप्त कर सारूप्य मोक्ष का अधिकारी बनता है। वह 66 सहस्र वर्ष पर्यन्त मेरे लोक में रहता तथा सुख भोगता है। जो व्यक्ति एकाग्र एवं सुस्थिर चित्त होकर मेरी भक्ति करता है, फल, मूल या शाकाहारी होता है, जितेन्द्रियों को संयमपूर्वक ब्रह्मचर्य का पालन करता हुआ व्रतानुष्ठान करता है तथा मन में अहंकार, ईर्ष्या-द्वेष आदि का लेश भी नहीं रखता है, मेरी कृपा से उसके सभी दुःख विनष्ट हो जाते हैं।

इसके विपरीत आचरण करने वाला व्यक्ति घोर दुःख प्राप्त करता है। मोह से सदा ग्रस्त रहने वाला, अहंकारी, अन्नसिद्धि होने पर भी बलि-वैश्वदेव कर्म के बिना ही भोजन करने वाला, सर्व-भक्षी, मुझे प्रणाम न करने वाला, अतिथि का अपमान करने वाला, धर्माचरण तथा सत्कर्मों से सदा विमुख रहने वाला सदैव दारुण दुःखों तथा यातनाओं से ग्रस्त रहता है। ऐसा जन चाहे किसी भी वर्ण का क्यों न हो, अन्य दुःखों के साथ निर्धनता के अभिशाप से भी ग्रस्त रहता है। धन होने पर भी जो न तो स्वयं उसका उपभोग करता है और न उससे दूसरों की सहायता ही करता है, जो दूसरों को सदा अपने से हीन समझता

है, वह अधम कभी सुख नहीं पा सकता। अतः सुख चाहने वाले को सदा सद्धर्मी, सदाचारी, निर्लोभी तथा सर्वकर्म समर्पित करने वाला होना चाहिए। कुत्सित कर्मों को त्यागने तथा भाग्य से प्राप्त सदा संतुष्ट रहने वाला प्राणी ही सर्वाधिक सुखी है। स्त्रियों के लिए पति-सेवा ही सबसे बड़ा धर्म है। जो जितेन्द्रिय निर्विकार भाव से सभी देवताओं में मेरा ही रूप देखता है, ऐसा व्यक्ति न मुझसे दूर है और न मैं ही उसके लिए अप्राप्त हूं।

आहार से व्यक्ति का आचार-विचार बनता-बिगड़ता है, अतः इस संबंध में भी मैं तुम्हें नियम बतलाता हूं। मानव को जीवन की रक्षा करने वाला भोजन ही करना चाहिए अन्यथा वह विविध अपराधों पर भागी बनता है। श्री वराह नारायण ने पृथ्वी को विविध अपराधों का परिचय इस प्रकार से कराया-

प्रथम : अपवित्र वस्तु खाना प्रथम अपराध है, भले ही वे वस्तुएं मुझे निवेदित कर के ही क्यों न सेवन की जाएं, पाप से मुक्ति नहीं।

द्वितीय : दूसरों का अन्न खाकर भी मेरी उपासना न करना, द्वितीय भागवत अपराध कहा गया है।

तृतीय : स्त्री-संग के उपरांत मेरा स्पर्श करना तृतीय अपराध है।

चतुर्थ : रजस्वला स्त्री को देखने के पश्चात् मेरे दर्शन या पूजन करना चतुर्थ अपराध की श्रेणी में आता है।

पंचम : मृतक व्यक्ति का स्पर्श करके स्नानादि से बिना पवित्र हुए मेरी पूजा में लग जाना अक्षम्य अपराध है।

षष्ठ : शव को देखकर आचमन किए बिना ही मेरा स्पर्श करना दोष है। उपासना के बीच में शौच के लिए चले जाना दोष है। नीले अथवा काले वस्त्र धारण करके मेरी पूजा करना अपराध है।

सप्तम : मेरी सेवा के मध्य अनर्गल बातें कहना अपराध है। शास्त्र विरुद्ध वस्तु को छूकर मुझे प्राप्त करने का प्रयत्न अपराध है।

अष्टम : क्रोध की स्थिति में मेरी उपासना करना अपराध है।

नवम : निषिद्ध कर्मों को सिद्ध मान उनके द्वारा मेरी पूजा का प्रयत्न अपराध है।

दशम : लाल या कुसुम्भी वस्त्र पहनकर मेरी उपासना करना अपराध है।

एकादश : अंधेरे में मेरा स्पर्श अपराध है।

द्वादश : काले वस्त्र पहन सत्कर्मों का सम्पादन अपराध है।

त्रयोदश : बिना धोती पहने मेरी उपचर्या करना अपराध है।

चतुर्दश : भोजन बनाकर मुझे भोग लगाये बिना ही स्वयं खा लेना अपराध है।

पन्द्रह : मत्स्य भक्षण कर मेरे निकट आना अपराध है।

सोलह : बत्तख का मांस खाकर मेरी पूजा करना अपराध है। इसके अतिरिक्त कुछ और अपराध हैं।

– दीपक में हाथ लगाकर बिना उसे (हाथ) धोये मेरा स्पर्श करना अपराध है।

– हे सुभगे! श्मशान भूमि से लौटकर स्नानादि के बिना मेरी पूजा करना अपराध है।

– हींग भक्षण कर मेरी उपासना में लग जाना अपराध है।

– सूकर के मांस की प्राप्ति का प्रयत्न।

– मदिरा-पान कर मेरी पूजा करना।

– कुरमी खाकर मेरे पास आना।

– दूसरों के वस्त्र पहनकर मेरी पूजा अर्चना में लगना।

– पितरों तथा देवताओं का भोग लगाये बिना नवान्न स्वयं ही खा लेना।

– जूता पहनकर जलाशय या बावड़ी के निकट जाना।

– शरीर के उबटन के उपरान्त बिना स्नान किए मेरे पास आना।

– अजाण ग्रस्त हाकर मरा सवा म रत हाना।

– चन्दन-पुष्पादि समर्पण से पूर्व धूपदान करना।

– मंगल वाद्यों का शब्द किये बिना मेरे मन्दिर के कपाट खोलना आदि अन्य अपराध हैं।

श्रद्धा से पूर्ण, सच्चरित्र, मेरी महिमा को जानने वाले, गुरुभक्त, पतिव्रता पत्नी को संतुष्ट रखने वाले सत्कर्मी मेरे लोक को प्राप्त होते हैं। अपना धर्म-तथा सत्कर्म करने वाले स्त्री-पुरुष समान रूप से इसके अधिकारी हैं। दुष्ट तथा अधम व्यक्ति मेरे द्वारा कथित इस पावन प्रसंग को सुनने के अधिकारी नहीं हैं, अतः उनके प्रति इसे नहीं कहना चाहिए। अदीक्षित मेरे दर्शन के विमुख पातकी भी इसे लिए सुपात्र् नहीं है।

पृथ्वी के विनीत भाव से कहा, भगवन्! आप सर्वज्ञ हैं, आपने जो कुछ कहा उससे मेरी अनेक शंकाओं का समाधान हुआ है, किन्तु परमेश! मानव तो जाने-अनजाने अपराध करता ही है, अतः आप कृपापूर्वक उन अपराधों के प्रायश्चित तथा पूजनोपचार के विषय में कुछ बतलाए, जिससे जन-जन का कल्याण हो सके।

पितरों का पिण्डदान

भगवान् वराह ने उपर्युक्त बातें बताते हुए और अनेक प्रसंगों को सुनाते हुए पिण्डदान के विषय में बताया। फिर उन्होंने मार्कंडेय के साथ हुए संवाद को स्पष्ट किया। मार्कंडेय से पूछा गया कि हमारे पितरों की संख्या कितनी है, कितने उनके गण हैं और उनके श्राद्ध का उचित समय कौन-सा है। इसके उत्तर में मार्कंडेय जी ने बताया कि पितरों की संख्या सात मानी गई है। जिनमें मूर्त रूप से चार और तीन अमूर्त रूप से माने गये हैं। इनकी संख्या सात है और इनकी श्राद्ध की अलग-अलग तिथियां हैं।

उत्तरायण अथवा दक्षिणायन का शुभारम्भ होते समय काम्य श्राद्ध किया जाता है। इसी प्रकार चन्द्र ग्रहण होने पर, दुःस्वप्न आदि देखने पर तथा ग्रह-नक्षत्रादि के कुयोग की पीड़ा होने पर भी यह श्राद्ध किया जा सकता है। इन दिनों में किए श्राद्ध का बहुत फल

होता है। विशाखा, अनुराधा अथवा स्वाति नक्षत्र से युक्त अमावस्या में किया गया श्राद्ध पितरों को आठ वर्ष पर्यन्त रखता है। नौ नक्षत्रों में युक्त अमावस्या, जो एक अति दुर्लभ संयोग है, को किया हुआ श्राद्ध पितरों का अक्षयतृप्ति का दाता होता है। अष्टका तिथियों में तिल मिश्रित जल से तर्पण, श्राद्ध करने में तो मानो सहस्र वर्षों के लिए पितरों को तृप्ति मिलती है।

यह बात भी ध्यान रखने योग्य है कि मनुष्य की भौतिक समृद्धि या धन श्राद्ध में बाधा नहीं है, जो लोग साधनहीन हैं यदि वे अपने पितरों को हाथ जोड़कर नमस्कार भी कर देते हैं, तो उन्हें श्राद्ध का फल मिल जाता है। श्राद्ध कर्म करने के अधिकारी शास्त्रों को जानने वाले और यज्ञ करने वाले होते हैं। ब्राह्मण, बहनोई, ससुर, तपस्वी, शिष्य, ये सभी उचित पात्र हैं लेकिन दूसरे शराब के व्यापारी, व्यसन में पड़ने वाले और जो समाज में बुरे माने जाते हैं, जो अशुभ आचरण करते हैं, वे श्राद्ध के अधिकारी नहीं हैं।

मनुष्य को चाहिए कि वह श्राद्ध के दिन से पहले ही ब्राह्मणों को पहले दिन निमंत्रण दे और यदि श्राद्ध के दिन कोई बिना बुलाये भी आ जाता है, तो उसका सम्मान करते हुए उसे भोजन खिलाए।

श्राद्ध-विधान में संख्या का स्वरूप भी निश्चित है। देवताओं के लिए ब्राह्मणों की संख्या समान होनी चाहिए और पितरों के लिए विषम संख्या उचित है। देवताओं के लिए एक-एक ब्राह्मण लेकिन नाना और माता और पिता के पक्ष वालों के लिए एक ही ब्राह्मण उचित है। श्राद्ध के बाद बचा हुआ अन्न अन्य ब्राह्मणों में बांट देना चाहिए।

यह सुनकर पृथ्वी ने भगवान् से पूछा कि मार्कंडेय ने जो यह विधान बताया उसका परिणाम क्या हुआ? यह सुनकर भगवान् वराह ने कहा कि इस विधान से गौरमुख को अपने पूर्व जन्म की याद हो आई क्योंकि श्रद्धा का महत्त्व बहुत अधिक है इसलिए सत्त-श्राद्ध से पूर्व जन्म का स्मरण स्वाभाविक है। गौरमुख को पता चला कि वे पहले भृगु मुनि थे और अपने पिता ब्रह्मा के द्वारा शापग्रस्त हुए थे। इस कारण ही उन्हें अपने वंश में पैदा होने वाले मार्कंडेय से ज्ञान का उपदेश लेना पड़ा। इसके बाद उन्होंने बारह वर्ष तक पितृ-

श्राद्ध किया और प्रभास तीर्थ में जाकर भगवान् हरि के दस अवतारों की स्तुति की। फिर स्मरण करते हुए उनके अनेक गुणों का बखान किया और दशावतार स्तोत्र का पाठ किया। उनकी अनन्य भक्ति से प्रसन्न होकर भगवान् ने उन्हें दर्शन दिये जिसके फलस्वरूप वे भगवान् के विग्रह में समाकर तद्गत हो गये।

भगवती पृथ्वी ने भगवान् वराह से कहा कि आपके मुख से अनेक पवित्र कथाएं सुनते हुए मुझे तृप्ति नहीं होती, इसलिए आप मुझे कुछ और प्रसंग सुनाएं। यह सुनकर भगवान् वराह ने उन्हें दुर्जय नाम के पराक्रमी राजा का वृत्तांत सुनाया। इस वृत्तांत में भक्ति और भगवान् के सूतवन का महत्त्व और युद्ध के विवरण सुनाए।

भगवान् वराह ने कहा कि हे पृथ्वी! तुम्हारी जिज्ञासा को शांत करने के लिए मैं तुम्हें पूर्व वृत्तांत विस्तार से सुनाता हूं। यह सतयुग की बात है। उस समय सुप्रतीक नामक एक धर्मनिष्ठ पराक्रमी राजा हुआ। उसकी विद्युत-प्रभा तथा कान्तिमती नाम की दो रानियां थीं, किन्तु ये दोनों निःसंतान थीं। संतान-प्राप्ति के निमित्त राजा ने महर्षि दुर्वासा की कठोर भक्ति की और अन्ततः उन्हें प्रसन्न कर ही लिया। मुनि राजा को वरदान देने को उद्यत हुए ही थे कि तभी मुनि के प्रीति-भाजन देवराज सैनिकों को घिरे हुए वहां आ पहुंचे, किन्तु दुर्भाग्यवश इन्द्र ने मुनि को अभिवादन करके चुपचाप खड़े रहना ही उचित समझा। उसके इस दुर्व्यवहार से कुपित होकर दुर्वासा ने इन्द्र को इस प्रकार से कठोर शाप दे दिया, अधम! तूने मेरा निरादर किया है, अतः इसका कुफल तो तुझे भोगना ही पड़ेगा। तू राज्यच्च्युत होकर अन्य लोक में वास करने को बाध्य होगा। तत्पश्चात् से सुप्रतीक के प्रति उन्मुख होकर कहने लगे, राजन्! तुम्हें मेरे वरदान से एक अजेय, अपूर्व पराक्रमी, दुर्द्धर्ष वीर किन्तु कठोर-हृदय पुत्र की प्राप्ति होगी।

दुर्वासा के वरदान से यथासमय विद्युत्प्रभा के गर्भ से एक पुत्र उत्पन्न हुआ। उसके जन्म के अवसर पर ऋषि दुर्वासा ने स्वयं उपस्थिति होकर शिशु के जातकर्म आदि संस्कार सम्पन्न कराए और उसे दुर्जय नाम दिया। राजा की प्रार्थना पर ऋषि ने अपने तपोबल से उसके उग्र स्वभाव को भी सौम्य कर दिया। दूसरी रानी ने भी एक पुत्र को जन्म दिया जो सद्युम्न कहलाया। दोनों योग्य राजकुमारों को पाकर काशीनरेश सुप्रतीक परम आह्लादित

हुआ। राजा ने समय बीतने पर अपनी वृद्धावस्था को जानकर अपने ज्येष्ठ पुत्र को राज्यासन पर आसीन किया और स्वयं वानप्रस्थी जीवन यापन करने लगा। दुर्जय भी राज्य प्राप्त कर न्याय, धर्म एवं नीतिपूर्वक शासन करने लगा। राज्य-विस्तार को कामना से वह चतुरंगिनी सेना सजाकर दिग्विजय करने निकल पड़ा। उसने शीघ्र ही सभी देवताओं तथा लोकपालों पर भी विजय प्राप्त कर ली। नारद ने दुर्जय को विजय का समाचार पाकर देवराज इन्द्र अनेक लोक-पालों के साथ विशाल वाहिनी सजाकर उसका दमन करने आये। सुमेरु के अंचल में दोनों के मध्य तुमुल संग्राम हुआ, जिसमें इन्द्र को पराजय का मुंह देखना पड़ा। इन्द्र ने युद्ध-भूमि से भाग कर प्राण बचाए।

इन्द्र की पराजय व लोकपालों के अपदस्थ होने से उत्पन्न अव्यवस्था को सुव्यवस्थित करने के लिए राजा दुर्जय ने विद्युत तथा सुविद्युत नामधारी दो असुरों के आग्रह पर उन्हें लोकपाल नियुक्त कर दिया।

राज्य की व्यवस्था से निश्चिन्त होकर राजा दुर्जय एक बार मंदर पर्वत पर गया तो वहां की शोभा-श्री से वह अत्यधिक आनन्दित हो उठा। वहीं उसने कुबेर का मनोमुग्धकारी उद्यान भी देखा जो सब प्रकार से नन्दन वन से स्पर्द्धा कर रहा था। उस उद्यान में मुग्ध भाव से विचरण करते हुए राजा ने एक चम्पक वृक्ष के नीचे दो रूपसियों को खड़े पाया। उनके अनिधं सौन्दर्य से चमत्कृत राजा ने निकट ही दो तापसों को भी देखा। राजा शीघ्र उन तपस्वियों के निकट जा पहुंचा और उन्हें सादर प्रणाम करके तापसों के अनुरोध से ही कुशासन पर आसीन हो गया। तब तापसों ने कहा, महाभाग! आपका आगमन कहां से हुआ है और यहां आने का क्या प्रयोजन है?

राजा ने विनम्र भाव से उत्तर दिया, मैं काशी नगरी का राजा दुर्जय हूं। मेरे पिता का नाम सुप्रतीक है। मैं सर्व राजराजेश्वरों पर विजय पाने के लिए ही यहां आया हूं। मैंने आपको अपना परिचय तथा आगमन का प्रयोजन बतला दिया है, पर आपके विषय में जानने की उत्सुकता का मैं संवरण नहीं कर पा रहा हूं।

तपस्वियों ने कहा, राजन्! हम आपके स्वनामधन्य पिता से परिचित तथा उनके मित्र हैं। हम दोनों स्वयम्भुव मनु के हेतृ तथा प्रहेतृ नामक पुत्र हैं। एक बार हमारे मन में समस्त

देवजाति को विजय कर उसे समूल नष्ट कर देने की इच्छा जागृत हुई थी। तदर्थ हम एक विशाल चतुरंगिणी लेकर सुमेरु पर जा चढ़े थे। देवताओं ने हमारे आक्रमण का डटकर सामना किया था किन्तु वे पराजित हो गये। तब उन्होंने अशरण-शरण, क्षीर-सागर-शायी भगवान विष्णु की शरण से द्रवीभूत होकर शरणागत-पालक कृपालु नारायण के सुमेरु पर आकर असंख्य रूप धरकर हमारी उस महाविशाल सेना का देखते ही देखते विनाश कर दिया। उन्होंने केवल हम दोनों को नहीं मारा। उस विश्वम्भर की ऐसी लीला देखकर हम विस्मित, भयभीत तथा श्रद्धावनत हो गये और हमने इस पर्वत पर आकर उनकी ही भक्ति से रत होना अपना परम सौभाग्य माना। आज आपको यहां पाकर हम धन्य हो गए हैं तथा अपनी इन दोनों कन्याओं हेतू की सुकेशी व सुहेतू की मिश्रकेशी का हाथ आपके हाथ में देते हैं। आप इन्हें स्वीकार करें।

उन दोनों कन्याओं से विधिपूर्वक विवाह करके राजा अपने राज्य में लौट आया। दोनों रानियों से उसे यथासमय एक-एक पुत्र की प्राप्ति हुई। वे बालक प्रभव तथा सुदर्शन नाम से प्रसिद्ध हुए।

जब इस प्रकार वैभवशाली, सौभाग्य-सम्पन्न एवं परम पराक्रमी नृपति को जब दो श्रेष्ठ पुत्रों की प्राप्ति भी हो गई तो वह अति आनन्दित होकर मनोरंजन के विचार से मृगया के लिए वनों में भ्रमण करने लगा। उसने अनेकानेक वन्य पशुओं का वध कर दिया। इस कार्य-व्यापार में निरत उस महान् राजेन्द्र को अकस्मात उस क्षेत्र की परम पवित्रता युक्त सात्विक सुन्दरता का आभास हुआ। एक तपोरत ऋषि के पुण्य प्रताप से उस संपूर्ण क्षेत्र की सुन्दरता में, पक्षियों के कलकूजन में, पुष्पों, वनस्पतियों की गंध से एक अपूर्वता समाई हुई थीं। राजा मुग्ध भाव से ऋषि के निकट जा पहुंचा। धर्मावतार ऋषि ने आनन्द-भाव से राजा दर्जुय का समुचित स्वागत किया और उसके पद तथा आश्रय की मर्यादानुसार उसे बैठने को आसन दिया। राजा के उपयुक्त स्थान ग्रहण कर लेने पर मुनि ने अतिथि-सत्कार की भावना से प्रेरित होकर उससे आश्रय में ही ठहर जाने का आग्रह किया। उन्होंने कहा, राजन्! अपने हाथी, घोड़े पशुओं को मुक्त कर दीजिए और आज मेरा आतिथ्य ग्रहण

कीजिये। ऋषि गौरमुख का निश्छल आग्रह देखकर राजा ने उस दिन वहां ठहर जाने का निश्चय किया। उस समय उसके साथ पांच अक्षौहिणी सेना थी।

कथा-प्रसंग को आगे बढ़ाते हुए श्री वराह नारायण बोले, हे पृथ्वी! राजा के अतिथि बन जाने पर ऋषि को उसे भोजनादि की चिन्ता सताने लगी। वे गंगा के पावन तट पर जाकर भगवान् नारायण की स्तुति करने लगे। उनके पवित्र मन तथा पावन स्तोत्र-पाठ से प्रसन्न होकर भगवान् ने सहस्रों मार्तण्डों से भी प्रखर तेज धारण करके, पीताम्बर वेश तथा शंख-चक्रादि से युक्त होकर ऋषि को दर्शन दिया और वरदान मांगने को कहा। आपके इन अलभ्य दर्शनों के पश्चात् मुझे अब किसी वरदान की माना नहीं। केवल इस राजा दुर्जय तथा उसके सैन्य समाज के असन-वसन-भवनादि-भोजन, वस्त्र (ओढ़न) तथा अपवास की व्यवस्था का योग उपलब्ध कराने की कृपा कीजिएगा। कल तो वह इस आश्रय से चला ही जाएगा। भगवान् ने अपने भक्त की रक्षा की तथा ऋषि को चिन्तामणि देकर अन्तर्धान हो गये। ऋषि भी प्रसन्नचित निज आश्रम में लौट आये।

आश्रम में पहुंचकर ऋषि ने शुद्ध मन से उस पावन मणि की अर्चना की और तब उसकी सहायता से अनेक खण्डों से युक्त अनगिनत प्रसादों की रचना हो गई। खाद्य, पेय, चौष्य तथा लेह्य भोजनों का प्रबन्ध हो गया। सेवकों, परिचारकों, नर्तक-नर्तकियों की व्यवस्था हो गई। रात्रि-आगमन पर रत्नजटित कंचन पर्यकों पर सभी के शयन की व्यवस्था की गई। यह सब कुछ देखकर राजा चमत्कृत हुए बिना न रह सका। उसके मन में प्रश्न उठा कि क्या यह सब इस ऋषि के तपोबल का प्रभाव है या इस अद्भुत मणि की कृपा है, किन्तु वह कुछ भी निश्चित न कर पाया।

प्रातःकालीन रवि-रश्मियों का आलोक जब पूर्वी क्षितिज पर छाने लगा तो वह सारा वैभव-विलास भी पत्र शोभित नीहार-बिन्दुवत् ओस कणों के समान ओझल हो गया। अब तो दुर्जय को यह दृढ़ विश्वास हो गया कि यह सब उस मणि का प्रभाव है। अतः आश्रम छोड़ते समय उसके मन में येन-केन-प्रकारेण उस मणि को प्राप्त करने की दुरभिलाषा सुदृढ़ हो गई। लालची राजा ने आश्रम के भीतर तो किसी प्रकार मन में संयम रखा, किन्तु बाहर निकलते ही उसने विरोचन नामक अपने वीर मंत्री को ऋषि गौरमुख के

पास दूत बनाकर भेज दिया। उसने ऋषि के निकट जाकर निवेदन किया, ऋषिश्वर! मणि-रत्नादि की शोभा राज से है। उन्हें राजा के पास ही रहना चाहिए। आपके सदृश सन्तों को उनकी क्या आवश्यकता? अतः आप अपने पास की चिन्तामणि हमारे महाराज को दे दीजिए। इसी में आपका कल्याण है।

ऋषि ने आक्रोश युक्त हो कहा, दूत! तुम्हारा राजा नराधम एवं लोभी है। वह इस मणि का अधिकारी नहीं हो सकता।

विरोचन ने वापस लौटकर दुर्जय को ऋषि का उत्तर अक्षरशः सुना दिया। क्रोधानल में दग्ध होकर राजा ने नील और विरोचन को ससैन्य ऋषि से बलात् मणि छीन लाने को भेजा, किन्तु उसके मणि के निकट पहुंचते ही मणि से अनेक योद्धा उत्पन्न होकर उनका संहार करने लगे। इस युद्ध में स्वयं विरोचन भी मृत्यु को प्राप्त हुआ। इस पराजय का समाचार सुनकर अग्नि में पड़ी मृताहुति के समान क्रोधाग्नि से धधकता हुआ दुर्जय स्वयं आश्रम में पहुंचकर युद्धरत हुआ, किन्तु उसकी भी एक न चली। उधर हेतृ व प्रहेतृ भी अपने जामाता की सहायतार्थ विशाल दानव-सेना लेकर आ पहुंचे। उनका मणि-वीरों से घोर युद्ध हुआ। किन्तु अधिकांश दानव व राज योद्धा उन वीरों के हाथों मारे गये। जब इस प्रकार रक्त की नदियां बह रही थीं, शवों और अस्थियों के अम्बार लग रहे थे, ऋषि आश्रम में आये। उन्होंने उन दुष्टों-दुर्जय की सेना आदि का समूल विनाश करने हेतु भगवान् विष्णु का स्मरण किया। भगवान् के प्रकट होने पर ऋषि गौरमुख ने उन शत्रुओं का विनाश कर देने की प्रार्थना की। तब भगवान् के सुदर्शन ने निमिष मात्र से ही उन सबको भस्म कर दिया। तभी से वह क्षेत्र 'निमिषारण्य' के नाम से विख्यात हुआ और भगवान् वहां यज्ञ देवता के रूप में वास करने लगे।

अपने पुत्र के इस विनाश का समाचार सुनकर प्रथम तो सुप्रतीक शोकाकुल हो गया, किन्तु शीघ्र ही ज्ञान-लाभ कर उसने चित्रकूट में भगवान् के 'श्रीराम' रूप की आराधना करने का निश्चय किया। कुरुक्षेत्र में पहुंचकर उसने भगवान् राम की विराट एवं सर्वव्यापी, सर्वशक्तिमान, सच्चिदानन्द रूप की उपासना की, जिससे प्रसन्न होकर भगवान् ने राजा सुप्रतीक को अपने दिव्य स्वरूप के दर्शन कराये। तब राजा ने उसी रूप में समा जाने की इच्छा प्रकट की। भगवान् के 'तथास्तु' कहने पर राजा उनके गदाधर रूप का चिंतन एवं ध्यान करता हुआ उसी में समा गया।

भगवान् वराह बोले, मैंने आत्म, वराह-पुराण का यह वर्णन अति संक्षेप में किया है, किन्तु वस्तुतः यह इतना विस्तृत एवं वर्णनातीत है कि ब्रह्मा, सभी देवता तथा स्वयं मैं भी इसका सम्पूर्ण वर्णन करने में असमर्थ हूं। हे धरा देवि! अब तुम क्या पूछना चाहती हो?

धरती ने कहा, भगवान्! मैं धन्य भाग हूं कि आपने मुझ पर कृपा करके मुझे यह परम पावन एवं अपूर्व प्रसंग सुनाया है। हे दयानिधान! मैं अब यह जानने की इच्छा रखती हूं कि भगवान् श्री हरि की उस अद्भुत लीला को देख गौरमुख ऋषि ने क्या किया?

भगवान् वराह बोले, श्री हरि नारायण की इस लीला से आनन्द विभाग ऋषि श्रद्धावनत होकर नैमिषारण्य के 'प्रभास' नामक स्थान पर जाकर तपश्चर्या में रत हो गये। उस स्थल पर भगवान् रिपुदमन के रूप से सदा विद्यमान रहते हैं। महर्षि महोदय अभी तपस्यारत हुए ही थे कि परम तेजस्वी एवं उत्कृष्ट ज्ञानी मार्कण्डेय जी वहां आ पहुंचे। उन्हें देखते ही ऋषि गौरमुख का मन-मुकुल खिल गया। गौरमुख ने उन्हें पादार्ध्य देकर उचित आसन प्रस्तुत किया। कुशल-क्षेम पूछने के पश्चात् दोनों ही ऋषिपुंगव धर्म-चर्चा में लग गये। गौरमुख ने उस सुअवसर का लाभ उठाते हुए मार्कण्डेय से पूछा, प्रभो! मैं पितरों के श्राद्धकर्म आदि के विषय में जानने की उत्कृष्ट इच्छा रखता हूं। ऋषिश्रेष्ठ! इस सम्बन्ध में मुझे आपसे अधिक बतला सकने वाला अन्य कोई नहीं है, अतः आप मुझ पर यह कृपा करें।

मार्कण्डेय बोले, हे धर्मनिष्ठ महामुने! इस चराचर सृष्टि के रचयिता भगवान् नारायण है। ब्रह्मा तथा सभी अन्य देवताओं को भी उन्होंने ही रचा है। ब्रह्मा ने सप्तर्षियों ने आत्मपूजन को ही प्रधानता दी, जिससे रुष्ट होकर ब्रह्मा ने उन्हें इस प्रकार से शाप दिया। अपने ज्ञान के अहंकार में मेरी अवज्ञा करने के कारण तुम ज्ञान-भ्रष्ट हो जाओ। उनके शाप को स्वीकार करते हुए ब्रह्मा के उन मानस-पुत्रों ने अपनी वंश वृद्धि को ज्ञान-मार्ग से च्युत जानकर उनके पुत्रों ने उनकी तृप्ति हेतु जो तर्पण-पिण्डदान आदि किया, वही उत्तरकाल में श्राद्ध कहलाया।

दुर्जय के कथानक और उसके उपरांत विरोचन का कथानक सुनने के बाद भगवती पृथ्वी ने भगवान् वराह से कहा, 'अब मुझे आप चिंतामणि से निकले हुए वीरों के विषय में बताइए। यह सुनकर भगवान् वराह ने कहा कि चिन्तामणि से निकले वीरों को भगवान् नारायण ने राजा बनने का वरदान दिया। इस मणि से सबसे पहले सुप्रभ नाम का वीर प्रकट हुआ। यह महाबाहु के पुत्र श्रुतकीर्ति के पुत्र के रूप में पैदा हुआ। यह बहुत प्रतापी राजा के रूप में प्रसिद्ध हुआ और प्रजापाल नाम से जाना गया। इसका सबसे बड़ा शौक आखेट का था। इसलिए वह अक्सर आखेट के लिए जाया करता था। एक दिन की बात है कि वह जंगल में आखेट करते हुए बहुत दूर निकल गया। वहां उसने एक बहुत सुन्दर आश्रम देखा जहां की प्रकृति की सुषमा को पेड़-पौधे और फूलों को देखकर राजा उसी आश्रय की ओर चला गया वहीं उसने देखा कि सभी आश्रमवासी अपने-अपने कर्म में लीन हैं तथा सुन्दरियां स्वर्ग से अवतरित अप्सराओं के समान लग रही हैं। राजा आश्रम में प्रविष्ट हुआ तो उसे परम पावन तपोनिष्ठ आश्रमाधीश ऋषि के दर्शन हुए। राजा ने उन्हें श्रद्धापूर्वक प्रणाम किया और ऋषि ने भी नृपति का यथोचित स्वागत-सत्कार किया। आसन ग्रहण कर लेने पर राजा ने उनसे प्रश्न किया, भगवान्! इस आश्रम के प्रभाव से मुझमें दिव्य ज्ञान के प्रति रुचि उत्पन्न हुई है। आप कृपापूर्वक यह बतायें कि इस दुस्तर भवसागर को तैरने के लिए जीव को क्या करना उचित है। उसके इस प्रश्न का उत्तर देते हुए उस तपस्वी ने कहा कि संसार से पार उतरने के लिए यज्ञ और दान दो महत्त्वपूर्ण साधन हैं। इन दोनों से ही तीनों लोकों के स्वामी भगवान् विष्णु को प्रसन्न किया जा सकता है।

इसके बाद तपस्वी जी ने कहा कि कुछ उन तिथियों का उल्लेख करना आवश्यक है, जिसमें पूजा-पाठ करने से अधिक फल मिलता है। इनमें प्रतिपदा, द्वितीया, तृतीया और चतुर्थी आदि तिथियां अलग-अलग दृष्टि से महत्त्वपूर्ण हैं।

प्रतिपदा का सम्बन्ध भगवान् अग्नि से है।

द्वितीया का सम्बन्ध अश्विनीकुमारों से माना गया है।

तृतीया का सम्बन्ध भगवान् रुद्र से है।

चतुर्थी का सम्बन्ध गणेश जी से है।

पंचमी का सम्बन्ध नागों से है।

षष्ठी तिथि का महत्त्व कार्तिकेय से है।

सप्तमी का महत्त्व सूर्य, भास्कर और दिवाकर आदि से है।

अष्टमी तिथि का महत्त्व, अन्धक से नाश से है।

नवमी तिथि का महत्त्व गायत्री और नन्दा देवी से है।

दशमी तिथि का महत्त्व अनेक देवियों, पूर्वा पश्चिमा आदि से है।

एकादशी का महत्त्व भगवान कुबेर से है।

द्वादशी का तिथि का महत्त्व आदि नारायण रूप विष्णु से है।

त्रयोदशी का महत्त्व धर्म से है।

चतुर्दशी का महत्त्व रुद्र से है।

अमावस्या का महत्त्व सोम से है। सोम अर्थात् चन्द्रमा!

अब मैं सामान्य रूप से इन तिथियों में होने वाली पूजा का विधान बताता हूं। सृष्टि के आदि में पहले ब्रह्मा जी ने अपने क्रोध से अग्नि को जन्म दिया और उसको कहा कि तुम प्रतिपदा को प्रकट हुए हो इसलिए पूजा तुम्हारी सबसे पहले होगी और प्रतिपदा को ही तुम्हारी पूजा तिथि निश्चित किया गया है।

इस तिथि को प्रजापति के मूर्तिभूत हविष्य से जो तुम्हारा पूजन करेगा वह सभी देवी-देवताओं सहित तुम्हारी कृपा प्राप्त करेगा। तुम्हारा हवन करने पर सभी देवता, यक्ष, किन्नर, अण्डज, स्वदेज, उद्भिज तथा जरायुज प्राणी प्रसन्न हो जाएंगे। प्रतिपदा को उपवास रखकर तुम्हारा पूजन करने वाला छब्बीस-चतुर्युगों तक स्वर्गलोक में वास करेगा तथा पुनः जन्म लेने पर वह प्रतापी, सौम्य एवं सुंदर राजा बनेगा। यह सुनकर अग्निदेव मौन हो गये तथा ब्रह्मा जी की आज्ञा से अपने लोक 'अग्निलोक' को चले गये।

महातपा जी ने कहा, राजन्! ब्रह्मा जी ने अपने पुत्रों के रूप में स्वयं को चौदह अंशों में विभक्त किया। उसमें मरीचि ज्येष्ठ थे। इनके पुत्र महातेजस्वी कश्यप थे। देवताओं के पिता होने के कारण ही इन्हें प्रजापतियों में उच्चतम स्थान प्राप्त हुआ है। भगवान् नारायण के बारह रूप आदित्य इन्हीं के पुत्र कहे जाते हैं। इनमें मार्तण्ड सर्वोपरि एवं सर्वाधिक

तेजस्वी हैं। देवशिल्पी विश्वकर्मा ने अपनी कन्या संज्ञा का विवाह उनके साथ कर दिया। मार्तण्ड से संज्ञा ने दो संतानों को जन्म दिया। इसके नाम यम और यमुना हैं। किन्तु संज्ञा मार्तण्ड का तेज सहन न कर सकी और वह अपनी छाया को वहां छोड़कर स्वयं अपने पितृगृह को चली गई। पिता द्वारा पितागृह की महत्ता पर उपदेश सुनकर संज्ञा कुछ काल वहां व्यतीत करने के पश्चात् वडवा-घोड़ी-का रूप धरकर उत्तर कुरुक्षेत्र में रहने लगी।

संज्ञा की छाया से भी सूर्य-मार्तण्ड-की दो संतानें हुई-एक पुत्र शनि व पुत्री तपती। छाया का व्यवहार अपनी संतानों के प्रति जैसा था वैसा संज्ञा की संतानों के प्रति न था। एक बार यम ने अपने प्रति माता के इस व्यवहार से खिन्न होकर उसका कुछ अपमान कर दिया। इस पर छाया ने उसे शाप दिया कि तुम प्रेतों के राजा बनोगे। इस शाप का परिहार करने के निमित्त पिता सूर्य ने पुत्र से कहा, तुम उस रूप में भी प्राणियों के धर्माधर्म का निर्णय करोगे एक लोकपाल के रूप में स्वर्ग में मान्य होंगे।

इस घटना से मार्तण्ड को वस्तुस्थिति का ज्ञान हो गया और वे शीघ्र ही संज्ञा को प्राप्त करने के लिए उसके पितृगृह में गये। वहां से वे कुरुक्षेत्र में पहुंचे और वहां उन्होंने अश्व का रूप धारणकर अश्वी संज्ञा में गर्भाधान किया। इसी के परिणामस्वरूप संज्ञा की योनि में विद्यमान अव्यक्त रूप प्राण तथा अपान व्यक्त होकर अश्विनीकुमारों के रूप में विख्यात हुए। प्रकट होने पर अश्विनीकुमार भगवान् सूर्य के निकट पहुंचे तथा विनय एवं प्रणाम पूर्वक बोले, महातेजस्विन्, भगवान्! हमारे लिए क्या आदेश है?

भगवान् मार्तण्ड ने उन्हें देवाधिदेव नारायण से वर-प्राप्ति हेतु तप करने की आज्ञा दी। ब्रह्मपार नाम स्तोत्र के पाठ तथा कठोर तप द्वारा उन्होंने द्वितीय तिथि को देवभाग पाने, सोमरस पान करने, आयुर्वेद में पारंगत होने तथा देवताओं के तुल्य जाने का वरदान प्राप्त किया। ब्रह्मा जी ने स्वयं दर्शन देकर उन्हें यह वरदान प्रदान किया।

अश्विनीकुमारों की उत्पत्ति का विवरण सुनाने के उपरांत महातपा राजा प्रजापाल को सम्बोधित करते हुए बोले, हे राजन्! द्वितीया तिथि को व्रत रखकर जो पुष्पाहार करता है और एक वर्ष पर्यन्त इसे निभाता है, वह निश्चय ही अश्विनीकुमारों के गुण प्राप्त करता है। अब आप क्या जानने की अभिलाषा रखते हैं?

महातपा बोले, राजेन्द्र! महान् प्रजापति ब्रह्मा से विविध रूप रुद्र की उत्पत्ति हुई। उस रुद्र से सृष्टि-रचना करने को कहकर ब्रह्मा ने श्री विग्रह से ही उत्पन्न नारायणांश एवं परम मंगलमयी गौरी को उन्हें सौंप दिया, किन्तु रुद्र ने सृष्टि-रचना में अपनी असमर्थता प्रकट कर दी। इस पर गौरी को अपने में ही समाविष्ट करके ब्रह्मा जी ने रुद्र से तप द्वारा सृष्टि शक्ति प्राप्त करने को कहा। उनकी बात मानकर रुद्र जल-मग्न होकर तपस्यारत हुए। भगवान् रुद्र की सृष्टि के पश्चात् ब्रह्माजी के मन में पुनः-पुनः सृजन की इच्छा हुई। फलतः अन्य सृष्टियों के साथ ही उनके सात मानस पुत्रों का जन्म भी हुआ। इन्हीं मानस पुत्रों में एक दक्ष भी थे। कालान्तर में इनकी वंश-बेल निरन्तर वृद्धि पाती रही। देवराज सहित सभी देवगण- अष्ट वसु, एकादश रुद्र, द्वादश आदित्य तथा उनचास मरुद्गण आदि- सभी इसी वंश से सम्बद्ध माने जाते हैं। ब्रह्मा जी द्वारा अपने में लय की गई गौरा भी इसी दक्ष के गृह में पुत्री रूप में जन्मी और 'दाक्षायणी' के नाम से प्रसिद्ध हुई। दक्ष का वंश ज्यों-ज्यों वृद्धि को प्राप्त होता रहा उनका हृदय भी त्यों-त्यों उल्लसित होता गया। उन्होंने एक परम पावन महायज्ञ का आयोजन किया। इसमें महामुनि मरीचि, अत्रि, वसिष्ठ, पुलस्त्य आदि सभी ऋषिगण तथा देवता उपस्थित थे। यज्ञ पूर्ण श्रद्धा के साथ किया जा रहा था।

दूसरी ओर भगवान् रुद्र दस हजार वर्षों तक तपस्या करने के उपरांत परम कान्तिमान तथा तेजोदीप्त शरीर लेकर जल से बाहर निकले। वे परम प्रसन्न एवं आह्लादित थे किन्तु तभी उन्हें दक्ष-यज्ञ में होने वाला स्वर तथा नाना प्रकार के मानवों का कोलाहल सुनाई पड़ा। ब्रह्मा ने तो मुझसे सृष्टि रचने को कहा था फिर मेरे पीछे किसने यह सब रचना की है? ऐसा विचार कर उनके क्रोध का अन्त न रहा। वे अति रौद्र स्वर में गर्जन करने लगे तथा उनके कर्ण-कुहरों से अग्नि की तीन ज्वालाएं प्रचण्ड वेग से फूट पड़ीं जिनसे असंख्य भूतों, बैतालों, प्रेतों, पिशाचों, डाकिनियों, शाकिनियों आदि की उत्पत्ति हुई। उन सबको सैन्य रूप से सजाकर रुद्र शिवजी दक्ष की यज्ञशाला की ओर चल पड़े और वहां पहुंचकर उन्होंने भयानक विनाश-लीला प्रारम्भ कर दी। देवताओं ने भी उनसे तुमुल युद्ध छेड़ दिया। रुद्र ने भग देवता के दोनों चक्षुओं और पूषा के सब दांतों को नष्ट कर दिया। सारी देव-सेना रुद्र के प्रचण्ड प्रहार से व्याकुल -होकर आर्तनाद करती हुई भाग चली। तभी भगवान्

विष्णु वहां आ पहुंचे और उन्होंने देवताओं को उत्साहित किया तथा स्वयं रुद्र से भिड़ गये। महाराज! उस युद्ध का वर्णन कौन कर सकता है। वह युद्ध पशुपत तथा नारायणास्त्र के मध्य था। उसमें कोई किसी से कम न था। यह युद्ध एक सहस्र दिव्य वर्षों तक चलता रहा और न जाने कब तक चलता रहता है किन्तु उससे होने वाले विनाश की कल्पना से प्रजापति ब्रह्मा ने दोनों देवताओं से निवेदन किया, आप युद्ध बन्द कर दें तथा अपने-अपने अस्त्रों को शान्त करें।

दोनों ने उनकी बात मानकर युद्ध रोक दिया। ब्रह्मा ने प्रसन्न होकर उन्हें हरि और हर नाम से पूजित होने का वरदान दिया। दक्ष के पुत्रों के यशस्वी होने तथा ध्वंस किए गए यज्ञ के भी सफल होने का वरदान देकर उन्होंने देवमण्डली से कहा, वेदानुसार रुद्र को यज्ञ में भाग अवश्य मिलना चाहिए तथा भग व पूषा को दण्डित करने वाले रुद्र की तुम्हें इसी नाम से स्तुति करनी चाहिए, तब वे अवश्य ही प्रसन्न होकर वरदायी हो जाएंगे। देवताओं ने ब्रह्मा के कथनानुसार ही रुद्र की स्तुति करके उन्हें प्रसन्न कर लिया। तब भगवान् रुद्र ने भग को पुनः नेत्र, पूषा को दन्त तथा देवताओं को अपशुत्व प्राप्त करने का वरदान दिया। इस संपूर्ण घटनाक्रम को ब्रह्मा देखते रहे और तब उन्होंने कहा, महारुद्र! तुम विश्व में पशुपति नाम से ख्यात होंगे। फिर उन्होंने दक्ष को आज्ञा दी कि गौरी को विवाह इनसे कर दो। दक्ष ने आज्ञा का पालन किया और गौरी तथा गणों सहित रुद्र ब्रह्मा जी द्वारा प्रदत्त अपने निवास-स्थल कैलाश को चले गये।

शिवजी के साथ गौरी के दिन सुख से बीत रहे थे किन्तु तभी उन्हें शिवजी के अपमान का पूर्ववृत्त (जो दक्ष-यज्ञ में दक्ष द्वारा किया गया था) स्मरण हो आया। उस अपमान का स्मरण करने मात्र से उनका स्वांग क्रोध से कम्पायमान हो गया तथा वह विचाने लगीं। अब मेरे लिए पितृगृह का द्वारा बन्द है तथा जिस शरीर से मैंने अपने प्राणेश्वर का अपमान देखा है, उसका रहना भी अब उचित नहीं है। यह चिन्तन करके वह हिमालय में जाकर तपोरत हो गईं। मन में शिव को ही पुनः प्राप्त करने की कामना ले उन्होंने कठोर तप द्वारा अपना शरीर त्याग दिया तथा हिमवान् के गृह में पार्वती के रूप में जन्मीं। विवाहावस्था प्राप्त करने पर वे पुनः महादेव को पति रूप में प्राप्त करने हेतु तप करने लगीं। इस बीच एक

दिन एक दीन-हीन दुर्बल द्विज उनके निकट आकर भोजन की याचना करने लगा। पार्वती जी उससे बोलीं, विप्र! स्नान कर लो, मैं आपको फल-फलादि का भोजन दूंगी। तब वह ब्राह्मण नदी में स्नान करने लगा। उसी क्षण एक मकर ने उस ब्राह्मण का पैर अपने मुंह में ले लिया, वह रक्षा के लिए पुकारने लगा, परन्तु पर-पुरुष का स्पर्श कैसे करें, इस धर्म-संकट में पड़ी पार्वती जी ने ब्रह्म-हत्या के पाप से बचने के लिए उसकी रक्षा का निश्चय किया। वह उस ब्राह्मण के निकट पहुंची और उसका हाथ पकड़ लिया। उनके विस्मय एवं आश्चर्य का अन्त न रहा जब उन्होंने द्विज के स्थान पर साक्षात् शिव को अपने सामने पाया।

अपने प्रति शिवजी के अनुराग को देखकर पार्वती पुलकित हो उठीं तथा ब्रह्मा की आज्ञा से हिमवान ने तुम्बरु, नारद, हाहा व हूहू आदि गन्धर्वों, देवों तथा सर-सरिताओं की उपस्थिति में पार्वती का शिवजी से विवाह कर दिया। ब्रह्मा ने वर-वधू को आशीर्वाद देते हुए कामना की कि पार्वती जैसी पत्नी एवं शिव सदृश पति हर किसी को प्राप्त हो। राजन्! यह सब कुछ तृतीया तिथि को हुआ। अतः इस तिथि को व्रत रखने तथा शिव-पार्वती का पूजन करने से पति-पत्नी को वियोग व्यथा सहन नहीं करनी पड़ती। पति-पत्नी में अनन्य अनुराग तथा दृढ़ प्रीति के लिए प्रत्येक दम्पति को तृतीया को व्रत-उपवास करना चाहिए।

नृपश्रेष्ठ! पुराकाल में साधुवृत्ति के सज्जन जो भी पुण्यकार्य करते थे वह निर्विघ्न पूर्ण होता था, किन्तु कालान्तर में सत्कार्यों में विघ्न-बाधा पड़ने लगी, जबकि दुष्ट व्यक्तियों के दुष्कर्म निर्विघ्न समाप्त हो जाने लगे। यह देखकर पितरों, देवताओं एवं सज्जनों को बड़ा कलेश तथा विस्मय हुआ। इसका कारण न जान सकने के कारण वे देवाधिदेव भगवान् रुद्र के पास गये और उन्होंने उनसे कहा, कृपानिधान! हम आपसे न्याय की कामना करते हैं। आज विश्व में जो यह तमोगुण निरन्तर विकसित हो रहा है, उसे रोकिये। इतना कहकर देवगण चुप हो गये। तब भगवान् शिव के मुंह से एक अति सुंदर, परम-पराक्रमी, तेजोदीप्ति मूर्ति प्रकट हुई। विविध शक्ति सम्पन्न अपर-शिव तुल्य उस विनायक को देखकर सभी चमत्कृत हुए बिना रह न सके। स्वयं गौरी भी उन्हें टकटकी लगाकर देखती रह गईं। इस प्रकार विनायक को टकटकी लगाकर देखते देवों के प्रति रुद्र के क्रोध

की सीमा न रही तथा उनके शरीर के रोमकूपों से जलधारा के साथ अनेक विनायक प्रकट हो गये। सभी का रूप एवं आकार प्रथम विनायक के सदृश ही था। उनके रूप आदि को देखकर देवताओं तथा ऋषि-मुनियों ने इस चमत्कार से मुग्ध होकर विश्वास कर लिया कि वे उनकी रक्षा अवश्य कर लेंगे किन्तु कौन विनायक प्रधान होंगे यह वे नहीं समझ पा रहे थे। उसी समय ब्रह्मा वहां पहुंचे तथा शिव को प्रणतिपूर्वक शान्त करते हुए बोले, हे आशुतोष! अब आप अपने मुंह से उत्पन्न विनायक को ही प्रधान पद दीजिये। अन्य सभी उनके गण कहलाएंगे और उनके साथ मिलकर वे विघ्न आदि दूर करेंगे। इसके अतिरिक्त आप निराकार व्योम को आकार प्रदान कर 'व्योमेश' नाम धारण कीजिए। इसके उपरांत ब्रह्मा ने देवों से सम्बोधित होकर कहा, देवो! आप अपने-अपने दिव्यास्त्र विनायक को दे दीजिये। देवों ने उनकी आज्ञा का पालन किया और शिव ने भी उनके वचन को गौरव दिया। इस प्रकार सब संतुष्ट होकर चल दिए।

राजन्! तब ये गणेश विघ्नविनाशक, भवपुत्र, गजानन आदि नामों से पुकारे जाते हैं। शिवजी तथा देवताओं ने स्वर्ण कलशों में तीर्थों का जल भरकर उनका अभिषेक किया। तदन्तर देव-मण्डली ने समवेत स्वर में उन विघ्नहर, गणनायक, गज-वदन विनायक की स्तुति की। अब वे पार्वती नन्दन हो गये। यह सब विधान चतुर्थी तिथि को सम्पन्न हुआ, अतः इस दिन व्रत रखने तथा तिलों का आहार करने से परम-पुण्य की प्राप्ति के साथ-साथ सभी विघ्नों का विनाश होता है।

प्रजापाल बोला, भगवान्! ब्रह्मा द्वारा निर्मित व शिव द्वारा आभूषण रूप में धारित नागों के विषय में भी जानने की मेरी इच्छा की पूर्ति करने की कृपा करें।

सुतपा ने कहा, यही प्रश्न वराह भगवान् से पृथ्वी ने भी किया था। उन्होंने उत्तर दिया था, वह तुम भी सुनो।

आभूषण रूप में धारित नाग

महातपा बोले, राजन्! ब्रह्मा द्वारा रचे सर्प विभिन्न प्रकार के थे- अनन्त, वासुकि, कर्कोटक, पद्म, महापद्म, कम्बल, शंख, कुलिक, पाप, राजिल आदि। ये सब दृष्टि तथा दंश से सर्वनाश करने वाले दुष्ट स्वभाव के थे। इस कारण आये दिन अनेक जन मृत्यु को

प्राप्त हात थ। इसस क्षुब्ध एव दुखा हाकर सभा लाकपाल ब्रह्मा का शरण म जा पहुच। ब्रह्मा ने उन्हें आश्वस्त करके वापस भेज दिया और सर्पों को बुलाकर कहा, तुम मेरे द्वारा बनाये गये मानवों का विनाश कर रहे हो, अतः भविष्य में अपनी ही माता के शाप से तुम्हारा नाश होगा।

आतंकित सर्पों ने कहा, भगवान्! आपने ही तो हमारा स्वभाव ऐसा बनाया है फिर यह क्रोध क्यों कर रहे हैं। आप कृपा करके हमें हमारे भिन्न-भिन्न आवास-स्थल तथा कर्म बतलाने की कृपा करें। ब्रह्मा ने कहा, तुम सुतल, वितल तथा पाताल में जाकर रहो। कालान्तर में कश्यप ऋषि के गृह के दक्षकन्या के गर्भ से तुम्हारा जन्म होगा। अपनी जननी कद्रू के शाप के फलस्वरूप और जनमेजय द्वारा यज्ञाग्नि में झोंके जाकर तुम विनष्ट हों। हां, तुम में से जो प्रकृति के दुष्ट नहीं होंगे, उनका बाल भी बांका न होगा। यदि अपना हित और जीवन चाहते हो तो किसी भी सज्जन व्यक्ति को मत डसना तथा गरुड़ मंत्र का ज्ञान रखने वालों से डर कर रहना। ब्रह्मा के ये वचन सुनकर सभी संत्रस्त नाग पाताल-लोक को चले गये।

यह सारी घटना पंचमी तिथि को हुई, अतः उस दिन खट्टी वस्तुओं का परित्याग करके शुद्ध भाव से नाग पूजन करने तथा उन्हें दुग्धपान कराने से पुण्य लाभ होता है और नाग-पंचमी तिथि को नाग पूजन करने वाले व्यक्तियों के नाग मित्र बन जाते हैं।

प्रजापाल ने पुनः प्रश्न किया, ऋषिश्रेष्ठ! आपके ज्ञान से मेरी अनेक शंकाओं का समाधान तो हो गया है किन्तु मैं यह नहीं समझ पाया हूं कि कार्तिकेय का जन्म कैसे हुआ? अहंकार से उसका जन्म होने के मूल में क्या मर्म छिपा है? यह आप मुझे बताने की कृपा करें।

महातपा ने उत्तर दिया, हे राजन्! अहंकार का एक अर्थ महत्त्व है। परम-पुरुष एवं अव्यक्त के योग से इसका प्रादुर्भाव हुआ है। परम-पुरुष भगवान् विष्णु अथवा शिव हैं, अव्यक्त प्रकृति भगवती, उमा देवी हैं। इन्हीं शिव तथा उमा के संयोग से अहंकार या महतत्त्व का जन्म हुआ, जिन्हें कार्तिकेय कहा गया है। उनके जन्म का भी विशेष प्रयोजन था, जिसे नाना रूपों में कहा गया है। अब मैं तुम्हें जन्म का मूल कारण बतलाता हूं।

हे राजा! सभी प्रकार की सृष्टि-रचना हो जाने के पश्चात् देवता और दानवों के मध्य अपनी सत्ता एवं महत्त्व के लिए घोर संग्राम छिड़ गया। इस संग्राम में दानवों का पलड़ा बहुत भारी पड़ रहा था। उनके पास हिरण्यकशिपु, हिरण्याक्ष, विप्रचिति, विचित्र, भीमाक्ष, क्रौंच आदि महाबली एवं कुशल सेनापति थे किन्तु देवताओं के संरक्षक एवं सेनापति अकेले इन्द्र ही थे। गुरु बृहस्पति से यह स्थिति न देखी गई, अतः उन्होंने देवताओं को सलाह दी कि तुम किसी योग्य एवं कुशल सेनापति को प्राप्त करने का प्रयत्न करो। उनकी बात मानकर वे सभी देवगण ब्रह्मा की शरण में गये। उन्होंने कुछ देर विचार करने के पश्चात् शिवजी के पास जाने का निश्चय किया और देवताओं को साथ लेकर उनके निकट जा पहुंचे। शिव की स्तुति करके देवताओं ने उन्हें प्रसन्न कर लिया और तब उनके पूछने पर कहा, भगवान्! हमें दानवों का दमन करने हेतु एक सक्षम सेनापति की आवश्यकता है। आप ही हमें ऐसा सेनापति दे सकते हैं। उनकी बात सुनकर भगवान् रुद्र ने कहा, तुम लोग जाओ, मैं अभी इसका प्रबन्ध करता हूं। देवताओं को विदा करके उन्होंने शक्तिस्वरूपा उमा को पुत्र के लिए प्रेरित किया और तत्क्षण ही वहां एक परम तेजस्वी शक्ति-पुंज कुमार प्रकट हो गये। उनका रूप अद्भुत तथा बल असीम था। उन्होंने जन्म से ही अपनी लीला दिखलानी प्रारम्भ की। उनके जन्म का समाचार सुनकर देवगण वहां आये। देवों की उपस्थिति में शिवजी ने कुमार को खेलने के लिए कुक्कुट तथा अनुचर के रूप में शाख तथा विशाक नामक दो गण दिये और तब उनसे देवताओं के सेनापति बन जाने को कहा। देवताओं ने उन्हें 'पावकी' 'कुमार' तथा 'कार्तिकेय' आदि नामों से सम्बोधित करके उनकी स्तुति की। इस स्तुति के पूर्ण होते ही कार्तिकेय ने विशाल रूप धारण कर लिया। हे राजन्! कार्तिकी आदि मातृकाओं के स्तनपान से पोषित होने के कारण ही कार्तिकेय इस नाम के अधिकारी हुए तथा पावकसुत होने से उन्हें 'पावकी' भी कहा गया। ब्रह्मा ने इनका अभिषेक षष्ठी तिथि को किया था, अतः जो भी इस तिथि को व्रत रखकर श्री कार्तिकेय का पूजन करता है, उसकी सभी अभिलषित कामनाएं पूर्ण होती हैं। षष्ठी तिथि को कार्तिकेय की स्तुति करने में गृहस्वामी नीरोग एवं दीर्घायु होते हैं।

महातपा बोले, सप्तमी तिथि सूर्य, भास्कर, प्रभाकर, दिवाकर आदि नामों से विख्यात स्वयं तेजपुंज आद्येश्वर की तिथि है। इसी दिन देवताओं ने इनके तेज से व्याकुल होकर उनकी स्तुति करके इन्हें प्रसन्न किया था तथा अपना तेज कुछ कम करने की प्रार्थना की थी। सूर्य ने उनकी प्रार्थना स्वीकार करके संपूर्ण चराचर को सुखी बनाया था, अतः यह तिथि परमपावन, सुख तथा श्रीदायिनी है।

महर्षि महातपा बोले, महाभाग प्रजापाल मैं आपके समुख एक रोचक और माहात्म्य-युक्त प्रसंग का वर्णन करता हूं। इसका संबंध अष्टमी तिथि से है। प्राचीन समय में एक महाबली दानव हुआ। उसका नाम अन्धक था। उसने ब्रह्मा की भक्ति करके उनसे यह वरदान प्राप्त कर लिया कि उसे कोई नहीं मार सकेगा तथा उसका शरीर पृथ्वी पर नहीं पड़ेगा। यह वरदान प्राप्त करके वह इतना निरंकुश हो गया कि देवताओं तक को बुरी तरह सताने-मारने लगा।

अन्धक के उत्पातों से दुःखी देवताओं ने सुमेरु पर्वत का वास त्याग दिया और वे ब्रह्मा के पास जा पहुंचे। उन्होंने अपनी व्यथा कथा कहने के साथ ही अन्धक के अहंकार और अत्याचार का वर्णन किया। इस पर ब्रह्मा ने कहा, 'मैंने ही उस दानव को वरदान दिया है अतः मैं उसका वध नहीं कर सकता। यह कार्य शिवजी के द्वारा ही हो सकता है, अतः आप लोगों को उन्हीं के पास जाना चाहिए। तब ब्रह्मा सहित सभी देवगण आपस में कुछ कहने-सुनने से पूर्व ही दानव अन्धक भी चतुरंगिणी सेना लेकर आ पहुंचा। वह शिव को मारकर पार्वती को ब्याह करके ले जाना चाहता था। इस पर वहां देवताओं और दानवों का घोर संग्राम छिड़ गया। इसी समय नील नामक एक महादानव हाथी का रूप धारण करके शिव के पास पहुंचा। नन्दी इस छल को भांप गये तथा उन्होंने यह बात वीरभद्र को बतला दी। तब वीरभद्र ने सिंह का रूप धारण करके उस नीलगज का वध कर दिया और उसका श्यामल चर्म शिव को भेंट किया। शिव ने गजचर्म को वस्त्र के सामान धारण किया और उससे वे गजजिनधारी के नाम से प्रसिद्ध हो गये।

उस भयानक सग्राम म दवता निराश हान लग तथा विष्णु क उपास्थत हा जान पर भी जो नारद के इस युद्ध का समाचार पाकर वहां पहुंच गये थे, पलायन करने लगे। उस समय रुद्र तथा अन्धक के बीच लोमहर्षक द्वंद्व युद्ध छिड़ गया। शिव ने अपने त्रिशूल से उस दानव का भेदन कर दिया, किन्तु उसकी रक्तधारा से अन्य अनेक अन्धक उत्पन्न हो गये। यह देखकर रुद्र ने मूल अन्धक को त्रिशूल पर उठा लिया। भगवान् विष्णु ने अपने चक्र से शेष अन्धकों को नष्ट कर दिया किन्तु त्रिशूल पर लटका अन्धक फिर भी नहीं मरा। तब रुद्र को भयानक क्रोध आ गया और उनके मुंह से ज्वाला निकलने लगी। उस ज्वाला ने शीघ्र ही काम-मूला योगेश्वरी का रूप धारण कर लिया। इसके साथ ही विष्णु के तेज से लोभ-लक्षण युक्त वैष्णवी व ब्रह्मा के तेज से मद-लक्षणा ब्रह्माणी प्रकट हुई। इनके अतिरिक्त क्रोध युक्त माहेश्वरी, मोहयुक्त कौमारी, मात्सर्ययुक्त इन्द्राणी, पैशुन्य-लक्षणा यमदण्डधरा तथा असूया-युक्त वाराही भी मातृकाओं के रूप में उत्पन्न हुई। इन सबके प्रताप से अन्धक का रक्त-प्रवाह सूख गया और इस प्रकार उसे यंत्रणा से छुटकारा प्राप्त हो गया।

राजन्! यह सब अष्टम तिथि को हुआ। इस तिथि को मातृकाओं का स्मरण करने वाला उनकी कृपा का भोजन बन सकता है। उसे संतोष प्राप्त होता है।

नवमी तिथि का सम्बन्ध गायत्री देवी तथा नन्दादेवी से है। इन्होंने देवताओं के परम पराक्रमी शत्रु वेत्रासुर नामक दैत्य का संहार किया था। वेत्रासुर राजा सिन्धु द्वीप का पुत्र नृपति था। पूर्वजन्म में किसी अन्य शस्त्रास्त्र से अवध्य जानकर इन्द्र ने जलफन से उसका वध किया था। इस जन्म में भी उसे अपने पूर्वजन्म का स्मरण था, अतः उसने तप द्वारा इन्द्रजीत पुत्र प्राप्त करना चाहा। उसके तप करते समय वेत्रवती नदी सुन्दरी का रूप धरकर उसके पास पहुंची तथा पति रूप में उसका वरण किया। वेत्रवती के गर्भ से वेत्रासुर का जन्म हुआ। वेत्रासुर प्रारम्भ में प्राग्ज्योतिषसुर का शासक बना। फिर उसने अपने बल से सातों द्वीपों पर विजय प्राप्त करके देवताओं पर चढ़ाई कर दी। इन्द्र, अग्नि तथा वरुण आदि सभी देवता उसके भय से भागकर शिव के पास पहुंचे। शिव उसे अवध्य जानकर ब्रह्मा की शरण में गये। उस समय ब्रह्मा भगवान् विष्णु के चरणों से निकली गंगा के तट पर

कमलासन पर शोभित होकर गायत्री का जाप कर रहे थे, फलतः शिव के साथ आये देवताओं की करुण पुकार के प्रति वे उदासीन ही रहे। तभी वहां एक अयोनिजा, श्वेताम्बरी, अष्टभुजाधारी तथा सर्वायुध युक्त देवी प्रकट हुई। उन्होंने अपने अनेक रूप बनाये और एक सहस्र दिव्य वर्ष पर्यन्त उस दानव के महाभयानक युद्ध करके उसका और उसकी सारी सेना का विनाश कर दिया। यह देखकर भगवान् शिव ने उस देवी की स्तुति में स्तोत्र गायन किया। इस समय तक ब्रह्मा भी जप से निवृत्त हो चुके थे। वे जान गये कि देवताओं का कार्य सिद्ध हो चुका है। अतः उन्होंने देवी को हिमालय में 'वास' प्रदान किया तथा कहा कि भविष्य में महिषासुर नाम का एक परम पराक्रमी दैत्य होगा। हे देवि! आप उसका भी संहार करना।

यह सुन महातपा बोले-राजन्! नवमी तिथि इन्हीं देवी से सम्बद्ध है, अतः इस तिथि को देवी का पूजन करने से इस जन्म में परम पुण्य एवं सौभाग्य की प्राप्ति होती है तथा अन्त में मोक्ष एवं कैवल्य पद की प्राप्ति होती है, अतः कल्याण के इच्छुक प्राणी को इस व्रत को रखकर पूजनोपरांत ही पकवान आदि का सेवन करना चाहिए।

राजा प्रजापाल को तिथियों का महत्त्व एवं माहात्म्य बतलाते हुए महातपा ने आगे कहा, राजन्! ब्रह्मा ने प्रथम सर्ग की रचना के पश्चात् उसके आधार हेतु आभ्यन्तर स्थल की रचना का विचार किया। तभी उसके कर्ण से दस देवियां प्रकट हुई। उनके नाम हैं, पूर्वा, पश्चिमा, उत्तरा, दक्षिणा, ऊर्ध्वा, अधरा, आग्नेय, नैऋत्या, ईशानी तथा वायव्या। ब्रह्मा ने उनके लिए क्रमशः इन्द्र, वरुण, कुबेर, यम, स्वयं, शेषनाग अग्नि, निऋति, शंकर तथा वायु को पति रूप में चुना और उन्हें उनके स्थानों पर रहने को भेज दिया। यह सब दशमी तिथि को घटित हुआ, अतः इस तिथि को दही खाकर पवित्र मन से इस प्रसंग को कहने-सुनने वाला व्यक्ति सदा के लिए इन देवियों का कृपा भाजन बना रहता है।

महातपा बोले, भक्तप्रवर! एकादशी का सम्बन्ध कुबेर से है, जो प्रारम्भ में वायु रूप में थे। ब्रह्मा द्वारा सृष्टि रचना का विचार करते ही उन्हें मुंह से धूल का बवण्डर उठा हुआ प्रचण्ड पवन बह चला। ब्रह्मा ने पवन को रोककर उसे मूर्त होने का आदेश दिया। तब उसने रूप धारण कर कुबेर नाम प्राप्त किया। ब्रह्मा की ही आज्ञा से कुबेर सब देवताओं के

धनपति बने। कुबेर का प्रादुर्भाव एकादशी तिथि को हुआ। इस तिथि का व्रत धारण करने फलाहार करने तथा कुबेर, पूजन करने वाले को महान् फल प्राप्त होता है। उसके सब मनोरथ पूर्ण होते हैं तथा मृत्यु होने के बाद उसे स्वर्ग-लाभ होता है।

द्वादशी तिथि को आदि नारायण के विष्णु रूप का प्राकट्य हुआ। उनके कमलनाभ रूप को देखकर पवन ने वायु रूप में मूर्त होकर उन्हें अपनी चतुर्भुजाओं में शंख, चक्र, गदा, पद्म में ग्रहण करने की प्रार्थना की थी। इसी तिथि को लक्ष्मी उनकी भार्या बनीं। राजन्! इस तिथि को निराहार रहकर लक्ष्मी नारायण का पूजन करने और ब्राह्मण को घृत-मधु का भोजन कराने का विधान है। कहने की आवश्यकता नहीं कि ऐसे व्रतधारी को निश्चय रूप में मुक्ति और भुक्ति दोनों मिलते हैं। विष्णु वेदान्त पुरुष हैं, उन्हें प्राकृत पुरुष समझना अज्ञान है।

त्रयोदशी धर्म की तिथि है। धर्म का उदय भगवान् नारायण के दक्षिण अंग से हुआ है। धर्मराज श्वेतवर्ण, चतुष्पाद, त्रिश्रृंगी वृषभ के रूप में प्रकट हुए। उनकी वृत्ति लोगों को सन्मार्ग एवं सत्कर्म में लगाने की है। अपने भ्राता चन्द्रमा द्वारा बृहस्पति की भार्या पर कुदृष्टि डालने से दुःखी होकर वे अरण्य में चले गये। फलतः अधर्म और अनाचार ने देवताओं और दानवों को ग्रस लिया। ब्रह्मा ने त्रयोदशी तिथि को धर्म को मनाया तथा उनकी पुनः प्रतिष्ठा की।

राजन्! इस तिथि को व्रत धारण करके दुग्ध से तर्पण करने वाला पापी व्यक्ति भी पाप मुक्त होकर स्वर्ग का अधिकारी बनता है।

चतुर्दशी का सम्बंध भगवान् रुद्र से है। इस तिथि को ही भगवान् रुद्र का जन्म भगवान् ब्रह्मा के क्रोध से हुआ था। जन्म लेते ही वे रुदन करने लगे थे और ब्रह्मा ने मा रुद्र (रोओ मत) कहा था। इसी आधार पर उनका नाम रुद्र पड़ गया। ब्रह्मा ने उनसे आत्मवत् सृष्टि करने को कहा तो वे तप रत हो गये। जो भी व्यक्ति व्रतोपवास करके प्रातःकाल इस कथा को सुनता है या पढ़ता है और भगवान् शंकर का पूजन करता है, वह निश्‍चय ही संपूर्ण पापों से मुक्त हो जाता है।

पितर रूपधारी तन्मात्राओं को प्रसन्न करने की तिथि है। ये तन्मात्राएं ब्रह्मा के शरीर से ही उत्पन्न हुई थीं। वे आकाश में स्थित होकर तप करना तथा सोमरस पान करना चाहती थीं। ब्रह्मा ने उनसे पितर रूप धारण करके जनकल्याण करने को कहा तथा उन्हें बतलाया कि लोग इस तिथि को जल, तिल तथा कुश से तुम्हारा तर्पण करेंगे। इससे तृप्ति होगी तथा तुम उन्हें शीघ्र वरदान दोगी।

राजन्! अमावस्या तिथि को व्रत धारण कर पितृतर्पण करने वाले पितरों और पितृ रूपधारी तन्मात्राओं का कृपा भाजन बनता है।

पूर्णमासी सोम से संबंधित है। सोम चन्द्र रूप में अत्रि के पुत्र थे। दक्ष की 27 कन्याएं उनकी पत्नियां थीं; किन्तु चन्द्र केवल रोहिणी को ही सर्वाधिक चाहते थे। अन्य पत्नियों को यह अच्छा न लगा और उन्होंने अपने पिता से चन्द्र के इस व्यवहार की शिकायत की तो दक्ष ने चन्द्र को समझाया, किन्तु वे न माने। तब क्रुद्ध होकर दक्ष ने चन्द्र को शाप दे दिया। तुम धीरे-धीरे क्षीण होकर समाप्त हो जाओ, फलतः चन्द्र को क्षय हो गया और वह अमावस्या को अस्त हो गये। तब सब औषधियां नीरस एवं प्रभावहीन हो गईं। इससे क्षुब्ध होकर देवगण विष्णु के पास पहुंचे। विष्णु ने देवताओं से कहा, तुम सब औषधियां सागर में डालकर उसका मंथन करो। इस सागर-मंथन के लिए वासुकि को रज्जु और मेरु को मथानी बनाया गया। इस मंथन से चन्द्र सोम रूप में प्रकट हुए। उन्हें शिव ने प्रभु का ही एक रूप मानकर अपने मस्तक पर धारण कर लिया। चन्द्र के पुनः प्रकट होने एवं सोम रूप धारण करने से सभी को पुनः परम आनन्द की प्राप्ति हुई। यह घटना पूर्णमासी को घटित हुई थी, अतः इस तिथि को व्रतोपरान्त अन्नाहार करने से श्री, कान्ति, ज्ञान, धन आदि की निश्चित प्राप्ति होती है।

भगवती पृथ्वी ने भगवान् वराह से कहा कि आप मुझे उपासना और भक्ति पद्धति के विषय में बताने की कृपा करें। यह सुनकर वराह रूप नारायण ने कहा कि मैं केवल भाव का भूखा हूं। तपस्या और व्रत के द्वारा ही मुझे पाया जा सकता है। मैं धन आदि से प्राप्त नहीं होता। व्रत तीन प्रकार के होते हैं -

मानसिक-ब्रह्मचर्य और सत्यनिष्ठा का पालन।

वाचिक-झूठ न बोलना, कीर्तन आदि।

कायिक-दिन में एक बार खाना।

इन तीनों व्रतों का महत्त्व एक समान है। प्राचीन समय में एक तपस्वी ब्राह्मण थे जिसका नाम आरुणि था। वह नियमपूर्वक वन में साधना करने गए। एक दिन वे देविका नदी में नहाने के बाद व्याघ्र को देखकर अपने प्राणों के भय से कांपने लगे थे। लेकिन वह दुष्ट व्याघ्र उनके ब्रह्म तेज से बहुत प्रभावित हुआ और उनसे पूछने लगा कि आप मुझे भवसागर से पार उतरने का कोई साधन बताएं। उस तपस्वी ने उस व्याघ्र को निकृष्ट समझकर उससे बात तक नहीं की। इससे वह वहीं आसन जमाकर बैठ गया। वह वहीं बैठा रहा और आरुणि मुनि तपस्या करते रहे। एक दिन नहाते हुए उस तपस्वी ब्राह्मण के ऊपर, एक व्याघ्र ने आक्रमण कर दिया। ब्राह्मण के प्राणों को संकट में देखकर व्याघ्र ने उस व्याघ्र पर तीर से आक्रमण किया। जब व्याघ्र मरने लगता तब उसने ब्राह्मण के मुख से निकला हुआ 'ओम नमो नारायणाय' सुन लिया और वह एक दिव्य पुरुष में बदल गया। तब वह उस ब्राह्मण से बोला कि मैं अपने पहले जन्म में दीर्घबाहु नाम का राजा था। लेकिन मैं ब्रह्मद्रोही था इसलिए मुझे ब्राह्मणों ने इस व्याघ्र योनि में उत्पन्न होने का शाप दिया। फिर जब मैंने उनसे क्षमा याचना की तो उन्होंने बताया कि जब मैं किसी ब्राह्मण के मुख से 'ओम नमो नारायणाय' सुनूंगा तो शाप मुक्त हो जाऊंगा। यह कहकर वह व्याघ्र ब्रह्मलोक को चला गया। तपस्वी ब्राह्मण ने उसे व्याघ्र को भी शिक्षा दी और यह बताया कि किस प्रकार सात्विक भोजन करने से मनुष्य पाप मुक्त हो जाता है। यह उपदेश देकर उन्होंने उसे तत्वज्ञान दिया। फिर वे कहीं और चले गए। आरुणि के किसी और स्थान पर चले जाने पर भी वह बाघ तपस्या करता रहा और व्रत का पालन करते हुए उसका शरीर लगभग सूख गया। लेकिन उसका मुख सूर्य की तरह से चमक रहा था। एक दिन वह भूख से बेचैन होकर सूखे पत्ते खाने ही लगा था कि आकाशवाणी हुई कि यह पत्ते खाने योग्य नहीं हैं। वह पत्तों को खाने की कोशिश करता रहा और आकाशवाणी उसे रोकती रही। एक दिन ऋषि दुर्वासा वहां पहुंचे तो व्याघ्र ने उनका स्वागत-सत्कार करते हुए कहा कि

आज आप श्राद्ध के अवसर पर यहीं भोजन खाइये। दुर्वासा ने उसकी परीक्षा के लिए उसका प्रस्ताव स्वीकार कर लिया। उसी समय उपयुक्त भोजन न होने के कारण व्याघ्र के सामने एक समस्या पैदा हो गयी। तभी आकाश से एक स्वर्ण-पात्र धरती पर गिरा। व्याघ्र ने ऋषि को रुकने के लिए कहा और पास के गांव में भोजन के लिए चला गया। वहां वृक्षों से अनेक स्वर्ण-पात्रों को प्राप्त करके वह दुर्वासा को भोजन कराने के लिए तत्पर ही हुआ तो उन्होंने कहा कि मैं अपने पैर कैसे धोऊं। यह सुनकर व्याघ्र ने अपने गुरु का स्मरण करके देविका नदी की स्तुति की जिससे वह सरिता वहीं पहुंच गई और मुनि के पैर धुले। इससे प्रसन्न होकर मुनि ने उन्हें वरदान दिया कि तुम सत्यतपा कहलाओगे और तुम्हें वेद-वेदांगों का ज्ञान होगा।

यह सुनकर व्याघ्र ने दुर्वासा से पूछा कि मैं व्याघ्र हूं, वेद कैसे पढ़ सकता हूं? तो दुर्वासा ने कहा कि इस समय स्वयं भगवान् तुम्हारे में विद्यमान हैं। तुम तपस्या करके पवित्र हो गए हो। यह सुनकर सत्यतपा ने कहा कि मुझे दो शरीरों वाली बात स्पष्ट कर दीजिये। तब दुर्वासा ने उससे कहा कि शरीर के तीन रूप हैं-

1. अज्ञान और पाप बुद्धि के समय रहने वाला शरीर।
2. धर्म बुद्धि से प्राप्त होने वाला शरीर।
3. धर्म-अधर्म को भोग करने वाला शरीर।

मनुष्य की प्रवृत्ति और आयु के बदलने से शरीर भी बदलता है। जब मनोवृत्ति शुद्ध हो जाती है, तो मनुष्य ईश्वर को जानने लगता है। वस्तुतः अन्तर नाम का होता है, तत्त्व या पदार्थ का नहीं।

इसके बाद सत्यतपा ने फिर पूछा कि हे भगवन्! मैं अबोध और अज्ञानी, ईश्वर को कैसे जान सकता हूं? उसके इस प्रश्न को सुनकर मुनि बोले कि मैं तुम्हें एक गोपनीय व्रत के विषय में बताता हूं। यह व्रत पृथ्वी ने उस समय किया था, जब वह पूरी तरह से जल में डूब चुकी थी। इस व्रत से उसने भगवान् नारायण को प्रसन्न किया और उन्होंने उसे तार दिया। इस व्रत का प्रारम्भ मार्गशीर्ष की दशमी तिथि से किया जाता है। मनुष्य को चाहिए

कि वह सवेरे उठकर पांच पैरों की दूरी पार कर पैर धोए। फिर शौचादि से निवृत्त होकर हाथ-मुंह धोए और शरीर के नौ द्वारों का स्पर्श करें। फिर भगवान् नारायण के सुरूप का ध्यान करें। एकादशी को निराहार रहकर भगवान् का नाम लेकर दूसरे दिन भोजन करे और रात को 'ओम नमो नारायणाय' का जाप करके ही सोए। फिर प्रातःकाल किसी नदी के किनारे जाकर हाथ में मिट्टी लेकर पहले पृथ्वी, फिर जल और फिर विष्णु की स्तुति करें, माथे पर मिट्टी का लेप करें, दान-दक्षिणा दें। इस व्रत से बहुत लाभ होता है। यह व्रत सारी कामनाओं को पूरा करने वाला, सुख-सौभाग्य देने वाला है।

इस मत से द्वादशी व्रत के बाद कर्म द्वादशी व्रत का भी बहुत महत्त्व है। यह तिथि सागर-मंथन के कारण महत्त्वपूर्ण है क्योंकि भगवान् नारायण ने कूर्म अवतार लेकर देवताओं की सहायता की थी। यह व्रत पौष मास में आता है। इसके बाद वराह द्वादशी व्रत भी महत्वपूर्ण है। यह माघ महीने की बारहवीं तिथि को होता है। भगवान् वराह की मूर्ति बनाकर, मनुष्य को चाहिए कि वह सफेद कपड़े में ढककर कलश पर प्रतिष्ठित करें। दिन की पूजा के साथ रात में जागकर कीर्तन भी करना चाहिए। इस व्रत से सभी प्रकार के फल प्राप्त होते हैं।

इसके आगे दुर्वासाजी ने कहा कि इस प्रकार के व्रतों से परलोक सुधर जाता है। (जैसे वीरधन्वा को पुण्य-लाभ हुआ।) वीरधन्वा नाम का एक राजा प्रतिष्ठान पुर में राज्य करता था। उसने गलती से पचास वेदपाठी ब्राह्मणों का वध कर दिया था। उससे दुःखी होकर वह रोता हुआ ऋषि देवरात के पास गया। उनसे पाप-मुक्ति का उपाय पूछा। पर पाप-मुक्ति सरलता से नहीं होती। फिर भी देव ऋषि ने, जो 'वराह द्वादशी व्रत' का माहात्म्य जानते थे, उस राजा को उसी व्रत का अनुष्ठान करने के लिए परामर्श दिया। उस व्रत से वीरधन्वा का पश्चाताप ही पूरा नहीं हुआ! वह विष्णु-लोक को भी प्राप्त हुआ। उसके तेज के सामने देवराज इन्द्र का तथा उनके लोकपालों का तेज भी धीमा पड़ गया।

इस कथा को सुनकर महातपा धन्य हो गए। उन्होंने मुनि से कहा कि हे मुनि! आप मुझे अन्य द्वादशी व्रतों के विषय में भी बताने की कृपा करें। यह सुनकर मुनि ने कहा कि

भगवान् नारायण का नृसिंह द्वादशी व्रत और उनके अन्य अवतारों के जुड़े द्वादशी व्रतों का महत्व अधिक है।

नृसिंह द्वादशी व्रत के विषय में एक कथानक है कि पुरुष वर्ष का राजा वत्स सब कुछ गंवाकर मुनि वशिष्ठ के यहां गया। उसने उनके कहने पर नृसिंह व्रत किया और भगवान् का चक्र प्राप्त करके अनेक सिद्धियां भी पायीं। इसके समान ही वामन द्वादशी, परशुराम द्वादशी, राम और कृष्ण द्वादशी के व्रतों का महत्त्व है।

वामन द्वादशी- यह चैत्र महीने में आती है। इसमें रात्रि-जागरण, पूजन-अर्चन होता है। वामन भगवान् की स्वर्ण-प्रतिमा का दान करने से विशेष फल मिलता है।

भगवान् राम के पूर्व परशुराम अवतार के रूप में नारायण का अवतरण हुआ था। परशुराम के नाम पर भी **परशुराम द्वादशी** का व्रत प्रसिद्ध है। इस व्रत में पुत्र फल की प्राप्ति होती है। यह व्रत वैशाख महीने की द्वादशी को होता है। राजा वीरसेन को इस द्वादशी व्रत के अनुष्ठान से नल जैसा पुत्र प्राप्त हुआ था। इस व्रत का सबसे बड़ा फल यह है कि व्रत अप्सराओं का भोग करता है और फिर चक्रवर्ती सम्राट बनता है।

इसी व्रत के अनुष्ठान से दशरथ व वसुदेव ने राम और कृष्ण जैसे पुत्र (विष्णु के अंश) प्राप्त किए।

राम द्वादशी- जेठ महीने की द्वादशी राम द्वादशी के रूप में जानी जाती है। इस व्रत से दशरथ ने राम के रूप में पुत्र प्राप्त किया। इस व्रत के अनुष्ठान में राम की पूजा का विधान है।

कृष्ण द्वादशी- यह आषाढ़ महीने में आती है। जैसा कि बताया गया है कि इसी व्रत से वसुदेव को देवकी के गर्भ से कृष्ण पुत्र रूप में मिले थे। इस व्रत से कृष्ण की पूजा-अर्चन करके संतान का योग प्राप्त होता है।

बुद्ध द्वादशी- सावन के महीने में होने वाले द्वादशी व्रत को बुद्ध द्वादशी के नाम से जाना जाता है। इस विषय में एक कहानी है कि नृप नाम का एक राजा आखेट करता हुआ

अकेले ही किसी वन में पहुंच गया और अपने घोड़े को किसी पेड़ से बांधकर उसी के नीचे सो गया। तभी वहां पर 14 हजार व्याघ्र आये और नींद में सोये राजा को मारने के लिए तैयार हो गये। लेकिन उसी समय राजा के शरीर से एक तेज से परिपूर्ण देवी प्रकट हुई और उसने उन व्याघ्रों को मार डाला तथा फिर से वह उसी शरीर में समा गई। इस समय राजा भी जाग गया और पूरे दृश्य को देखकर आश्चर्यचकित हो गया। वह अपने आश्चर्य के विषय में सब कुछ उचित रूप से जानने के लिए वामदेव के पास पहुंचा और उसे इस रहस्य के विषय में पूछा तो उन्होंने कहा कि आपको इस जन्म में राजत्व ब्राह्मण के मुख से पूर्व जन्म में बुध द्वादशी की महत्ता सुनने के कारण मिला। उस जन्म में आप शूद्र थे और यही द्वादशी देवी आपके शरीर में आपकी रक्षा करती है।

एक अन्य द्वादशी व्रत भादों के महीने में किया जाता है। इसका महत्त्व स्वयं नर और नारायण ने राजा विशाल के लिए बताया था। इसके महत्त्व से ही विशाल चक्रवर्ती सम्राट बनें। उन्हीं के नाम से यह स्थल बद्री विशाल के रूप में प्रसिद्ध हुआ। इस व्रत से असंभव कार्य सम्भव हो जाते हैं और नारायण पद की प्राप्ति होती है।

एक अन्य व्रत पद्मनाभ द्वादशी के उपवास के रूप में किया जाता है। यह आश्विन महीने में होता है। इससे संतान और समृद्धि मिलती है। भद्राश्व ने इसी के पुण्य स्वरूप राजा के घर में जन्म प्राप्त किया और यही बात उनकी रानी के विषय में भी सत्य है। भद्राश्व पर यह रहस्य अगस्त्य मुनि ने खोला और इसका पालन करने के कारण उसे पुत्र-प्राप्ति हुई। यह उपवास कार्तिक में विधानपूर्वक करने से मनोदायक होता है। दक्ष, शकुन्तला तथा अन्य अनेक लोगों ने यह व्रत रखकर पुण्य प्राप्त किया।

महर्षि दुर्वासा ने कहा कि ये सभी फल पुण्य देने वाले हैं और इनका विधान करने से भगवान् प्राप्त होते हैं। यद्यपि ये एक से ही हैं, इनका विधान भी एक ही है, फिर भी जो व्रत भगवान् के जिस रूप से जुड़ा हुआ है, उसी रूप और तिथि के संदर्भ में यह व्रत करना चाहिए।

भगवान् वराह ने पृथ्वी से कहा कि जब दुर्वासा से महातपा ने यह वृत्तांत सुना तो वे पुष्पभद्रा के किनारे तप करने लगे। तप करते-करते वहां उन्होंने एक आश्रम भी बना डाला। पृथ्वी ने कहा कि हे भगवन्! मैं आपके दिये हुए ज्ञान से पुरानी बातें भी जान गई हूं, किन्तु अभी आपने भद्राश्व और अगस्त्य की चर्चा की। मुझे उनके विषय में विस्तार से बताइए। यह सुनकर वराह ने कहा कि पुष्कर की यात्रा के समय जाते-जाते अगस्त्य भद्राश्व के महल में ठहरे। राजा ने उनका बहुत सम्मान किया और भवसागर से पार उतरने का उपाय पूछा तो अगस्त्य ने उस सारे प्रसंग को राजा को सुनाया जो पशुपति ने सुनाया था और कहा कि यह प्रसंग संपूर्ण चराचर से जुड़ा हुआ है क्योंकि परब्रह्म एक है और वह अनेक रूपों में अन्य लोगों में विद्यमान रहता है। सूर्य की परछाई में उड़ते हुए धूल-कण से भी अधिक सूक्ष्म इस ब्रह्म को देखना सहज नहीं है। यह सुनकर भद्राश्व ने कहा कि ब्रह्म-प्राप्ति के लिए जिस ज्ञान की आवश्यकता होती है उसे कैसे प्राप्त किया जाये। तब अगस्त्य ने कहा कि मूल में तो विष्णु देवता ही हैं और उनकी उपासना ही सर्वश्रेष्ठ है, किन्तु तुम व्रत और उनके सम्पादन के विषय में ध्यान से सुनो। मैं ग्यारह व्रतों के विषय में बताता हूं, इन ग्यारह व्रतों में द्वादशी व्रत, धन्य व्रत, कान्ती व्रत, सौभाग्य व्रत, अविघ्न व्रत, शान्ति व्रत, काम व्रत, आरोग्य व्रत, पुत्रेष्ठि व्रत, शौर्य व्रत और सार्वभौम व्रत है। ये व्रत धारण करके मनुष्य पुण्य-लाभ करता है और उसे परम-पद की प्राप्ति होती है।

द्वादशी व्रत- द्वादशी व्रत का महत्व इसलिए है कि इसे नारद ने पति रूप में प्राप्त करने वाली उन अप्सराओं को बताया था जो भगवान् नारायण को पति रूप में प्राप्त करना चाहती थीं। नारद ने कहा कि भगवान् को प्रणाम करके लाल फलों का मण्डप बनाकर चैत्र-वैशाख के शुक्ल पक्ष की द्वादशी का व्रत रखना चाहिए और व्रत के दिन 'ओम् भवाय नमः' या 'ओम् कामाया नमः' आदि मंत्र का जाप करना चाहिए। फिर रात भर जागने के बाद भगवान् की सोने की प्रतिमा को दान देकर व्रत पूरा करना चाहिए। लेकिन तुम ऐसा नहीं कर पाओगी। इसका कारण है तुम्हारा रूप-यौवन के प्रति दर्प और तुम्हें इसी के कारण अष्टावक्र के शाप से गोपों द्वारा हटाये जाने का कष्ट भुगतना पड़ेगा।

अगस्त्य ने यह पूछा कि क्या अप्सराओं की इच्छा पूरी हो गई? क्योंकि यह व्रत कल्याणकारी होता है। मार्गशीर्ष की पहली तिथि को यह व्रत शुरू करना चाहिए और शुद्ध मन से दसवीं के दिन एक बार भोजन करके एकादशी का व्रत करना चाहिए। भगवान् विष्णु का पूजन-अर्चन और ब्राह्मणों को दान देना इसका महत्त्वपूर्ण विधान है और इसी तरह चैत, वैशाख, जेठ, आषाढ़ महीनों में यह व्रत करना चाहिए। इन महीनों में ब्राह्मण को सत्तू दान करना चाहिए।

इस व्रत के विषय में ब्रह्मा जी ने सतयुग के एक बड़े ब्रह्मवादी राजा को बताया था और उसे इसी व्रत के फल से पुत्र की प्राप्ति हुई थी। उसके बाद वह राजा हिमालय के पास जाकर तपस्या करने लगा। भगवान् उस पर प्रसन्न हुए और उसे कुबड़े का रूप धारण करके दर्शन दिए। जैसे ही भगवान् पास आए, उस स्थान पर एक पेड़ भी कुबड़ा हो गया। राजा ने भगवान् को पहचान लिया और उन्हें प्रणाम करके उनके वास्तविक रूप के दर्शन कहा इच्छा की। तब भगवान् ने उन्हें दर्शन दिए और अपने शंख के अगले भाग से इसका स्पर्श कर उसे मोक्ष दे दिया। आम के पेड़ के कुबड़े होने के कारण ही उस जगह को कुब्जाम्रक कहा गया है।

कान्ती व्रत- कान्ती व्रत तेज और आभा देने वाला है। चन्द्रमा ने भी दक्ष-शाप से मुक्त होने के लिए यह व्रत किया था। इस व्रत का विधान कार्तिक शुक्ला की द्वितीया को करना चाहिए और इसमें 'ओम् श्री बलदेवाय नमः' तथा 'वासुदेवाय नमः' का उच्चारण करके कृष्ण और बलराम की उपासना करनी चाहिए। इसके साथ चन्द्रमा की चांदी की प्रतिमा का दान करने से विशेष फल मिलता है।

अविघ्न व्रत- इस व्रत से व्रत करने वाले के कार्य निर्विघ्न समाप्त होते हैं और उसकी इच्छाएं पूरी होती हैं। अगस्त्य ने कहा कि मैंने स्वयं समुद्र को पीने से पहले और भगवान् शिव ने त्रिपूर का वध करने से पहले और सग्र ने अश्वमेध से पहले इस व्रत का पालन किया। यह व्रत फाल्गुन मास को चतुर्थी को अविघ्न या विघ्नहर व्रत किया जाता है। इसमें 'ॐ शूराय नमः, ॐ धीराय नमः, ॐ गजाननाय नमः, ॐ लम्बोदराय नमः, ॐ एक

दंष्ट्राय नमः' आदि मंत्रों के साथ विघ्नहर गणेश जी का पूजन किया जाता है। पांचवें महीने में गणेशजी की स्वर्ण-प्रतिमा बनाकर क्षीर तथा तिल से उसका पूजन करके किसी योग्य ब्राह्मण को दान कर देना चाहिए। यह व्रत समस्त विघ्नों को हरने वाला है।

काम व्रत बहुत महत्त्वपूर्ण है और इसे पौष मास के शुक्ल पंचमी से आरम्भ करना चाहिए। राजा नल ने इस व्रत से ही अपना राज्य और यश प्राप्त किया। इसमें देवताओं के सेनापति स्कन्ध का पूजन होता है। व्रत के दिन सादा भोजन करके षष्ठी तिथि को फलाहार करके या दिन में निराहार रहकर ब्राह्मणों के साथ चावल खाने चाहिए। इस व्रत को एक वर्ष तक करना चाहिए।

व्रतों में धन्य व्रत भी महान पद प्राप्त करने के लिए जाना जाता है। यह व्रत कृष्ण पक्ष में किया जाता है और यदि व्रत करने वाला चैत से आषाढ़ महीने तक व्रत करता रहे और कपड़े तथा अग्नि देव की सोने की प्रतिमा दान करें तो उसे बहुत पुण्य मिलता है। शूद्र योनि में उत्पन्न कुबेर ने इस व्रत के प्रभाव से योनि से मुक्ति प्राप्त की और धनपति बन गये। इसे नक्त व्रत भी कहा जाता है क्योंकि इसमें दिन भर उपवास रखकर रात्रि में चार घड़ी बीतने पर भोजन किया जाता है। यह व्रत अगहन मास के शुक्ल पक्ष की प्रतिपदा को किया जाता है। इस व्रत के दिन भगवान् विष्णु के अग्नि रूप की पूजा का विधान है। इस दिन 'ॐ वैश्वानराय नमः, ॐ अग्नेय नमः, ॐ हविर्भुजाय नमः, ॐ ज्वलनाय नमः' आदि मंत्रों का पाठ किया जाता है।

शान्ति व्रत- इस व्रत का पुण्य फल शेषनाग की स्वर्ण प्रतिमा देने से होता है। कार्तिक मास के शुक्ल पक्ष की पंचमी को 'शान्ति व्रत' किया जाता है। यह गृह-कलह तथा पारिवारिक अशान्ति आदि का शमन करने वाला होता है। इसमें एक वर्ष पर्यन्त उष्ण भोजन के त्याग का विधान है। इसमें 'ॐ अनन्ताय नमः, ॐ वासुकये नमः' आदि विष्णु मंत्रों से शेषशायी भगवान् की पूजा-अर्चना की जाती है।

इन व्रतों में एक व्रत सौभाग्य व्रत के नाम से प्रसिद्ध है और यह व्रत सब प्रकार की सौभाग्य वृद्धि करता है। यदि व्रत करने वाला इसको आषाढ़ से आश्विन तक करे तो बहुत

फल मिलता है। यह फाल्गुन मास की शुक्ल तृतीया को किया जाता है। इस व्रत के अवसर पर विष्णु और लक्ष्मी अथवा महादेव और गौरी को संयुक्त रूप से पूजा जाता है। यही एक व्रत है जिसमें भगवान् के युगल रूप की पूजा होती है।

इस प्रकार के व्रतों में भगवान् को प्रसन्न करने के लिए एक व्रत आरोग्य व्रत भी होता है। इस व्रत का पालन करने से अनरण्य राजा को रोग-मुक्ति प्राप्त हुई थी। एक बार उस यशस्वी राजा ने पवित्र मानसरोवर के निकट पहुंचकर सरोवर के पावन जल के मध्य एक श्वेत कमल को देखा जिस पर अंगुष्ठाकार एक दिव्य मूर्ति विराजमान थी। राजा ने उस पुष्प को अपने मस्तक पर धारण करने की इच्छा से अपने सारथी को उस कमल को तोड़ लाने का आदेश दिया। सारथी ज्यों ही उसे तोड़ने को उद्यत हुआ त्यों ही एक तीव्र हुंकार सुनकर पृथ्वी पर गिरते ही प्राण-शून्य हो गया। उधर राजा भी सहसा कुष्ठ रोग से ग्रस्त हो जाने से विस्मय-विमूढ़-सा रह गया। तभी संयोगवश वशिष्ठ जी आ पहुंचे तथा राजा से संपूर्ण वृत्तांत सुनकर बोले, राजन्! इस कमल पर साक्षात् विष्णुजी ही विराजमान हैं। आपके लोभ के कारण ही आपकी यह दशा हुई है।

शौर्य व्रत- इन व्रतों में शौर्य व्रत चक्रवर्ती यश को प्राप्त कराता है। व्रत से पहले अष्टमी तिथि को भात नहीं खाना चाहिए और इसे आश्विन मास की शुक्ल नवमी को दुर्गा-पूजन के रूप में किया जाता है।

पुत्र प्राप्त करने के लिए जिस यज्ञ को व्रत के रूप में किया जाता है, वह पुत्रेष्ठि व्रत होता है। इस व्रत में मनुष्य को चाहिए कि पूजा के समय यशोदा की गोदी में खेलते हुए कृष्ण का ध्यान करें। इस व्रत के अवसर पर सप्तमी को संकल्प करके अष्टमी को व्रत करना चाहिए और ब्राह्मणों को दूध-दही का भोजन कराकर संतुष्ट करना चाहिए। फिर तिल के आहार से व्रत तोड़ना चाहिए। पुराने समय में राजा शूरसेन को इसी व्रत के कारण पुत्र की प्राप्ति हुई थी।

इन व्रतों में सबसे महत्त्वपूर्ण व्रत सार्वभौम व्रत है। इससे सार्वभौम सत्ता की प्राप्ति होती है। इसका विधान कार्तिक महीने की शुक्ल दशमी को होता है। इस व्रत के विषय में एक

कहाना है कि काली और गोरी दो बहन थी। इनमें काली श्यामवर्ण और रात की प्रतीक हो गई। इसमें पुरुष एक है और वही सात रूपों में शोभित होता है। उसके दो शरीरों और बारह रूपों तथा छः सिरों का अर्थ संवत्सर के दो पक्ष बारह महीने तथा छः ऋतु होती हैं और ये ही भगवान् के स्वरूप हैं।

इस व्रत के साथ में मुनि ने राजा भद्राश्व से कहा कि कार्तिक मास की शुक्ल चतुर्दशी का धर्म व्रत और शुक्ला त्रयोदशी का रौद्र व्रत भी महत्त्वपूर्ण है। जो रौद्र व्रत करता है वह एक हजार अश्वमेघ अथवा सौ राजसूय यज्ञों के फल को पाता है। यह यज्ञ बहुत फल देने वाला है।

इसके उपरांत मुनि ने राजा की ज्ञान-चर्चा के विषय में अधिक उत्सुकता देखकर उन्हें संक्षेप में बताया कि सतयुग में सतीगुण ही सतोगुण रहता है तथा सभी लोग तदनुरूप हो आचरण करते हैं। त्रेता में सतोगुण की प्रधानता होती है और लोग श्रेष्ठ आचरण का निर्वाह करते हैं। द्वापर में सतोगुण के साथ रजोगुण भी रहता है, तदनुसार ही युग धर्म बनता है। कलयुग में तमोगुण का प्राधान्य होता है। सभी वर्णाश्रम-व्यवस्था नष्ट हो जाती है। फलतः शनैः-शनैः मानव जाति मिट जाती है।

वर्ण-व्यवस्था तथा धर्माचरण के नष्ट हो जाने से समाज में अव्यवस्था, दुराचार तथा पापवृत्ति का विकास होने लगता है। इन पापों से छुटकारा पाना सरल नहीं है। दस बार प्रणव सहित गायत्री जाप करने से तीन सौ बार प्राणायाम करने से तथा श्रीहरि का शुद्ध मन से स्मरण-ध्यान करने से पापों से मुक्ति प्राप्त होती है। वेद पाठ, दान-दक्षिणा तथा यश-योग आदि से भी पुण्य-लाभ एवं पापनाश होता है।

राजा भद्राश्व बोले, महामनु! आपके ज्ञानोपदेश से मेरे ज्ञानचक्षु खुल गए हैं। अब आप मुझे यह भी बतलाने की कृपा कीजिए कि क्या आपने भगवान् की किसी अन्य विस्मयकारी लीला का अनुभव किया है?

इसके उपरान्त मुनि ने भगवान् के स्वरूप की व्याख्या करते हुए कहा कि यह सम्पूर्ण सृष्टि उनकी लीला है और इस लीला को जानकर भी मनुष्य कुछ जान सकता है। जो

भगवान् का अद्भुत लोक है, उसे दोबारा पाने के लिए जो कुछ भी प्रयास किया गया और आपने जो कुछ भी इस विषय में किया वह मुझे बताइए। तब अगस्त्य ने कहा कि पुराने समय में एक बार श्वेत द्वीप में नारद पहुंचे और वहां उन्होंने विष्णु रूप वाले अनेक तेजस्वी पुरुष देखे तो सोचा कि इन्हें प्राप्त किया जाये। वे बहुत घोर तप करने लगे। हजारों वर्ष बाद भगवान् के आने पर उन्होंने उनकी प्राप्ति का उपाय पूछा। तब भगवान् ने कहा कि जो व्यक्ति नाम लीला कीर्तन करता है, श्राद्ध-भक्ति से उसे याद करता है और वैदिक संगीत का पाठ करता है। वह मुझे तुरन्त ही अपने समक्ष पा लेता है। बिना भक्ति-भाव से करोड़ों यज्ञ करने से भी मेरी प्राप्ति नहीं होती। यह कहकर भगवान् अन्तर्धान हो गये। फिर उन्होंने बताया कि यह मेरा शरीर एक दूसरा आश्चर्य है। इस शरीर को लेकर मैं एक बार इला वर्ष में पहुंचा। वहां सुमेरु पर्वत है। मैंने वहां एक पत्राम्बरी को देखा। उसे देखकर (नारद ने कहा कि) मैं उनके पास गया तो उन्होंने मुझसे कहा कि आप ठहरिए। जो कुछ आप मांग रहे हैं, मैं आपको देता हूं। इतना कहकर उन्होंने दो हुंकारे भरीं। प्रथम हुंकार के साथ ही पांच सुन्दरियां आसन, जल और व्यंजन लेकर वहां उपस्थित हो गई तथा दूसरी हुंकार के साथ ही एक कन्या विशाल नौका को लेकर सामने आ पहुंची। इस नौका में अनगिनत सुन्दरियां थीं, जो स्वर्ण-कलश धारण किए हुए थीं। उन्हें देखकर मुनि ने मुझसे स्नान कर लेने को कहा और ज्यों ही मैं उस नौका में स्नानार्थ उतरा, त्यों ही वह नौका मुझे लिये हुए अतल जल में डूब गई।

मैंने वही सुमेरु और सुमेरु पर उन्हीं महातापस को देखा। संपूर्ण भूमंडल सागर, सरित, पर्वत सभी वहां विद्यमान थे। वह हरि की साक्षात् अद्भुत लीला थी। नृपवर! मुझे आज भी उस सृष्टि एवं प्रभुलीला की सुधि आती है तो मैं रोमांचित हो उठता हूं और पुनः दर्शन की कामना से आकुल हो जाता हूं।

इसके बाद अगस्त्य मुनि ने कहा कि हरि को जानने के बाद कुछ नहीं जाना जा सकता, न कुछ जानने की इच्छा रहती है। मैंने अपना ध्यान भगवान् के चरणों में लगाया और इस अद्भुत लोक की प्राप्ति के लिए महान यज्ञ का आयोजन किया। इसमें सभी देवता आए और मैंने उनसे प्रश्न किया कि आपमें सर्वश्रेष्ठ कौन है, जिसकी सबसे पहले पूजा की

जाए। तब भगवान् महादव न बहुत ऊंच स्वर म कहा कि भगवान् नारायण हा रज, तम और सत रूप में विष्णु, महेश और ब्रह्मा और तीनों वेद तथा त्रेता, द्वापर रूप से युगों के अधिष्ठाता हैं। वे तीनों लोकों, तीनों अग्नियों और तीनों वर्णों में विद्यमान हैं। वे विष्णु ही अग्र पूजा के अधिकारी हैं।

विष्णु, ब्रह्मा और महेश में कोई मूढ़ व्यक्ति ही अन्तर मान सकता है। जब भगवान् नारायण के विषय में बताकर रुद्र ने उनकी महत्ता स्थापित की तो मैंने उनकी अग्र पूजा के विषय में तैयारी प्रारम्भ कर दी क्योंकि यह निश्चित हो गया था कि वे ही अग्र पूजा के योग्य हैं। तीनों देवताओं की अभेदता स्थापित हो जाने के बाद मुनियों के मन में एक प्रश्न बना रहा कि जब ये सब एक हैं, तो यह सब प्रपंच क्या? इस पर भगवान् शिव ने कहा कि ये सब नारायण की ही लीला है, उन्हीं का प्रपंच है। उन्होंने चार युगों में कलयुग की भी रचना की है। लेकिन कलयुग की रचना में महर्षि गौतम का शाप विद्यमान है। यदि वह शाप न होता तो कलयुग की स्थिति न होती। एक बार महर्षि गौतम ने दण्डकारण्य में घोर तपस्या करके भगवान् श्रीहरि के दर्शन प्राप्त किये। महर्षि ने भगवान् से पुष्पों-फलों से सदैव संपन्न धान्य पंक्ति सुलभ होने का वरदान प्राप्त कर लिया। तब वे शतश्रृंग में श्रम बनाकर रहने लगे और धान्यों से नित्य सद्य: आहार प्राप्त करने लगे। एक बार देश में बारह वर्ष पर्यन्त भयंकर सूखा पड़ा। अनावृष्टि से सर्वत्र त्राहि मच गई। अनेक सिद्ध ऋषि के आश्रम में आकर रहने लगे। अन्न -भोजनादि का कोई अभाव नहीं था। कुछ कालोपरान्त सूखे तथा अनावृष्टि की स्थिति समाप्त हो गई। सभी अतिथि गौतम जी का आश्रम छोड़कर अन्यत्र जाने को उद्यत हुए। इस पर मारीच नामक मुनि ने मुनिवर शाण्डिल्य को सम्बोधित करते हुए सभी ऋषियों से पूछा, जिस मुनि के आश्रम में इतने काल तक अतिथि रूप में रहकर हमने अन्न प्राप्त किया है, अनुमति के बिना यहां से चले जाना क्या उचित है? यह सुनकर उन ऋषि-मुनियों ने उपहास पूर्वक कहा, क्या ऋषि का अन्न ग्रहण करने मात्र से हमारा शरीर गौतम का दास हो गया है, जो हमें इनकी आज्ञा लेनी पड़ेगी। तब उन्होंने छलपूर्वक गौतम ऋषि को पाप का भागी बनाकर आश्रम छोड़ने के निश्चय से एक मायावी गौ की सृष्टि की। ऋषि ने जब उस गाय को देखा तो मुग्ध भाव से जलांजलि लेकर कहा, आप

भगवान् रुद्र का परम प्रिय है। गौतम के इतना कहते तथा जल का स्पर्श करते ही वह गौ भूमि पर गिरकर मृतवत हो गई। फलतः ऋषि पर गौहत्या का आरोप लगा और ऋषिजन बहाना पाकर आश्रम से जाने को उद्यत हुए। उधर गौतम ने हिमालय पर जाकर तपस्या द्वारा मुझे प्रसन्न करके मुझे जटाव्यापिनी गोदावरी गंगा को देने की याचना की। मैंने अपनी जटा का एक अंश ऋषि को दे दिया। उसमें विद्यमान नदी के पावन जल के स्पर्श से वह मृत गौ पुनर्जीवित होकर चली गई। तब ऋषि को अतिथियों के दुर्भाव का पता चला। गौतम द्वारा उस परम पावनी नदी को उस क्षेत्र में लाने तथा उससे एक सरोवर की सृष्टि का वृत्तान्त जानकर सप्तर्षि वहां आ पधारे। उन्हीं की उपस्थिति में कुपित मुनि ने छली ऋषि-मुनियों को शाप देते हुए कहा, तुम लोग द्विजातियों से बहिष्कृत रहोगे और वेद-सम्मत कार्य नहीं कर सकोगे।

इस भयानक शाप को सुनकर सप्तर्षि बोले, मुनि! आपका शाप मिथ्या नहीं हो सकता, किन्तु क्या इसे कुछ उदार अथवा मृदु बनाया जा सकता है?

ऋषियों की अनुनय-विनय से द्रवित महर्षि गौतम ने उन्हें मेरी (शिव की) शरण-ग्रहण करने का परामर्श दिया। इस पर प्रसन्न ऋषियों ने गौतम को प्रणाम निवेदन करते हुए उद्घोष किया, महाप्रभा! आपके द्वारा यहां लायी गई यह नदी गोदावरी कही जायेगी तथा इसमें स्नान करने से पितरों तक की सद्गति होगी। इतना कहकर वे कैलाश पर्वत पर मेरे पास आये और बोले, प्रभो! हम शापित ऋषि कलयुग में आपके रूप को धारण कर मिथ्याचारी एवं आडम्बरी बनेंगे, अतः हमारी रक्षा हेतु हमें कोई शास्त्र देने की कृपा करें। तब मैंने 'शिव संहिता' की रचना की।

शिवजी बोले, महात्मा! कलयुग में इसके आधार पर अन्य ग्रन्थों की रचना भी होगी, जो प्रमाण में इससे भी बढ़ जायेंगे। उस समय इनके आधार पर मिथ्या एवं आडम्बरपूर्ण कार्य ही होंगे। वे रौद्र कर्म गर्हित होंगे तथा मुझसे उनका कोई संबंध नहीं होगा। आप लोग उस युग में मांस-मदिरा तथा सम्भोग में रुचि रखने वाले होंगे। आपकी वृत्ति ही पाप कर्म के प्रति होगी। आप लोगों में कुछ सदाचारी भी होंगे, किन्तु उनकी संख्या नगण्य होगी।

मर वशज हाकर भा ऋाष क शाप स आप लाग एस कम करग जिसक फलस्वरूप आप लोगों को अधोलोक में स्थान प्राप्त होगा और आप नरक-यातना सहेंगे।

इस कथा के उपरान्त भगवान् वराह ने कहा कि भगवान् रुद्र ने सब कुछ कहने के बाद त्रिदेवों की महत्ता और उनके गुणों का वर्णन करते हुए फिर कहा कि विष्णु सतोगुणी हैं, ब्रह्मा सत्व और रज गुण से मुक्त हैं और रुद्र में सतोगुण और रजोगुण के साथ-साथ तमोगुण भी है। इस तरह अनादि नारायण ही तीन रूपों में प्रकट हुए हैं।

युग विशेष के महत्त्व के रूप में शिवजी ने कहा कि सतयुग में सतोगुण प्रधान रहता है और उस युग में अपने दो रूपों में विष्णु और ब्रह्मा की स्तुति करता हूं। उसके बाद त्रेता में ब्रह्मा रूप रुद्र और विष्णु की स्तुति करता है। फिर द्वापर में रजोगुण का प्रभाव अधिक होता है। इसलिए केवल नाम का ही भेद है। हमारी किसी की भी स्तुति करने से वरदान मिलता है। बहुत पुराने समय की बात है कि ब्रह्मा ने मुझसे प्रजा की रचना के लिए कहा। तब साधना करने के विचार से मैंने पानी में प्रवेश किया तो थोड़ी ही देर में मैंने भगवान् की अंगूठे के आकार वाली आकृति देखी। मैं उसका ध्यान करने लगा। उसी समय परम तेजस्वी, प्रलयकालीन वैश्वानर सदृश एकादश आकृतियां जल में प्रकट हुईं। मैंने उनका परिचय जानना चाहा, किन्तु वे कुछ कहे ही वहां से चली गयीं। तत्पश्चात् परम आभामय एवं शोभाशा ालीी एक और आकृति मुझे दृष्टिगत हुई। मैंने पूछा, आप कौन हैं, आप से पूर्व यहां आने वाली एकादश आकृतियां कौन थीं? नव-आकृति -गम्भीर वाणी में बोली, वे ग्यारह आदित्य हैं। वैराज कहे जाते हैं। ब्रह्मा ने सृष्टि-रचना हेतु उनका स्मरण किया है और वे उन्हीं के पास गये हैं। मैं नारायण हूं, जल में ही मेरा वास है। मैंने तुम्हें दिव्य-दृष्टि दे दी है, अतः अब तुम मुझे देख सकते हो।

अंगूठे का आकार जब विराट रूप धारण कर चुका, तो मैंने तन्मय भाव से उनकी पूजा की तो उन्होंने मुझसे कहा कि तुम स्वयं सनातन एवं सर्वज्ञ हो और देवताओं द्वारा पूज्य हो। यह कहकर और मेघों के आकार का रूप धारण कर वे अन्तर्धान हो गये, इस प्रकार भगवान् नारायण ही सर्वोपरि हैं। इसके उपरांत पृथ्वी के द्वारा जिज्ञासा होने पर

भगवान् वराह ने उनसे कहा कि जब मैं तुम्हें भगवान् के भुवनकोश के विषय में बताता हूं। शिव ने पहले बताया कि उन्होंने कहा सम्पूर्ण विधाओं का ज्ञान होने पर ही परमात्मा को जान पाना सम्भव है। वे सूक्ष्म से सूक्ष्म एवं विराट रूप धारण कर लेते हैं। वे अज, अनादि, अनामय हैं। वे साकार रूप में पीताम्बरधारी नारायण हैं। यह सृष्टि उन्हीं के वक्षस्थल पर टिकी है। वे स्वयं गुणातीत हैं। उन्होंने सृष्टि के आदि में सत-रज-तम की रचना करके जल में वास किया। जल में ही शयन करते समय उनके नाभि-पद्म से ब्रह्मा की उत्पत्ति हुई। ब्रह्मा ने सनत्कुमार, सनन्दन, सनक तथा सनातन आदि की रचना की। ब्रह्मा ने ही दक्ष प्रजापति, स्वायम्भुव मनु, मरीचि आदि को भी जन्म दिया। मनु के प्रियव्रत तथा उत्तानपाद नामक दो पुत्र हुए। प्रियव्रत के दस- आग्नीध्र, अग्निबाहु, मेघ, मेघातिथि, ज्योतिष्मान, ध्रुव, हव्य, द्युतिमान, वपुष्मान तथा सवन-पुत्र हुए। प्रियव्रत ने अपने सात पुत्रों- आग्नीध्र, मेधातिथि ज्योतिष्मान, द्युतिमान, हव्य, वपुष्मान तथा सवन-के लिए क्रमशः सात द्वीपों- जम्बूद्वीप, शाकद्वीप, क्रौंच द्वीप, शाल्मलिद्वीप, गोमेदद्वीप, प्लक्षद्वीप तथा पुष्करद्वीप की रचना की। सवन के दो पुत्र हुए- महावीति तथा घातक। महावीति को कुमुद भी कहा जाता है। द्युतिमान के तीन पुत्र थे- कुश, वैद्युत तथा जीमूत वाहन। ज्योतिष्मान के सात पुत्र हुए। कुश के भी सात पुत्र थे। मेधातिथि के सात पुत्र हुए तथा उनके द्वीप में प्रसिद्ध वर्ष हेमवान, हेमकूट, किंपुरुष, नैषध, हरिवर्ष, इलावृत, मेरुमध्य, रम्यक, श्वेत, नील, हिरण्यमय व श्रृंगवान बने। ये सातों वर्ष विविध पर्वतों से आवृत्त हैं। इसी प्रकार सभी वर्षों और सम्पूर्ण भूमण्डल की व्यवस्था मनुओं द्वारा होती रहती है तथा होती रहेगी।

भद्राश्व और गन्धमादन के शासक महाराजा नाभि की पत्नी का नाम मेरुदेवी था। उसके पुत्र का नाम ऋषभ था, जिसने भरत के समान परम प्रतापी पुत्र प्राप्त किया। उनके नाम पर इस वर्ष का नाम भारतवर्ष पड़ा। भारत की वंश-परम्परा में समति, तेज, सत्सुत, इन्द्रद्युम्न, परमेष्ठी, प्रतिहर्ता, निखात, उन्नेता, अभाव, उद्धाता, प्रस्तोता, विभु, पृथु, अनंत, गय, नय, विराट, महावीर्य, सुधिमान आदि क्रमशः हुए। अन्तिम सुधिमान के सौ पुत्र हुए।

इन सबकी ही सन्तानों से यह सम्पूर्ण वर्ष परिपूर्ण है। यह स्वायम्भुव मन्वन्तर का वृत्तांत है। प्रत्येक मन्वन्तर में 71 चतुर्युग होते हैं तथा प्रत्येक मन्वन्तर का एक मनु होता है।

भगवान् वराह ने कहा कि अनिष्ट का नाश करने के लिए विधिपूर्वक पूजा करना बहुत आवश्यक है। ग्रहों की पूजा मनुष्य को प्राकृतिक उत्पातों से बचाती है। जिस तरह शासक अपनी उपेक्षा किए जाने पर क्रोधित हो जाते हैं, उसी प्रकार ग्रह भी सम्मान और पूजा को न पाकर हानि करते हैं। इसलिए मनुष्य को चाहिए कि वह तीन यज्ञ में से कोई भी एक यज्ञ करता हुआ परमपद की प्राप्ति का मार्ग साफ करता चले। प्रत्येक यज्ञ के बाद पुरोहित को दान-दक्षिणा देने का विधान है।

भगवान् रुद्र ने कहा कि हे मुनियों! पुत्र की इच्छा करने वाले को पूजा से पुत्र मिलता है। धनकामी को धन, विवाहकामी को सुन्दर स्त्री और कुमारी कन्या को सुन्दर पति प्राप्त होता है। किन्तु ग्रह-पूजा भी निष्काम भाव से करने वाला व्यक्ति ब्रह्मलोक को प्राप्त करता है। इसलिए पूजा करना ही महान धर्म है।

यह सब कुछ सुनकर पृथ्वी ने भूमण्डल के द्वीपों के विषय में जानना चाहा। उन्होंने कहा कि आप मुझे यह बताइए कि कितने द्वीप, समुद्र, पर्वत और नदियां हैं। इसके साथ-साथ सूर्य-चन्द्र की गति की यात्रा भी और भूमि के परिमाण के विषय में भी बताने की कृपा करें।

वसुन्धरा के जिज्ञासा भाव को जानकर वराह ने उनके सामने अपने विचार प्रकट करने प्रारम्भ किए। उन्होंने सबसे पहले जम्बूद्वीप का विस्तृत वर्णन किया और फिर उसके वर्ष आदि के विषय में बताया, फिर शाकद्वीप, कुशद्वीप, क्रौंचद्वीप, शाल्वद्वीप तथा गोमेदक और पुष्कर द्वीपों के विषय में बताया। सबसे पहले जम्बूद्वीप के विषय में बताते हुए उन्होंने कहा कि यह हजारों कोसों तक फैला हुआ है। इसमें अनेक प्रकार के सुन्दर जनपद और नगर विद्यमान हैं। इस द्वीप की धरती अनेक पर्वत, अनेक तरह की धातु वनस्पतियों से भरी हुई है। यहां के पर्वतों से निकली हुई नदियां धरती के सारे भाग को सींचती हैं। उससे प्रजा का पालन होता है। इस द्वीप के पूर्व और पश्चिम में समुद्र है तथा उत्तर और दक्षिण में

हिमवान, मेरु तथा हिमकूट आदि छः पर्वत हैं। इस द्वीप में इलावृत, हरि वर्ष आदि सात वर्ष हैं, जिनमें यह भारत वर्ष सर्वोत्तम वर्ष है। इसके उत्तर में पर्वत और दक्षिण में समुद्र है। इसकी सभी भूमि मणिमय और पास (धुली) कांचनमय है। यहां पर वृक्ष मधु श्रवण करते हैं और नदियों में अमृत बहता है। देवलोक के प्राणी भी इस प्रदेश में उत्पन्न होने को अपना परम सौभाग्य मानते हैं क्योंकि यहां के प्राणी विशोक, उल्लासित और दीर्घायु होते हैं। इस द्वीप के नामकरण का आधार यहां का एक अतिविशाल अम्बू वृक्ष है, जिसके मधुर फलों से नदियों का जल अमृतमय बन जाता है और इसे पीकर यहां के निवासी अजर-अमर बन गए हैं।

इस प्रदेश (वर्ष) का शासक मनु प्रजा का भरण-पोषण करने वाला था, अतः उसका नाम भारत पड़ गया और उसके द्वारा रक्षित इस वर्ष का नाम भारत प्रसिद्ध हो गया। यह भारत वर्ष स्वर्ग और मोक्ष दोनों का साधन-स्थल है।

भगवान् रुद्र बोले, ऋषियों! इस वर्ष के नौ खण्ड हैं- इन्द्र द्वीप, केसर, ताम्रपर्ण, गर्भास्तमान, नागद्वीप, सौम्य, गन्धर्व, वारुण तथा भारत। अन्तिम और नवम भारत द्वीप सागर से घिरा हुआ है। यह दक्षिण से उत्तर तक सहस्रों योजन, तिरछे से ऊपर दस-सहस्र योजन तथा कुमारीत द्वीप से गंगा के प्रवाह तक अपने विस्तार में फैला हुआ है। इस द्वीप के चारों ओर बाहरी प्रदेश में म्लेच्छ, यवन और किरात रहते हैं तथा इसके मध्य भाग में ब्राह्मण, क्षत्रिय, वैश्य और शूद्र रहते हैं, जो क्रमशः यज्ञ, युद्ध, व्यापार तथा सेवा-परायण हैं। चारों वर्णों के लोग निष्ठा से आश्रम व्यवस्था का पालन करते हैं तथा अपने उत्तम कर्मों के आचरण के फलस्वरूप वे स्वर्ग और अपवर्ग प्राप्त करते हैं।

मुनियों इस अखिल भारतवर्ष का विजेता सम्राट कहलाता है। यहां का सम्राट अन्तरिक्ष और स्वर्ग लोक के निवासियों का भी वन्दन-पूज्य होता है। इस भारत वर्ष में सात लोक प्रसिद्ध कुल पर्वत हैं- महेन्द्र, मलय, सब, शक्तिमान, ऋक्षवान, विन्ध्य और परियात्र। इन सातों पर्वतों के मध्य तथा समीप अन्यान्य सहस्रों पर्वत हैं, जिनके प्रांगण में अनेक जनपद हैं। इन जनपदों के निवासी यहां के पर्वतों से निकलने वाली गंगा, सिन्धु,

सरस्वती, व्यास, चिनाब, सरयू, एरावती, जहलम, गोमती, गण्डक आदि नदियों का सुस्वादु तथा सुमधुर जल पीते हैं। यहां के पर्वतों से मधुर जलवाहिनी इतनी सुन्दर और संख्या में इतनी अधिक नदियां निकलती हैं कि उनके उल्लेख से ही चित्त प्रफुल्लित हो उठते हैं। वेगवती यमुना, क्षिप्रा, गोदावरी, वैतरणी, कुमुद्वती, मन्दाकिनी तथा ताम्रपर्णी आदि नदियां तथा इन नदियों से निकलने वाली अन्यान्य छोटी-बड़ी नदियां इस द्वीप की सारी भूमि को उर्वर तथा यहां के निवासियों को उल्लासित करती हैं। इन पवित्र नदियों के तटों पर कुरु, पांचाल, शाल्व, शूरसेन, मत्स्य, किरात, कुन्तल तथा कलिंग आदि कितने ही जनपद बसे हुए हैं। इन नदियों के तट पर बहुत ही सुरम्य वन उपवन और आश्रम भी हैं। इस भारत वर्ष में ऐसे अनेक निर्झर, कासार तथा तड़ाग हैं, जो दर्शक के मन को मुग्ध कर लेते हैं। इस भारत वर्ष में चार युग- सतयुग, त्रेता, द्वापर और कलयुग हैं, जो एक-दूसरे के पश्चात् क्रम से आते हैं। दूसरे द्वीप शाकद्वीप का परिचय देते हुए रुद्र बोले, हे विप्रो! शाकद्वीप विस्तार में जम्बूद्वीप से दोगुना है। यह द्वीप अपने से तिगुने विस्तार वाले लवण समुद्र से घिरा हुआ है। यहां के जनपद बड़े पुण्यमय हैं और इन जनपदों के निवासी दीर्घायु वाले होते हैं।

शाकद्वीप में सात दिव्य पर्वत हैं- मेरु, उदय, श्याम, दुन्दुभि, सोमक, विभ्राज्य आदि। इस द्वीप में सात वर्ष हैं, जिनके एक नाम तो पर्वतों के नाम पर अर्थात् मेरुवर्ष, उदयवर्ष आदि हैं और दूसरे नाम क्रमशः इस प्रकार हैं- गतमय वर्ष, सुकुमार वर्ष, शैशिर वर्ष, अनीचक वर्ष, आनन्दक वर्ष, कुसुमोत्कर वर्ष तथा क्षमकवर्ष।

शाकद्वीप के नामकरण का आधार यहां विद्यमान शक नामक एक पाल वृक्ष है, जिसके सुमधुर फलों द्वारा प्रजा का पालन होता है। इस द्वीप में शुभ नदियां बहती हैं- सुकुमारी, सती, नन्दा, शिविका, कुहूं, वेणुका तथा सुकृता।

इस द्वीप की ये तथा अन्यान्य छोटी-बड़ी नदियां सदैव जल पूर्ण रहती हैं, यहां इन्द्र समुचित और समयोचित वर्षा करता रहता है। यहां कोई युगावस्था भी नहीं होती। सदैव त्रेता युग की ही स्थिति बनी रहती है। यहां निवासी धर्मशील, स्वस्थ, बलवान तथा चिरंजीवी होते हैं।

तीसरा द्वीप कुशद्वीप नाम से प्रसिद्ध है, जो मधुर जलवती नदियों, धातु-सम्पन्न, मणि-विद्रमभूषित एवं गगनचुम्बी पर्वतों तथा पुष्पों-फलों से अनेकानेक अनुपम वृक्षों, सुरम्य वनों तथा मनोहर जनपदों से परिवृत- घिरा हुआ है। इस कुशद्वीप के चारों ओर क्षीर-सागर है और इस द्वीप का विस्तार शाकद्वीप से दुगुना है। इस द्वीप के सात प्रमुख पर्वतों के नाम हैं- कुमुद, उन्नत, बलाहक, द्रोण, कक, हरि तथा मन्दर। इस द्वीप के सात वर्षों के नाम हैं- श्वेत, लोहित, जीमूत, हरिक, द्युतिमान, प्रभाकर तथा कपिल। इस द्वीप की सात प्रमुख नदियां हैं- धूतपापा, सीता, पवित्रा, चन्द्रमा, शुकला, विभावती तथा महती। यहां के निवासी सौम्य, शान्त, तेजस्वी तथा सुख-सुविधाओं से सम्पन्न एवं संतुष्ट हैं।

चतुर्थ द्वीप का नाम क्रौंचद्वीप हैं इस द्वीप का आकार चक्र की लेमि के समान है। यह द्वीप घृत सागर से घिरा हुआ है और इसका विस्तार कुशद्वीप से दुगुना है। यहां के सुरम्य तथा रत्नमय सात प्रमुख पर्वत हैं- देवन, गोविन्द, क्रौन्च, पावनक, देवावृत, अन्धकारक तथा पृण्डरीक। यहां के सात प्रसिद्ध वर्षों के नाम हैं- कुशल, मनोअनग, उष्मा, पावनक, अन्धकारक, मुनिदेश तथा दुन्दुभि। यहां सात प्रमुख नदियां बहती हैं- नारी, कुमुद्वती, सन्ध्या, रात्रि, मनोजवा, ख्याति तथा पुण्डरीका। इन सभी नदियों से सैकड़ों-हजारों अन्यान्य नदियां निकलती हैं, जो इस द्वीप के कोने-कोने में रससिक्त एवं सिंचित करती हैं। इस द्वीप के प्रदेशों और प्रजाजनों का विस्तार से वर्णन ही नहीं किया जा सकता। इस द्वीप के सभी प्रदेश सुरम्य और यहां के निवासी देवोपम रूप-गुण-सम्पन्न हैं।

पंचम द्वीप शाल्मल द्वीप है, जो विस्तार में क्रौन्च द्वीप से दुगुना है और मट्ठे के समुद्र से घिरा हुआ है। यहां की धरती बड़ी ही उर्वरा है, अतः यहां कहीं दुर्भिक्ष का नाम भी सुनायी नहीं पड़ता। यहां के निवासी परम तेजस्वी, स्वस्थ और चिरंजीवी हैं। यहां के प्रदेश भी बड़े ही सुन्दर और मनोरम हैं, इस द्वीप के सात प्रधान पर्वत हैं- सुमना, सर्वसुख, पीत, कुम्भमय, सौवर्ण, रोहित तथा सुमहान। इस द्वीप के भी सात वर्ष हैं- कृशल, सुखीद्वर्क, सुखोदय, रोहिण, वासव, सुमन तथा विश्रुत। यहां के पर्वतों से निकलकर सुन्दर-सुमधुर जल वाली अनेक नदियां इस प्रदेश के निवासियों को आह्लादित करती हैं। इस प्रदेश में अनेकानेक निर्झर और स्रोत अपनी सुषमा से बरबस ही लोगों का मन अपनी ओर

आकाषत करत ह। यहा क लागा म उच्चावच तथा उत्तम-अधम का ास्थात नहा ह, सभा एक समान सुखी एवं धन-धान्य सम्पन्न हैं। सभी प्राणी सुखी, स्वस्थ और बल एवं तेजयुक्त हैं। यहां के लोगों में लोभ और परिग्रह का कहीं नाम तक नहीं है। इस प्रदेश में ऋतु परिवर्तन भी नहीं होता, अतः शती, धाम, वर्षा का कोई नाम नहीं, सदा वसन्त ऋतु ही व्याप्त रहती है।

षष्ठ द्वीप गोमेदक है, जो सुरा सागर से परिवृत है तथा अपने विस्तार में शाल्मल द्वीप से दोगुना है। इस द्वीप में दो प्रसिद्ध पर्वत हैं- सुमना और कुमुद। इस द्वीप के दो ही वर्ष हैं- सौमन तथा कौमुद। ये दोनों वर्ष दोनों पर्वतों के प्रांगण में ही बसे हुए हैं। दोनों पर्वत द्वीप के पूर्व और पश्चिम में स्थित हैं और उन दोनों के मध्य दोनों द्वीप हैं।

सप्तम द्वीप का नाम पुष्कर द्वीप है, जो चारों ओर से इक्षुरस के सागर से घिरा हुआ है। इसमें पुष्करों की अधिकता के कारण ही इस द्वीप का उक्त नाम पड़ा है। इस द्वीप के पूर्वार्द्ध में चित्रसानु नामक पर्वत और पश्चिमार्द्ध में मानस गिरि विद्यमान हैं। यह द्वीप विस्तार में गोमेदक से दोगुना है। यहां के प्राणियों की आयु प्राय: तीस हजार वर्ष होती है। यहां के निवासी रूपवान, सुखी और सम्पन्न हैं। सभी लोग नियत वर्णाश्रम धर्म का यथावत पालन करते हैं। लोगों में दम्भ, द्वेष, परिग्रह और मत्सरता का नाम तक नहीं है। किसी को भी किसी प्रकार का कलेश और जरा व्याप्त नहीं होती। यहां ऋतु भी एक समान सुखद रहती है, कभी परिवर्तन नहीं होता।

सप्त द्वीपों के संक्षिप्त परिचय के उपरांत पृथ्वी का परिमाण बताते हुए सूतजी बोले- सूर्य-मण्डल का विस्तार नौ हजार योजन है। सूर्य-मण्डल के स्थल हैं। इस पृथ्वी के मध्य में मेरु पर्वत है, जिसके पूर्व में इन्द्रपुरी, दक्षिण से यमपुरी और उत्तर में चन्द्रपुरी है। इस पृथ्वी के चारों ओर कुम्हार के चक्र के समान सूर्य गति करता है और पृथ्वी के चारों ओर संसार की रक्षा के लिए लोकपाल अवस्थित हैं।

इस भूमण्डल की स्थिति कमलवत गोल आकार है। इनमें नौ खण्ड या उपवर्ष हैं, जिनके नाम इस प्रकार से हैं- इन्द्रद्वीप, ताम्रवर्ण, कसेरू, गर्भास्तिमान, वारुण, सौम्य तथा भारत। ये सब सागर से परिवृत्त एक-एक हजार योजना वाले हैं। इनमें से भारत के सात

कुल-पर्वत हैं- महेन्द्र, मलय, सह्य, शुक्तिमान, ऋक्षागार, पारियात्र तथा विन्ध्याचल। इसके अतिरिक्त मन्दर, दर्दुर, शारद, जयन्त आदि अनेक छोटे-छोटे पर्वत भी यहां विद्यमान हैं। इन पर्वतांचलों में आर्य तथा म्लेच्छ रहते हैं। यहां गंगा, सिन्धु, यमुना, सरयू सरस्वती, शतद्रु, विपाशा, वितस्ता, चन्द्रभागा, देविका, इरावती, कुहू, गोमती, कूतपापा, बाहुदा, दृष्टद्वति, कौशिकी, निश्चीरा, गण्डकी, इक्षुमती और लोहिता आदि नदियां प्रवाहित होती हैं। ये सभी नदियां हिमालय से निकलती हैं। वेदस्मृति, सिन्धु, वेदवती, चन्द्रनाभा, नर्मदा, सदानीरा, वेत्रवती आदि परियात्र नामक पर्वत से निकलती हैं। ज्योतिरथा, शोण, मन्दाकिनी, विरजा, पंकिनी आदि का उद्गम ऋक्षमान पर्वत से हुआ है। विन्ध्य पर्वत से तापी, शुभां, पयोष्णी, वैतरणी आदि, सह्य पर्वत से भीतरथी, कृष्णदेवी, गोदावरी, तुंगभद्रा आदि, मलयगिरि से ताम्रपाणी, पृष्पावती, कृतमाला आदि, महेन्द्र पर्वत से ऋषिकुल्या, इक्षुला, त्रिदिवा आदि, शुक्तिमान पर्वत से ऋषिका, सुकुमारी, मन्दगामिनी, पलाशिनी तथा कृपा आदि नदियों का उद्गम हुआ है।

जम्बूद्वीप और भूमण्डल का ज्ञान प्राप्त करने के उपरान्त पृथ्वी देवी बोली कि हे भगवन्! आपने विशेष ज्ञान-वर्धक बातें बताई हैं। अब कृपा करके यह बताएं कि मनुष्य जब अपराध करता है, तो उसका प्रायश्चित किस प्रकार करता है। आप कृपा करके मुझे बताएं।

देवि वसुन्धरा की बात सुनकर भगवान् वराह ने कहा कि सब प्रकार से, विधि-विधान से मेरी पूजा करके मनुष्य सभी पापों से मुक्ति पा लेता है। भिन्न प्रकार के अपराध और पापों के लिए भिन्न विधान निश्चित किए गए हैं।

उत्तरपक्ष

अब मैं सबसे पहले पूजा उपासना के रूप में पूजन का उपचार वर्णित करता हूं। तुम अत्यन्त ध्यानपूर्वक सुनो।

भगवान वराह ने कहा कि सबसे पहले भक्त को चाहिए कि वह मन्त्र के द्वारा सारी वस्तुएं देवताओं को और मुझे अर्पण करें। इसके उपरान्त मन्त्र का उच्चारण करते हुए ही दीपाधार के स्तम्भ को पृथ्वी पर प्रतिष्ठित करें। मनुष्य दीपक तब जलाए जब उसका काष्ठ पृथ्वी का स्पर्श कर ले। इसके बाद ही साधक अपना हाथ धोए। हाथ धोने के बाद साधक को चाहिए कि वह अपने प्रभु के सामने जाये और उनकी चरण-पूजा करें। इसके बाद दांतों को धोने की प्रक्रिया पूरी करें। इसके बाद ही अपने इष्ट देव के निर्माल्य को अपने माथे पर धारण करें। उसके बाद मंत्र से मुंह धोकर धूप, दीप, नैवेद्य से उनकी पूजा करें।

इस विधान को पूरा करने के बाद ही साधक को चाहिए कि वह प्रातःकाल इष्ट देव को माला पहना कर दण्डवत प्रणाम करके उनकी पूजा करके प्रार्थना करें कि हे भगवान! आप परम कृपालु हैं। आप भक्तों पर दया करने वाले हैं। आपको मेरा कोटि बार नमन है। आप भक्तों पर निरन्तर कृपा करने वाले हैं।

इस प्रार्थना के बाद साधक को चाहिए कि वह अपनी अंजलि को सिर पर रखकर विनम्र भाव से परिक्रमा करें। भगवान ने कहा कि मेरी पूजा करते हुए शीघ्रता की भावना नहीं होनी चाहिए। भक्त घी, तेल आदि से मेरी मालिश करके भूमि पर लेप करें। जितनी बार घृत गाय के गोबर से लीपने पर जितनी बूंदें गिरती हैं, भक्त उतने सहस्त्र वर्षों तक मेरे धाम में निवास करता है।

मेरे पूजन-अर्चन से मैं प्रसन्न होता हूं और परम-सिद्धि की कामना करने वाले साधक को इस उत्थान के पश्चात ही मुझे स्नान कराना चाहिए। शुद्ध तथा अन्य सुवासित वस्तुओं से मेरे अंगों को मलें। मेरे स्नान के लिए सोने या चांदी का घड़ा होना चाहिए। स्नान के पश्चात मेरे अंगों पर चंदन का लेप और फूल अर्पण करने चाहिए। यह सब विधि अनुसार होना चाहिये। इसके बाद सुगंधित धूप से मेरी वंदना करनी चाहिए क्योंकि यह मुझे बहुत

प्रिय है तथा इससे दोनों कुलों के पितरों की आत्मा को शान्ति मिलती है। इन क्रियाओं को करते समय मन्त्रोच्चारण भी जरूरी है और ऐसे समय में अपना दैन्य एवं समर्पण भाव रखना चाहिए। प्रार्थना करनी चाहिए कि सम्पूर्ण देवताओं और प्राणियों को शान्ति-सुलभ हो और उनके साथ मैं भी लाभान्वित हो जाऊंगा क्योंकि मेरा भी इस संसार में कोई नहीं है इसलिए मैं बार-बार आपको नमस्कार करता हूं। इसके पश्चात साफ पीले रेशमी वस्त्र मुझे पहनाए, आसन अर्पित करें तथा नैवेद्य भोग लगाने के साथ-साथ पूत मंत्रों का उच्चारण करना चाहिए। इस प्रकार सविधि जो मेरा पूजन करता है, वही मेरा सच्चा और प्रिय भक्त है। वह सभी पापों से मुक्त होकर। मेरे लोक का अधिकारी हो जाता है।

पृथ्वी ने भगवान से कहा कि वह उस पर कृपा-दृष्टि रखकर अपनी पूजन-विधि और रुचि बताएं जिससे वह प्रसन्न होते हैं।

इस पर भगवान ने कहा कि मैं तो भक्ति का भूखा हूं फिर भी मुझे लाल धन से प्राप्त चावल, यवान्न, धर्म-चिल्लक, मूंग, उड़द, फंगनी, तिल, सात्रा, गेहूं आदि प्रिय है। अन्न में गाय का दूध मिलाकर अर्पित करना चाहिए। इसी से मेरे भक्तों को सिद्धि प्राप्त होती है।

मैं सर्वत्र हूं, अतः भक्तों को सभी के प्रति समान भावना रखकर ही मेरी पूजा करनी चाहिए। अपनी इन्द्रियों को वश में रखने के लिए प्रातःकाल की बेला में 'ॐ नमो नारायणाय' का जाप करते हुए पूर्व की ओर अंजलि में फूल भरकर मेरी उपासना करें। फिर इसी प्रकार पश्चिम की ओर मुंह करके वासुदेव मंत्र उच्चारण के साथ मुझे पुष्पांजलि अर्पित करें। इसके पश्चात उत्तर की ओर मुख करके 'ॐ नमो पुरुषोत्तमाय' मंत्र पड़कर फूल अर्पित करें। इसी प्रकार त्रिकाल संध्या-उपासना करने से उत्तम गति प्राप्त होती है। यह अति गोपनीय प्रसंग है और दीक्षित एवं योग्य व्यक्तियों के लिए परमतत्व, परम निधि है। इसे कभी भूलना नहीं चाहिए और किसी भी नीच भावना रखने वालों से नहीं कहना चाहिए। इस विधि से जो भी त्रिकाल संध्या करता है, वह कभी भी हीन योनि को प्राप्त नहीं होता।

इसके अतिरिक्त निर्लोभी, निर्मोही, परोपकारी, बड़े से बड़ा कार्य पर भी घमंड न करने वाला, अपनी पत्नी से संतुष्ट, सत्यवादी, मिथ्या न कहने वाला, छल से रहित, ऋतु का प्रभाव सहने वाला, मन-कर्म-वचन पवित्र, इन्द्रियों को वश में रखने वाला, धर्म में लीन,

विश्व के उपकार में कार्यरत, कुमारी कन्या के प्रति सद्भावना रखने वाला, अग्नि को न लांघने वाला, गुरु में श्रद्धा रखने वाला व्यक्ति भी कभी हीन योनि में जन्म नहीं लेता। वह इस आवागमन में बंधन से मुक्त होकर मेरे लोक में आता है।

भगवान वराह ने कहा कि मैं तुम्हें पशु योनि में पड़े जीवों के मुक्ति का भी अति गोपनीय रहस्य बताता हूं। इसे सभी ध्यान से एकाग्रचित होकर सुनो।

बाल्यावस्था में व्रत रखना, चतुर्थी और अष्टमी को स्त्री प्रसंग से दूर रहना, ब्रह्मचर्य का पालन करना, माता-पिता की भक्ति करना, परिश्रमी, गुणी, क्षमाशील, अहिंसक, दानी, मन को वश में रखने वाला ही पशुओं से मुक्ति-लाभ कर सकता है। 'कोकामुख' नामक तीर्थ में प्राण त्याग करने वाला व्यक्ति कभी भी पशु योनि में नहीं जा सकता क्योंकि वह मुझे परम प्रिय है।

इस पर पृथ्वी ने विस्मित भाव से प्रश्न किया कि अन्य सभी महान् तीर्थों को छोड़कर भगवान ने इस तीर्थ को क्यों इतना महत्व दिया है अतः इसका भी समाधान करना चाहिए।

भगवान ने कहा, देवी! अन्य सभी तीर्थ पशुपतिनाथ भगवान शिव से सम्बद्ध हैं और पाशुपात तीर्थ कहे जाते हैं किन्तु 'कोकामुख' हरि तीर्थ है, इसलिए वह मेरा स्थल है और प्रिय है। वहां पहुंचने वाला जीव निश्चय ही पशु-पक्षी योनि से मुक्त हो जाता है। इसी से सम्बंधित एक कहानी मैं सुनाता हूं।

पुराने समय में किसी समय एक व्याघ्र शिकार के लिए कोकामुख पहुंचा। वहां उसने एक विशाल मत्स्य को देखकर उसको पकड़ा परन्तु वह बच निकला और इसी बीच एक आकाश में उड़ती हुई चीज ने उसे झपट लिया, किन्तु वह उसके भार को वहन न कर सकी जिससे वह जमीन पर गिर पड़ा और मर गया। कुछ काल के पश्चात व्याघ्र की पत्नी मांस लेकर उसी में पहुंची और भोजन बनाने लगी, तभी एक भूखी मादा चील ने मांस देखकर झपट्टा मारा और एक बड़ा-सा टुकड़ा उठा लिया और वहीं समीप बैठकर उसे खाने लगी जिसे देखकर व्याघ्र ने उसे मार डाला और कालान्तर में वही मत्स्य 'आनन्दपुर' नामक एक राज्य में राजकुमार के रूप में जन्मा और चील सुन्दर और सुभद्र राजकुमारी

के रूप में उत्पन्न हुई। प्रारम्भ में वह बहुत गर्विता और पुरुष से घृणा करने वाली थी परन्तु आनन्दपुर के राजकुमार से विवाह के पश्चात वह नम्र और पवित्रता बनकर अपना गृहस्थ जीवन व्यतीत करने लगी। कुछ समय बाद राजकुमार के सिर में असहनीय पीड़ा होने लगी जो किसी भी प्रकार की औषधि से ठीक न हो पाई। पहले तो राजकुमार ने 'शरीर व्याधि मन्दिरम्' कहकर मना किया परन्तु राजकुमारी के अटल आग्रह को देखकर कहा कि वह सभी कुछ कोकामुख पर पहुंच कर बताएगा और इसके लिए माता-पिता की आज्ञा लेनी जरूरी है। राजकुमारी ने अपने पति की रक्षा हेतु राजा से आज्ञा मांगी। राजा ने भी पुत्र से स्नेह होने के कारण आज्ञा दे दी। दोनों कुछ लोगों के साथ मिलकर कोकामुख नामक स्थान पर पहुंचे। वहां पहुंचकर दोनों ने एक दूसरे को अपने पूर्व जन्म की कहानी सुनाई। राजकुमार ने कहा कि पृथ्वी पर गिरने से जो सिर पर आघात हुआ था, वही मुझे सिर में पीड़ा उत्पन्न करती है। बाद में वे दोनों कुछ समय वहां रहे और अपने जप-तप के प्रभाव से मेरी आराधना करते हुए मेरे लोक के अधिकारी हो गये और सभी प्रकार के बन्धनों से मुक्ति प्राप्त कर ली।

यह सुनकर पृथ्वी ने कहा कि वह उन तप, धर्म तथा कर्मानुष्ठानों का वर्णन करें, जिनके द्वारा मनुष्य भगवान के दर्शन प्राप्त कर सकता है।

भगवान वराह ने कहा कि सर्वप्रथम वर्षा ऋतु की समाप्ति पर शरद ऋतु के आगमन के समय जब कार्तिक मास की द्वादशी हो, चतुर्दिक स्वच्छ तालाब में तरह-तरह के कमल खिलें हों, तब मेरा पूजन करें क्योंकि यह तिथि मुझे बहुत ही प्रिय है। शिशिर ऋतु में नयी वनस्पतियों के साथ घुटनों के बल बैठकर मुझे फूल अर्पित करें और मेरी प्रार्थना करें कि तीनों लोकों के स्वामी आपके इसी स्वरूप को जानकर आप की आराधना करता हूं, आप मेरा उद्धार करें। इस प्रकार श्रद्धापूर्वक मेरा शिशिर पूजन करने वाला व्यक्ति परम सिद्धि प्राप्त करता है। इसी प्रकार मार्गशीर्ष तथा वैशाख मास भी प्रिय हैं। इन महीनों में जो सुगंधित फूलों को समर्पित करके मेरा पूजन करता है, वह नौ हजार नौ सौ वर्षों तक विष्णु लोक में वास करता है। कार्तिक, अगहन तथा वैशाख को द्वादशी तिथि को अत्यन्त श्रद्धापूर्वक पुष्पित वनमाला एवं चन्दन आदि से पूजा करने वाले को, जो कि बारह वर्ष तक करें,

इसका फल मिलता है। कार्तिक में द्वादशी के दिन शाखू तथा चन्दन से पूजा करें। अगहन में कमल के फूल तथा चंदन चढ़ाने का अधिक महत्व है। इसीलिए यही तिथि महत्त्वपूर्ण है। इनमें से प्रथम मेरे जागरण और द्वितीय मेरे सर्वशक्ति सम्पन्नता की तिथियां हैं। इन तिथियों को अपने हाथ में चंदन, गंध तथा तुलसी के पत्ते लेकर मंत्र उच्चारण करते हुए मुझे अर्पित करें और प्रार्थना करें कि मुझे इस समय में अपने पूजन की आज्ञा दें, जो मैं आपको अर्पण कर रहा हूं, उसे स्वीकार करें और 'ओम् नमः नारायणाय' तथा 'ओम् नमो भगवते वासुदेवाय' कहते हुए फूल तथा फल अर्पित करें और इसी प्रकार से मेरी अर्चना करने वाला पूर्वजन्म के बन्धन से मुक्त होकर एक सहस्त्र वर्षों तक मेरे लोक में जीवन व्यतीत करता है।

वसन्त ऋतु में विशेष रूप से विविध वर्णों के फूलों से 'ओम् नमो नारायणाय' मंत्र का जाप करते हुए मेरी वन्दना कीजिये। मेरे शंख-चक्र, गदा, पद्म रूप का ध्यान करना चाहिए और मेरे साथ ही वैशाख मास में नारद, प्रह्लाद की भी उपासना करनी चाहिये।

श्री वराह ने पृथ्वी से कहा कि इस समय भी सभी ऋषि व देवता मेरी पूजा कर रहे हैं। तुम उनका मंत्र जाप सुन सकती हो। एक हजार दिव्य वर्षों तक मैंने तुम्हें अपने दांत पर धारण किया है। इन्द्र आदि देवगण और ऋषिगण मेरे दर्शन के लिए आने लगे हैं अतः मैं अपने मार्ग का अनुसरण करने लगा हूं।

सूत ने कहा, विप्रो! यह सुनकर पृथ्वी ने प्रभु के चरण पकड़कर कहा कि रसातल से निकालकर मेरा उद्धार करने वाले मेरे कर्म क्या हैं? मानव-जन्म की सार्थकता क्या है तथा अन्य ऋतुओं में पत्ते व फूलों के बिना पूजन आदि कैसे किया जाता है?

भगवान ने कहा, कर्म का स्वरूप तो मैं बता चुका हूं, अतः मेरी पूजा इस प्रकार करनी चाहिये। 'माघ व वैशाख सबसे प्रसिद्ध हैं, मैं इसमें चंदन, रस पुष्प-अलंकार आदि से अपनी पूजा करता हूं। दर्शन से पुण्य लाभ पाता हूं।' आदि पाठ से मेरी पूजा करनी चाहिये। इसी प्रकार अन्य ऋतुओं में अर्जुन, सरल, मुकुल आदि देव वृक्षों की टहनियों व पत्तियों से मेरी पूजा करने व 'ओम् नमो नारायणाय' का जाप करने से फल की प्राप्ति होती है। इसके लिए सुपात्रों तथा सद्वृत्ति का होना आवश्यक है।

इस पर पृथ्वी ने सर्वेश्वर से कहा कि आप के द्वारा पूजा की विधि जानकर मुझे परम सुख मिला है। परन्तु इससे यह जिज्ञासा भी उत्पन्न हो गई है कि 'माया क्या है' और बार-बार उसका प्रयोग क्यों करें?

भगवान वराह ने गम्भीरतापूर्वक पृथ्वी से कहा कि इसका उत्तर देना सरल नहीं है, क्योंकि इसका भेद तो ब्रह्मा-महेश भी नहीं जान पाए। यह समझ लो कि मुझसे भिन्न जहां भी और जो भी दृष्टिगत होता है, वह सब माया है। देवता, दनुज, किन्नर सभी मेरी माया हैं। सागर-सरिता, जलवर्षा, मेघ, सभी ऋतुओं आदि में मेरी माया विद्यमान है। इतना ही नहीं, तुम्हारा रसातल से सत्रह बार उद्धार करना भी मेरी माया है। शेषनाग पर मेरा शयन, मेरा नारायण रूप, मानव तथा अन्य जीवों की उत्पत्ति, क्रमिक विकास, जन्म-मरण सभी मेरी माया के रूप हैं। इसी माया के परम प्रभाव से नर-नारी का रूप-भेद तथा मौन आदि भी माया है। पुराकाल में एक ब्राह्मण का स्त्री रूप में बदल जाना भी माया था अर्थात् अखिल ब्राह्मण ही माया का स्वरूप हैं। इससे बाहर कुछ भी नहीं है।

सभी वृत्तांत सुनकर पृथ्वी ने जिज्ञासु होकर ब्राह्मण का नारी रूप में बदलने की कथा पूछी कि उसका माया से क्या सम्बंध है?

भगवान ने मुस्कराते हुए देवी से कहा कि पुराने समय में सोम शर्मा नामक ब्राह्मण हरिद्वार के निकट तपस्या करता था। वह मेरा महान भक्त था। निराहार व्रत पूर्वक ही मेरे ध्यान में लीन रहता था। जिससे प्रसन्न होकर मैंने उसे दर्शन दिये, जब मैंने उसे वरदान मांगने को कहा तो वह मुझसे माया का स्वरूप पूछने लगा। मेरे यह कहने पर भी कि आपको घोर कष्ट सहना पड़ेगा, उस पर कोई प्रभाव नहीं पड़ा और वह हठ करने लगा। उसका दुराग्रह जानकर मैंने उसे हरिद्वार में जाकर स्नान करने को कहा और वह स्थान के लिए चल दिया। नदी के तट पर अपने दण्ड, कमण्डल तथा वस्त्र एक ओर रखकर उसने नदी में डुबकी लगा दी। वह एक निषाधिनी के गर्भ में समा गया। जब वह इस यन्त्रणा से व्याकुल हुआ तो वह सोचने लगा कि यह क्या हो गया है? भगवान मुझे इससे उबारो। मैं फिर से भगवद्-भक्ति में लीन रहना चाहता हूं और वह निषाद के घर में एक कन्या के रूप

में जन्मा। कालान्तर में उसने एक निषाद से विवाह कर तीन पुत्रों और चार पुत्रियों को जन्म दिया और सारा समय माया में बीतने लगा। इस प्रकार पचास वर्ष पूरे हो गये जिससे वह अपने पूर्व रूप को स्मरण न कर सकी। तब एक दिन मैंने उसे नदी-तट पर बुलाया। वह घड़ा तथा वस्त्र लेकर वहां पहुंची। वस्त्रादि को तट पर रखकर स्नान के लिए जल में उतरी। ग्रीष्मताप के प्रभाव से युक्त होने के कारण ज्यों ही वह गहरे जल में प्रविष्ट हुई वैसे ही वह अपने पूर्व ब्राह्मण रूप में सोम शर्मा बन गई। बाहर निकलने पर उसका मन अपने निषाध जीवन के कुकृत्यों का स्मरण कर ग्लानि से भर गया। उसके साथी संतों ने भी कहा कि आप को इतनी देर कैसे हुई? जिससे वह अज्ञानी-सा हो गया। वह सब याद करके सोचने लगा कि ये क्या चक्कर है। अतः वह खिन्न मन और भाव से वहां बैठ गया।

उधर जब वह घर नहीं पहुंची तो निषाध उसे ढूंढ़ने नदी तट पर आया परन्तु तट पर पड़े वस्त्र देखकर उसे मृत जानकर विलाप करने लगा। वह वहां स्थित ऋषिगण से पूछने लगा। अन्त में जब सोम शर्मा से न रहा गया तो उसने उसे घर जाकर अपने बच्चों का ध्यान करने को कहा जिस पर निषाद ने कहा कि आप जरूर कोई पुण्य आत्मा हैं। तभी आप की बात सुनकर मुझे शान्ति मिल रही है अतः आप कुछ अपना परिचय दीजिये। तब सोम शर्मा ने सम्पूर्ण वृत्तांत कह डाला।

वराह नारायण ने पृथ्वी से कहा कि तब उसने देखा कि वह न तो निषाद ही था और न ही वह बाल मण्डली है। वह विस्मित हो गया। कहीं कुछ भी न था। न तुम निषाद गृह में जन्मे, न भार्या या जननी बनें। तुम माया का कुचक्र देख चुके हो। अतः उसे जानने की इच्छा मन से निकाल दो।

ब्राह्मण मेरे चरणों पर गिरकर बोला कि दयानिधि! मुझे क्षमा कीजिये। मैंने अपनी स्मृति में तो कोई नीच कार्य या पाप नहीं किया इसलिए हे कृपासागर! मुझे यह दण्ड क्यों मिला? इस तरह उसने बार-बार यही प्रश्न पूछा किन्तु इस पर तोष नहीं हुआ क्योंकि स्मृति में पाप करना या विस्मति में पाप करने में कोई विशेष अन्तर नहीं होता। इस प्रसंग में यह सब पिछले जन्म में एक अच्छे ब्राह्मण को नमस्कार न करने का बुरा परिणाम है। ब्राह्मण

मेरा ही अंश है। तुमने उसे नमस्कार न करके जो गलती की थी, उसी का यह दण्ड मिला, अब तुम्हें तुम्हारा ब्राह्मणत्व फिर से प्राप्त हो गया है, तुम तपस्या करो। इतना कहकर मैं अन्तर्धान हो गया और वह द्विज कुब्जाम्रक तीर्थ में जाकर घोर-तपस्या करने लगा तथा प्राण छोड़ने पर मेरे लोक को प्राप्त हुआ।

भगवान वराह ने कहा, हे वरानने! मैंने तुम्हें माया-चक्र का अत्यधिक गहरा और रहस्यमय प्रसंग सुनाया है। मुक्ति देने वाला यह प्रसंग केवल अच्छे पात्रों के लिए ही श्रव्य है।

धरती ने पुनःपुनः नम्रतापूर्वक निवेदन किया, परम ज्ञानी एवं कृपा करने वाले भगवान्! अब मैं कुब्जाम्रक तथा उसने नजदीक के तीर्थों के विषय में सुनना चाहती हूं। आप मुझे सुनाने की कृपा करें। भगवान ने कहा, देवी! सतयुग के शुरू की बात है। मैंने ब्रह्माजी की प्रार्थना कर मधुकैटभ का व्रत किया था। उसी समय मेरे पास ही मेरे ध्यान में रत रैम्य ऋषि पर मेरी नजर पड़ी। वे हमेशा ही मेरी भक्ति में मग्न रहते थे। उन्होंने दस हजार वर्षों तक कठोर तप किया था। उन्होंने एक हजार वर्षों तक कठोर तप के रूप में केवल जल पीकर तथा पांच सौ वर्ष शैवाल खाकर बिताये। उस तपोनिष्ठ ब्राह्मण की भक्ति देखकर मैंने एक आम के पेड़ का आधार लेकर उसे दर्शन दिये। उन्होंने मुझे उस रूप में पहचानकर दण्डवत् गिरकर मेरी वन्दना की। इससे आह्लादित होकर मैंने उसे प्रत्यक्ष दर्शन देकर वर मांगने को कहा तो उन्होंने कहा, भगवन्! मेरी आप ही में भक्ति बनी रहे तथा आप इस जगह पर सदा ही विद्यमान रहें। मैंने उन्हें यह वर देकर इस जगह को कुब्जाम्रक नाम से प्रसिद्ध किया, क्योंकि मैंने जिस आम के पेड़ का आधार लिया था, वह मेरे भार से टेढ़ा पड़ गया था। इस तीर्थ का बड़ा माहात्म्य है। यहां स्नान करने अथवा प्राण त्यागने मात्र से ही मानव को मुक्ति प्राप्त होती है।

इसके पास ही दूसरा तीर्थ मानस है। यहां नहाने वाले को एक हजार दिव्य सालों तक अप्सराओं के साथ आनन्द मनाने का योग मिलता है। 'माया तीर्थ' भी कुब्जाम्रक तीर्थ के नजदीक है, यहां नहाने मात्र से व्यक्ति को दस हजार वर्ष तक मेरी भक्ति करने तथा

इसके रहस्य को जानने का सुयोग (अच्छा अवसर) मिलता है। यहां प्राण त्यागने पर योगियों की-सी सद्गति तथा मेरे लोक की प्राप्ति होती है। 'सार्वकालिक' नामक तीर्थ पर तपस्या करने पर पन्द्रह हजार साल के बाद स्वर्ग में रहने का संयोग मिलता है तथा निष्काम प्राण त्यागने पर लोक की प्राप्ति होती है।

एक अन्य तीर्थ 'पूर्णमुख' में नहाने वाला चन्द्रलोक का मजा पाता है तथा पन्द्रह हजार वर्षों तक वहां सुख भोगकर फिर ब्राह्मण वंश में जन्मता और मृत्यु होने पर मेरे लोक में आता है। ऐसे व्यक्ति की मृत्यु अगहन शुक्ला द्वादशी को होती है। इस तीर्थ की पहचान गंगा के ठण्डे पानी के मध्य तप्त सलिल कुण्ड है।

करवीर, अग्नितीर्थ, वायव्यतीर्थ शक्रतीर्थ, तप्त समुद्रतीर्थ, मानसर तीर्थ। आदि तीर्थों का भी बहुत महत्त्व है। इन तीर्थों में स्नान, वास या मृत्यु प्राप्त करने वाला दिव्य शक्ति, ऐश्वर्य, सुखभोग, स्वर्गवास मेरे लोक में स्थान तथा मुक्ति आदि की प्राप्ति होती है। इन सब तीर्थों का बहुत बड़ा माहात्म्य है।

हे पृथ्वी देवी! इस कुब्जाम्रक के माहात्म्य को प्रकट करने वाले एक पुरातन प्रसंग को तुम मुझसे ध्यानपूर्वक सुनो।

इस जगह पर उस समय मेरा एक मन्दिर था और वहां मेरा भोग सदा रखा रहता था। उस भोग का आस्वादन करती हुई एक काल-सर्पिणी वहां स्वतंत्र रूप से विहार करती थी। एक दिन माघ मास की शुक्ला द्वादशी को नेवला उधर आ निकला। नेवले ने सर्पिणी पर आक्रमण कर दिया। सर्पिणी ने भी अपनी रक्षार्थ उससे संघर्ष शुरू कर दिया। बहुत समय तक यह रोमहर्षक संघर्ष चलता रहा। अन्त में नागिन ने नेवले के नासाग्र में दंश मारा तथा क्रोधित एवं मरणासन्न नेवले ने भी सर्पिणी के टुकड़े-टुकड़े कर डाले। इस तरह दोनों ही मृत्यु को प्राप्त हुए। उस तीर्थ में उक्त तिथि (शुक्ला द्वादशी) को प्राण त्यागने के कारण ही वे राजवंशों में उत्पन्न हुए। सर्पिणी प्राग् ज्योतिषपुर की राजकुमारी बनी तथा नेवले ने कौशल नरेश के गृह में जन्म लिया, किन्तु दोनों के मन में एक-दूसरे के प्रति (नेवले और सर्प) दुश्मनी बनी रही। राजकुमारी (सर्पिणी) राजकुमार (नेवले) को जहां भी देखती, उस

पर प्रहार करता और इसी प्रकार राजकुमार भी राजकुमारी पर कभी प्रहार किये बिना न रहता।

कुछ समय पश्चात् उस राजकुमार व राजकुमारी का विवाह हो गया तथा उनके दिन सुख से बीतने लगे। इस प्रकार सतहत्तर वर्ष बीत गये। एक उपवन में साथ-साथ विचरण करते हुए राजकुमार ने राजकुमारी के मना करने पर भी एक सर्पिणी को मार डाला। संयोग से उसी समय शुभ एवं मंगल का प्रतीक नेवला भी दिखाई पड़ा। प्रतिहिंसा की भावना से दग्ध उस ने अपने पति की अवज्ञा करके उस नेवले की हत्या कर दी। इस पर क्रुद्ध होकर राजकुमार ने राजकुमारी से सम्बन्ध-विच्छेद कर लिया और अपने स्थान की लौट आया। जब कौशल के राजा को यह खबर मिली तो उसने दोनों को दरबार में बुलाकर कारण पूछा तब राजकुमार ने उस रहस्य कुब्जाम्रक नामक स्थान पर चलकर बताने को कहा। तब राजा ने छोटे पुत्र को राज्य का भार सौंपा और स्वयं वहां पहुंच गये। अनेक प्रकार के विधि-विधानों से पूजा करने के पश्चात् राजा ने फिर उससे प्रश्न का उत्तर देने को कहा। परन्तु राजकुमार ने फिर रात्रि होने के कारण अगले दिन उत्तर देने को कह दिया और अगले दिन मंदिर पहुंचकर उसने अपने पूर्व जन्म की कथा सुनाई। जिसे सुनकर राजकुमारी को भी अपने पूर्व जन्म की याद आ गई और उसने कहा कि यह वह नागिन है जिसे इन्होंने नेवले के रूप में मारा था। यह सुनकर राजा 'मायापुरी' में तपस्या करने चला गया। अन्त में सभी परिजनों सहित राजा को श्वेत द्वीप में जाने का सौभाग्य प्राप्त हुआ और वे सभी मेरे लोक के अधिकारी बने।

भगवान् ने पृथ्वी से कहा कि यह पावन रहस्य रैभ्य मुनि के बाद तुम्हें मैं सुनाता है। जो व्यक्ति श्रद्धा-भक्ति सहित प्रात: और सांध्य समय इसकी सुनता या पड़ता है उसकी पूर्व तथा उत्तर की 90-90 पीढ़ियों का उद्धार हो जाता है।

भगवान् के ये कहने पर कि कोई और प्रश्न हो तो पूछें। इस पर पृथ्वी ने भागवती-दीक्षा की विधि बताने की प्रार्थना की।

भगवान ने भागवती-दीक्षा को आवागमन के बंधन को काटने वाली बताया जिसे बड़े-बड़े योगी और देवता नहीं जान पाते।

इस दीक्षा के लिए किसी ज्ञानी सद्गुरु की शरण लेनी चाहिए उससे दीक्षा लेने की कृपा करनी चाहिए। उसका शिष्यत्व ग्रहण करना चाहिए। शहद, घी, कुश, दीप, चंदन तथा धान का लावा आदि सामग्री इकट्ठी करनी चाहिए। इसके साथ खड़ाऊं, यज्ञोपवीत, दण्डकमण्डल, फल, मृगचर्म तथा अन्न भी आवश्यक है। पहले शुभ पदार्थों से अंग लेपन करें, गुरु की तथा आज्ञा लेकर सोलह हाथ लम्बी-चौड़ी चौकोर विधि का निर्माण करें। उस पर कलश रखें, मन्त्र-जाप द्वारा उसमें जल भरकर उसे फूलों से सजाएं, ऊपर तिल के भरा बर्तन रखकर मेरे नाम का स्मरण कर सामग्री से मेरा पूजन करें। चार दिशाओं में कलश स्थापित करके सहस्रों को दान करें। श्वेत सूत्रों से वेदी को शुद्ध करके पार्श्व में चार भरे पात्रों को रखें। इसके बाद पूर्वभिमुख होकर आचार्य उसे इस प्रकार उपदेश देते हैं कि मेरी भक्ति करने पर भी तुम दूसरों को आदर सम्मान देना अन्यथा मेरे वध का पाप लगेगा। गृहस्थ बनने पर कन्यादान करना अन्यथा पूर्ववर्ती आठ पितरों की हत्या का पाप लगेगा, सती साध्वी पत्नी को क्लेश न देना और न ही उसका वध करना अन्यथा मोक्ष प्राप्त करना असंभव हो जायेगा।

दीक्षित व्यक्ति को वृक्षों, विशेषकर बेल-गूलर आदि को कभी नहीं काटना चाहिए और न ही आचार्य द्वारा वर्जित बताए गए गन्धयुक्त पदार्थों का सेवन करना चाहिए। सात्विक और सादा भोजन करें तथा नियमित-संयमित जीवन-यापन करते हुए गुरु राजा-ब्राह्मण आदि के प्रति श्रद्धा भाव रखकर स्वर्ण-रत्नादि के प्रति आसक्त न हो। दूसरों का तुम और अपना अशुभ देखकर भी कभी दुःखी और विचलित नहीं होना चाहिए। मुझे अर्घ्य-पाद्य देने के बाद गुरु की अर्चना करें। क्षौर कर्म के लिए क्षौरास्त्र अभिमंत्रित करके प्रयुक्त करें।

दीक्षित बटुक क्षौर कर्म के बाद अग्नि प्रज्ज्वलित करके घी, काले तिल, शहद, लावा मिले धान की सात तथा तिल और क्षीर की बीस आहुतियां देकर यज्ञ के बाद सूर्यादि को साक्षी मानकर सव्य को आधार बनाकर अपने उस कर्म की पुष्टि में मन्त्र पाठ करें। उसके बाद शुद्ध मन से गुरु के निकट पूर्वाभिमुख होकर उनका पूजन तथा तीन बार प्रदक्षिणा करें। ज्ञानी और विज्ञ गुरु को कमण्डल भेंट कर आशीर्वाद लें। प्रसन्नचित्त गुरु उस दीक्षित

शिष्य को धवल तन्तुओं से निर्मित तथा मन्त्रपूत वस्त्र भेंट करे। शिष्य को गुरु ने उपयुक्त मंत्रदान से कृतार्थ किया है। ये मेरे गुरु व देवता हैं और मैं इनका सेवक व शिष्य हूं। ऐसी धारणा करने पर वैष्णवी दीक्षा पूर्ण होती है।

ब्राह्मण के समान ही क्षत्रिय वैश्यों की दीक्षा भी पूर्ण होती है उन्हें मृगचर्म के स्थान पर काली बकरी का चर्म या पीपल-दण्ड या गूलर का दण्ड धारण करना चाहिए। उनके लिए पलाश-दण्ड वर्जित है। अन्य विधान पूर्वोक्त विधि से ही होने चाहिए। क्षत्रिय को बारह और वैश्य को दस हाथ चौड़ी वेदी बनानी चाहिए। द्विजेतर व्यक्तियों के लिए वेदी का परिमाण हाथ है। दीक्षित हो जाने पर ब्राह्मण की सफेद, क्षत्रिय को लाल, वैश्य पीला, द्विजेतर को नीला छत्र धारण करने का विधान है।

श्री वराह भगवान् ने कहा, अब मैं दीक्षित व्यक्ति के कर्तव्यों का परिचय कराता हूं।

वस्तुतः दीक्षित होने का एकमात्र कर्तव्य मेरा ही चिन्तन करना है। मेरा ही गणान्तिका दीक्षा है, अतः उसका रहस्य अत्यंत गोपनीय है। इसे करना ही सर्वफल प्राप्ति के समान है। इसके माध्यम से मेरा चिन्तन करने वाला मानो मेरा नाम याद कर लेता है। इसके लिए कार्तिक, मार्गशीर्ष तथा वैशाख की शुक्ला द्वादशी सर्वोत्तम तिथियां हैं। इसके उपरान्त सात्विक आहार-विहार तथा मुझमें अनन्य निष्ठा आवश्यक है। इसे प्राप्त करने वाला मेरे लोक का अधिकारी होता है। इस गणान्तिका दीक्षा के बाद शिष्य को नाम जपने के लिए रुद्राक्ष, पुत्रजीव या कमलगट्टे के कानों की बनी 108, 54, 27 मनकों वाली माला दी जानी चाहिए। इसमें प्रथम उत्तम, द्वितीय मध्यम तथा अन्तिम कनिष्ठ समझी जाती है। इस माला को भी पवित्र रखना और इसका पूजन करना चाहिए।

पृथ्वी! मैंने तुम्हें यह गहरा, अक्षय पात्र के उपयोगी, दीक्षा प्रसंग बतलाया है। इसका पारायण करने से मेरा पारायण हो जाता है। इसका साधक अपने सात कुलों का उद्धार करता है।

वसुन्धरा बोली-भगवान्! अपने साधक द्वारा आपकी साधना, उपासना तथा संध्या-वन्दन की अपनाई जाने योग्य विधि बताइये।

तब भगवान् न कहा, दवा! सध्या का बहुत महत्त्व ह, अपना शाक्त स यह जाव का मुक्ति प्रदान कर सकती है। अतः श्रद्धालु जनों को सुबह उठकर शौचादि से निवृत्त होकर संध्या करनी चाहिए।

सर्वप्रथम अंजलि में जल लेकर मेरा ध्यान करके प्रार्थना करें कि हे प्रभो आप सृष्टि के आदि से भी पूर्व विद्यमान थे। आप व्यक्त और अव्यक्त दोनों रूपों में विद्यमान रहते हैं। ब्रह्मा, रुद्र तथा अन्य देवगणों के सृष्टिकर्ता सभी देव, दनुज, ऋषि तथा मुनि आदि संध्या द्वारा आपके ही चिन्तन और ध्यान में मग्न रहते हैं। आप पक्ष, मास, वर्ष और काल सूचक क्रम हैं। विश्व की व्यवस्था के लिए आप ही रवि रूप में प्रकट आपको नमस्कार करता हूं क्योंकि मुझे ज्ञात है कि इस गोपनीय एवं परम फलदायी मन्त्र का जप करने से पाप वृत्ति का विनाश होता है। दीक्षित और यज्ञोपवीत व्यक्ति ही इस मन्त्र का अधिकारी है।

संध्या के बाद भगवान्! मैं आपके धर्मों का पालन करते हुए यह दीपक आपको अर्पित कर रहा हूं। आप इसे स्वीकार करें। मन्त्र का जाप करते समय 'कर्मदीप' या 'कर्माङ्ग दीप' के प्रज्ज्वलन के बाद घुटनों पर बैठकर मेरे ओंकार रूप का ध्यान करने के उपरान्त अर्घ्य, पाद्य, आचमन, स्नान, चन्दन-चर्चन, पुष्पांजलि तथा धूपादि समर्पण क्रिया करते हुए 'ॐ नमो नारायणाय' मन्त्र का उच्चारण करें। इस समय साधक के मन में यह भाव होना चाहिए। भगवान् तो स्वयं सुगंध के निधान हैं। फिर भी मैं उसके अंगों को सुवासित गन्ध अर्पण कर रहा हूं। भगवान्! आप मुझे भी सुगन्धमय बनायें। धूप और सुगन्ध सम्पूर्ण संसार से विरक्ति का श्रेष्ठ साधन है। दीपक हाथ में लेकर मेरे तेज की महिमा का गुणगान करते हैं। भगवान्! आपको प्रणाम करता हूं। अग्नि आपका ही रूप और तेज है। सभी देवगण इस अग्नि में वास करते हैं। प्रज्ज्वलित दीपक भी तेजोमय है। मैं इसे समर्पित करता हूं। आप इसे स्वीकार करके मेरी मुक्ति का मार्ग प्रशस्त करें।

भगवान् ने कहा, वसुन्धरा! मुझे दीप अर्पण करने वाला अपने सभी पितरों का उद्धार कर लेता है।

भगवान् न कहा, पूजा क पात्र स्वण, रजत या कास्य आदि किसा भा धातु क हा सकते हैं, किन्तु ताम्रपात्र मुझे सर्वाधिक प्रिय हैं।

आज से सात हजार वर्ष पूर्व तांबे का जन्म हुआ था। उस समय 'गुडाकेश' नामक एक असुर चौदह वर्षों तक मेरी तपस्या करता रहा था। पृथ्वी देवी! उसका कठोर तप देखकर मैं द्रवित हुए बिना न रह सका और मैंने उसे साक्षात् चतुर्भुज रूप में दर्शन दिये। उस रूप में मुझे देखकर गुडाकेश ने दण्डवत् प्रणाम करके मेरी अर्चना करने लगा। प्रसन्न होकर मैंने उसे वर मांगने को कहा तो उसने भक्तिविह्वल होकर कहा, दयानिधान! मेरी आप में अनुरक्ति भक्ति बनी रहे। आपके चक्र से मेरा वध हो और मैं आप ही में समा जाऊं। मेरे शरीर के वसा, मज्जा से तांबे का निर्माण हो और उस के पात्रों में आपकी पूजन-सामग्री रखी जाए, वह ताम्र धातु आपको प्रिय हो। मैंने तथास्तु कह कर उसकी मनो-अभिलाषा पूर्ण कर दी। वैशाख मास की शुक्ला द्वादशी को मध्याह्न काल में मेरे चक्र में उसका वध हुआ और वह मुझमें समा गया। उसके रक्त से स्वर्ण, मांस से ताम्र, अस्थियों से रजत तथा अन्य वस्तुओं से अन्यान्य धातुओं का प्रादुर्भाव। इसी वरदान के कारण मुझे तांबा इतना प्रिय हैं। इसके पात्र में पकाए चावल को भोजन करने से भक्ति-अनुरक्ति बढ़ती है, श्रद्धालु जन इसी बात को समझकर ताम्र पात्र से ही मुझे अर्घ्य, पाद्य, जल, अंगराग, चंदन, पुष्पादि अर्पित करते हैं। इससे प्रसन्न होकर मैं भक्तों पर शीघ्र द्रवित होता हूं। भगवान् ने पूछा, हे धरा देवी! इतना सब जानने पर अब तुम और क्या जानने की इच्छा रखती हो?

भगवान् के इन वचनों को सुनकर धरती ने कहा, भगवान्! आपने जिस बत्तीस अपराधों का वर्णन किया है, अल्पज्ञों अथवा अज्ञानी जनों द्वारा ज्ञात या अज्ञात रूप में अब आप उनके पाप से मुक्त होने का प्रायश्चित बताने की कृपा करें।

भगवान् ने कहा, देवी! राजा के अन्न को खाने से दस हजार वर्षों तक नरक की सजा भुगतनी पड़ती है क्योंकि समान दृष्टि रखने पर भी राजा से राजस या तामस गुण युक्त कर्म हो ही जाते हैं, अतः उसका भोजन अग्राह्य है। मंदिर का निर्माण करवाने पर उसमें मेरी मूर्ति की स्थापना हो जाने पर तथा उपयुक्त पात्रों से मेरे प्रसाद रूप में भोजन बनवाकर और

मुझे भोग लगवाकर बांटे, तो वह अन्न दोषरहित हो जाएगा, उसे ग्रहण करना उचित होगा। अनजाने में मेरा कोई भक्त राजा का अन्न खा ले तो उसे चान्द्रायण, सांतपन अथवा तप्त कृच्छ व्रत रखकर प्रायश्चित करना चाहिए। सांतपन व्रत में छः रात्रियों का उपवास होता है। तप्त कृच्छ व्रत में जल, दुग्ध तथा घृत को एक साथ गर्म कर एक दिन पीने के बाद अगले दिन उपवास करना होता है।

दुर्गन्धमय मुख से मेरी उपासना करने वाले के सभी पूर्वकृत पुण्य नष्ट हो जाते हैं। उसे इसका प्रायश्चित करने के लिए शीत ऋतु में सात रात बिना ओढ़न के खुले स्थान पर आकाश के नीचे सोना पड़ता है।

शव-स्पर्श करने पर तथा श्मशान से लौटने पर बिना शुद्ध हुए उपासना करने पर हजारों वर्षों तक नरक-यातना भोगना, निकृष्ट योनि में जन्म ग्रहण करना तथा अभक्ष्य भोजी एवं श्मशानवासी चाण्डाल बनना पड़ता है। ऐसे व्यक्ति को आत्मशुद्धि के लिए तीन दिन जौ का आहार तथा एक दिन उपवास रखकर प्रायश्चित करना चाहिए। भजन-पूजन के अतिरिक्त कर्म व्यवहार में ऐसा अपराध हो जाने पर सात दिनों तक एक बार भोजन, तीन दिन उपवास और फिर पंचगव्य पान करने से प्रायश्चित करना चाहिए।

इस प्रकार स्पर्श-प्रायश्चित करने का विधान जटिल तो है किन्तु इससे अतिरिक्त और कोई उपाय नहीं है।

इसके साथ एक बात और है कि जो पुरुष रजस्वला स्त्री का स्पर्श करके मेरी पूजा करता है, वह सैकड़ों वर्षों तक नरक में रहता है। उसका प्रायश्चित यही है कि सर्दी में तीन दिन खुले आकाश के नीचे बिना कुछ ओढ़े सोए।

मेरी पूजा करते समय यदि अपानवायु (पाद) निकल जाए, तो यह भी भगवत्-अपराध होता है। ऐसा व्यक्ति पांच वर्षों तक मक्खी, तीन वर्षों तक चूहा, तीन वर्षों तक कुत्ता और नौ वर्षों तक कछुआ योनि प्राप्त करता है किन्तु तीन दिन जौ का आहार करने से इस अपराध का प्रायश्चित हो जाता है।

पूजा क बाच म शाच जान वाल का नरक-यातना भागना पड़ता ह। इसक प्रायाश्चत के लिए सर्दी में एक रात पानी में और एक रात खुले आकाश के नीचे बिना कुछ ओढ़े सोना पड़ता है। कुछ मेरे भक्ति-विमुख भी होते हैं।

मेरी भक्ति से विमुख होकर अन्य कामों में लीन रहने वाले व्यक्ति को में अपराधी मानता हूं। दूसरे जन्म में वह मूर्ख तथा नीच जीव के रूप में पैदा होता है। इसका प्रायश्चित सर्दी में पन्द्रह दिन तक बिना ओढ़े बिछाए खुले आकाश में नीचे सोना है। यह साधक को जान लेना चाहिए।

गीला कपड़ा पहनकर मेरी पूजा करने वाला पांच सौ वर्षों तक कीट योनि पाता है। 'चान्द्रायण व्रत' ही इसका सच्चा प्रायश्चित है।

रीति विरुद्ध मेरा स्पर्श करने वाला व्यक्ति मेरा प्रिय पात्र कभी नहीं होता तथा उसके द्वारा अर्पित पदार्थ मुझे स्वीकार नहीं होता, इन आचारों के व्यतिक्रम का प्रायश्चित्त यह है कि उपासक पूर्व की ओर मुख करके बैठे। दोनों चरणों, दोनों हाथों को तीन बार मिट्टी मलकर धोए, इसी प्रकार फिर एकाग्रचित होकर प्राणायाम पूर्वक मेरा ध्यान करें। ध्यान करते हुए तीन-तीन बार सिर, कान, नाक का स्पर्श करें, ऐसा करने से उसके पाप का प्रायश्चित हो जाता है।

मनमाने ढंग से मेरी उपासना करने वाला पांच सौ वर्षों तक कृमि योनि में रहता है। इसका प्रायश्चित महासंतापन या तप्तकृच्छ व्रत है।

क्रोधित होकर रीति-नियम के विरुद्ध मेरी पूजा करने वाला व्यक्ति बाज, मेंढक, चकवा आदि बनता है और घोर कष्ट पाता है। इस तरह जब भगवान् से यह सब कुछ सुन रही थी तो वहीं पर भगवान् आ गए और पृथ्वी के मन में सारी उत्सुकता जान कर उसकी प्रशंसा करने लगे।

वसुन्धरा की प्रशंसा करने के बाद उन्होंने वह सारा तत्त्वज्ञान जानना चाहा तो पृथ्वी ने भगवान् से सुना था। उसके बाद वे दोनों मिलकर भगवान् द्वारा कहे अन्य प्रसंगों को सुनने लगे।

भगवान् ने कहा कि अब मैं सबके लिए आसान प्रायश्चित के विषय में बताता हूं। यदि कोई सामान्य दोष हो तो उसकी परिधि से मुक्ति के लिए एक महीने तक एक बार चौथे प्रहर में खीर का भोजन, सात बार वीरासन करने से मुक्ति मिल जाती है। सेवा और पूजा के अन्य रूप भी हैं।

लाल वस्त्र पहनकर पूजा करने से सत्रह दिनों में एक बार भोजन, तीन दिन वायु से और एक दिन केवल जल से पवित्र हुआ जाता है।

अंधकार में पंद्रह दिनों तक आंख बंद करके, बीस दिनों तक एक बार ही भोजन करके, किसी द्वादशी को व्रत रखकर पाप-मुक्ति होती है।

काले या अशुद्ध वस्त्रों में मेरी पूजा में पाप लगता है। यदि कभी ऐसा हो जाए तो सात दिन तक जौ की रोटी, लपसी, तीन दिनों तक सत्तू, फिर तीन दिन तक तिल, पत्ते खाने से मुक्ति मिलती है।

इसके बाद पृथ्वी के पूछने पर भगवान् वराह ने बताया कि योगी साधकों को भी यही समझ में नहीं आता कि श्मशान भूमि का महत्त्व इतना क्यों है? भगवान् महादेव ने जब त्रिपुरासुर का वध किया तो उस प्रक्रिया में अनेक स्त्री, बच्चों की हत्या हो गई। इससे उनके मन में अत्यन्त ग्लानि हुई और वे जैसे ज्ञान-रहित हो गये। तब मैंने उन्हें वास्तविकता से परिचित कराया और अपनी दिव्यदृष्टि से लाभान्वित किया। किन्तु ज्ञान होने के बाद भी उन्हें अपने कर्म पर पश्चात्ताप रहा। फिर मैंने उनसे कहा कि तुम कपालों की माला डालकर समस्त क्षेत्रों में रहो अर्थात् रक्त-मज्जा वाले क्षेत्र में रहो। वहां जाकर मनुष्य को अधिक विरक्ति का भाव आ जाता है इसलिए भगवान् रुद्र श्मशान निवासी बनें।

मैंने शिवजी को यह भी कहा कि एक सहस्र वर्षों तक ऐसे रहकर फिर गौतम मुनि के आश्रम में आना। वहां आकर यह कपाल माला छूट जायेगी।

मैंने इन्हीं कारणों से श्मशान को अशुद्ध बताया है। श्मशान से आकार बिना शुद्ध हुए को प्रायश्चित करना होता है।

1. पन्द्रह दिन तक चौथे भाग में एक बार भोजन।

2. रात्रि में एक वस्त्र का धारण।

3. कुशा के बिस्तर पर खुले आकाश में शयन।

4. प्रातःकाल पंचगव्य से आत्म-शुद्धि।

उपर्युक्त विधान से पाप-मुक्ति होती है। इस तरह अन्य कई दोष होते हैं, जिससे प्रायश्चित करने पर मुक्ति हो जाती है।

इसके उपरांत पृथ्वी ने कुछ महत्त्वपूर्ण पवित्र स्थलों के विषय में जानना चाहा तो भगवान् ने बताया कि सभी तीर्थ एक समान पवित्र हैं। फिर भी वरहा क्षेत्र अधिक फल-प्रदाता है क्योंकि इस क्षेत्र में मैंने तुम्हें जल से बाहर निकालकर तुम्हारा उद्धार किया था।

इस क्षेत्र में चक्र तीर्थ का महत्त्व सर्वाधिक है। यहां पर तप करने वाली तपस्वी ग्यारह हजार वर्षों तक उच्च कुल में जन्म पाता है। इसी क्षेत्र में चन्द्रमा ने भी तपस्या की थी। मैंने उसे यहीं पर रहने का वरदान दिया। यहीं रहकर उसने सोम-प्रदाता होने का रूप प्राप्त करके 'औषधीश' की पदवी पायी थी। इससे उसे कांति और यश की प्राप्ति हुई थी। सोम तीर्थ नाम से यह पवित्र स्थल उसी के कारण प्रसिद्ध है। यह स्थल ऐसा है कि चन्द्र दिखाई नहीं देता किन्तु उसकी कांति सब ओर फैली है और उससे सारी औषधियां हरी-भरी और शक्तिदायक बनी रहती हैं। जब द्वादशी को चन्द्रास्त हो जाता है, तब भी यहां पर उसकी कांति बनी रहती है और यहां पर पशु भी यदि शरीर त्यागे तो मानव-जन्म पाता है।

इसके उपरान्त भगवान् ने पशु से मनुष्य योनि पाने के विषय में एक कथा सुनाई।

त्रेता युग की बात है कि एक धर्मात्मा तथा तपोनिष्ठ राजा काम्पिल्य में राज्य करता था। कालान्तर में उसे सर्व गुण सम्पन्न एवं सर्वलक्षण-युक्त एक पुत्र की प्राप्ति हुई, जिसे सोमदत्त नाम दिया गया। एक दिन वह शिकार के लिए एक ऐसे भयानक बीहड़ वन में जा पहुंचा, जो इस वराह क्षेत्र् के निकट ही पड़ता था। राजकुमार ने मृग के भ्रम में एक श्रृंगाली पर तीर चला दिया। तीर से आहत वह श्रृंगाली व्याकुल होकर इधर-उधर भटकती हुई इस वराह क्षेत्र में आकर एक शाखोट वृक्ष के नीचे गिर पड़ी और मृत्यु को प्राप्त हुई। इस तीर्थ में प्राण-त्याग करने से ही वह श्रृंगाली दूसरे जन्म में कांची-नरेश के घर सुन्दरी श्यामा

कुमारी के रूप में जन्मी। उसी क्षेत्र में एक 'गृधवट' भी था। राजकुमार सोमदत्त श्रृगालों पर शरसंधान करके उसी वट के निकट जा पहुंचा। उस वृक्ष पर उस समय निष्काम भाव से एक विशाल गिद्ध बैठा हुआ था। राजकुमार ने यह सोचकर कि इस गिद्ध के पंखों के सुन्दर शर बन सकते हैं। उसे भी तीर से मार डाला और उसके पंख काटकर वहां से चला गया। वही गिद्ध कालान्तर में कलिंगराज के घर राजकुमार के रूप में जन्मा। कांची नरेश और कलिंग नरेश की घनिष्ठता के कारण उन दोनों (राजकुमारों और राजकुमारी) का विवाह भी हो गया। दोनों का दाम्पत्य जीवन परम आनन्द के साथ बीतने लगा। अन्तःपुर और प्रसाद में राजकुमार और राजकुमारी सुखपूर्वक जीवन व्यतीत करते हुए अपने नन्दन कानन जैसे सुन्दर उद्यानों में विचरते रहते। एक दिन जब वे इसी प्रकार विचर रहे थे तो राजकुमारी ने राजकुमार को वचनबद्ध कर यह अभिलाषा प्रकट की, प्राणेश! आप ऐसी व्यवस्था कर दीजिए कि मध्याह्न में मुझे शयन करते हुए कोई न देखे। राजकुमार ने वैसे ही व्यवस्था कर दी।

समय बलवान होता है, उससे कलिंग राजा भी बच न सका। अतः उसके पश्चात् राजकुमार को ही राज्यत्व प्राप्त हुआ और अपने पिता द्वारा उपदिष्ट राजधर्म के अनुरूप वह सुशासन करने लगा। इस प्रकार सत्तर वर्ष व्यतीत हो गए। तब एक दिन अकस्मात् राजा के मन में कुछ शंका, कुछ संशय तथा कुछ जिज्ञासा ने जन्म लिया और वह यह जानने को उत्सुक हो गया कि अन्ततः रानी एकान्त में करती क्या है! यह जिज्ञासा इतनी प्रबल हो गई कि वह उस स्थान पर ही जा पहुंचा जहां रानी एकान्त में शयन करती थी। वहां पहुंचकर उन्होंने एक विचित्र दृश्य देखा। रानी पर्यंक के निकट भूमि पर आसीन तपस्या कर रही थी। वह सिर की वेदना से व्याकुल होकर इस प्रकार कहती हुई रुदन कर रही थी कि हाय! पूर्वजन्म में कौन-सा पाप मुझ अभागिन से हुआ, जो यह भयानक वेदना खाए जा रही है। इसके विषय में मेरे पति को भी कुछ ज्ञात नहीं। वे मुझे प्रसन्नचित समझकर स्वयं भी आनन्द मना रहे हैं और इधर मैं अनाथ-सी हो रही हूं। राजा ने यह सुना तो द्रवित होकर अन्दर चला आया और उसने रानी को पकड़कर उससे पूछा, सुन्दरी! तुम इस प्रकार आर्त और कातर क्यों हो रही हो? तुम्हारी वेदना का उपचार तो अष्टांगनिपुण वैद्य शीघ्र

हा कर सकते हैं। रानी ने कहा, नहीं, प्राणनाथ! यह सामान्य पीड़ा नहीं है। इसका कोई उपचार नहीं है। आप मुझे यूं ही रहने दीजिये। इस विषय में अधिक पूछकर आप केवल मुझे ही अधिक दुःखी नहीं करेंगे, स्वयं भी कष्ट पाएंगे। अतः आपको इससे कोई प्रयोजन नहीं रखना चाहिए।

राजा ने कहा, शुभे! यह तुम क्या कह रही हो? पत्नी के लिए तो पति ही सब कुछ है। उससे कोई भी बात गोपनीय नहीं रखनी चाहिए। इससे महान् पातक लगता है।

रानी बोली, यदि आप इस रहस्य को जानना ही चाहते हो तो मैं आपके साथ 'शूकर क्षेत्र' में पहुंचकर ही इस रहस्य का उद्घाटन कर सकती हूं। आप ज्येष्ठ राजकुमार को राज्य सौंपकर वहीं चलिए।

रानी की बात मानकर राजा ने मंत्रियों आदि से इस संबंध में विचार-विमर्श किया। उन्हें भी राजा का यह प्रस्ताव सुन्दर लगा, अतः राजकुमार का अभिषेक करके और उसे नाना प्रकार से समझाने-बुझाने के रूप में उपदेश देकर राजा रानी सहित 'शूकर क्षेत्र' को चल पड़े। उसके साथ अनेक अन्य नागरिक तथा परिवार की रानियां-दासियां भी चल पड़ीं। कई दिनों की यात्रा के उपरांत वह दल शूकर क्षेत्र में पहुंचा। वहां कई दिनों तक पवित्र कर्मानुष्ठान, यज्ञ-यजन, स्नान तथा पूजन आदि चलता रहा। अन्त में एक दिन राजा ने रानी से पुनः कहा, सौभाग्यशालिनी आज मेरे जीवन के सहस्र वर्ष पूर्ण हो चुके हैं। अब तो उस गोपनीय रहस्य का उद्घाटन कर ही दो।

रानी ने अपने पति के चरण पकड़कर कहा, प्राणवल्लभ! जहां आपने प्रतीक्षा की है, वहां इस दासी पर इतनी कृपा और करें कि तीन दिन उपवास धारण करने के उपरांत ही इस रहस्य को सुनें।

तीन दिन उपवास कर लेने के पश्चात् वे दोनों एकांत स्थल पर गए। वहां रानी ने अपने पूर्वजन्म का सम्पूर्ण वृत्तांत उसे सुनाते हुए बतलाया कि तीर का घाव अब भी उसे मर्मान्तक पीड़ा पहुंचाता रहता है। इस वृत्तांत को सुनकर राजा को भी अपूर्व जीवन स्मरण हो आया और उसने भी रानी को सब कुछ बतला दिया।

अन्य जन भी इस वृत्तांत को जान गए तथा सभी कामनारहित होकर वहीं मेरी पूजा-उपासना में लग गए, फलस्वरूप वे सभी शंख चक्रादि आयुधारी चतुर्भुज बनकर श्वेतद्वीप में पहुंचे।

एक शूकर क्षेत्र (वराह क्षेत्र) के निकट ही एक 'आखेटक तीर्थ' भी है। इस तीर्थ के दर्शन आदि से प्राणी नन्दनवन में जाकर ग्यारह सहस्र वर्षों तक आनन्द-भोगा करता है।

शूकर क्षेत्र के अन्तर्गत की 'गृधवट' नामक तीर्थ में स्नान-तर्पण आदि। करने वाले को नौ हजार नौ सौ वर्षों तक इन्द्रलोक का भोग मिलता है और अन्त में वह मेरा भक्त बनकर मेरे लोक में वास पाता है।

इन तीर्थों पर जाकर दर्शन का, यहां स्नान तथा पूजन आदि का सुयोग पूर्वजन्मों के महाकर्मों का परिणाम ही होता है। यहां के वैवस्वत तीर्थ में स्वयं सूर्यदेव ने सहस्रों वर्षों तक तपस्या करके परम फल प्राप्त किया था। यहां पर तपस्या करने के परिणामस्वरूप ही उन्हें 'यम' और यमी' जैसी संतानें मिली थीं। इस तीर्थ की यात्रा करने वाले को यमलोक की यातना नहीं भोगनी पड़ती।

पृथ्वी ने कहा, भगवान्! आपकी अमृत वाणी से मेरा रोम-रोम तथा अन्त: करण धन्य एवं पावन हो गया है। अब मैं यह जानना चाहती हूं कि श्रृंगाली और गिद्ध के अतिरिक्त क्या कोई अन्य प्राणी भी वहां किसी पवित्र तीर्थ में प्राण त्याग कर मानव योनि को प्राप्त हुआ है? साथ ही यह जानने की मेरी बड़ी अभिलाषा है कि आपके मन्दिरादि के अनुलेपन तथा मंदिर में भजन-कीर्तन आदि का क्या माहात्म्य है?

भगवान् बोले, देवी! तुम बड़ी पुण्यात्मा हो, जो इस प्रकार के वचन कह रही हो, अतः मैं तुम्हें इस विषय में एक और परमपावन एवं सर्व दुःख निवारक प्रसंग सुनाता हूं। यह प्रसंग केवल सुपात्र ब्राह्मणों तथा सद्वृत्तियों के प्रति ही कहने अथवा एकान्त में पाठ करने योग्य है। इससे कई पूर्वोत्तर पीढ़ियों का उद्धार हो जाता है।

प्राचीन काल में शूकर क्षेत्र में एक खंजन पक्षी रहता था। वह कीट आदि का भक्षण करके अपना जीवन-यापन करता था। कालगति से प्रभावित होकर उसने एक दिवस कुछ अधिक कीट खा लिये, जिससे वह अजीर्णग्रस्त होकर आकण्ठ-प्राण हो गया तथा

छटपटाता हुआ भूमि पर गिर पड़ा। उसी समय कुछ बालक खेलते हुए उधर जा निकले। बाल स्वभाव उस पक्षी को देखकर सभी उस पर अपना स्वामित्व प्रकट करते हुए आपस में झगड़ने लगे। इसी मध्य एक चंचल बालक ने उस पक्षी को उठाकर गंगाजल में फेंक दिया और बोला, लो, यह पक्षी तुम्हारा ही है, मेरा नहीं। जिस स्थल पर उस मृत पक्षी का शरीर प्राप्त हुआ वह सूर्य तीर्थ था अतः अगले जन्म में वह मानव योनि प्राप्त कर एक धनी और सम्मानित वैश्य गृह में उत्पन्न हुआ। इस वैश्य पर लक्ष्मी की असीम कृपा थी वह धार्मिक वृत्ति का भगवद् भक्त भी था। उस पुत्र को पाकर वह वैश्य और भी आनन्दित हो उठा तथा भगवान् के प्रति कृतज्ञता भाव से भर गया। नवजात शिशु पितृ-मातृ स्नेह की छाया में द्वितीया के चंद्र के समान रूप-गुण में उत्तरोत्तर बढ़ने लगा। उसे देखकर माता-पिता का हृदय कुमुदवत् खिल जाता था।

इस प्रकार बारह वर्ष व्यतीत हो गए। तभी एक दिन वह बालक अपने माता-पिता की चरणवन्दना करता हुआ बोला, पूज्य तात, स्नेहमयी मात! यदि आपको मेरा हित करना है तो आप कृपापूर्वक मुझे एक वरदान दीजिए।

पुत्र के वचन सुनकर माता-पिता को अत्यधिक विस्मय हुआ और उसे सम्बोधित करते हुए पिता ने कहा, मेरा सर्वस्व तुम्हारा है। सहस्रों धेनुएं, विस्तृत क्षेत्र, जोतने के लिए आठ वृषभों द्वारा खींचे जाने वाले सौ हल, धन-सम्पत्ति आदि सब पर तुम्हारा ही तो अधिकार है। पुत्र! यदि इस वय में तुम्हारी विवाह करने की इच्छा है, तो शास्त्रसम्मत विधि से किसी सुशील सुकन्या से तुम्हारा विवाह भी किया जा सकता है। इस सबके अतिरिक्त तुम्हें कैसा वरदान चाहिए?

पुत्र ने उत्तर दिया, पिताजी! भौतिक पदार्थों में मेरी कोई रुचि नहीं। न मैं गोदान या ब्राह्मण-भोज आदि में ही रुचि रखता हूं। मेरी तो केवल भगवान् श्री हरि के श्री चरणों में श्रद्धा है, उनकी भक्ति के लिए ही मैं शूकर क्षेत्र को जाना चाहता हूं। यूं तो वैश्य दम्पति भगवत्-भक्त थे किन्तु उस पुत्र-मोह ने उन्हें व्याकुल कर दिया, अंत: माता उसे समझाती हुई कहने लगी, पुत्र! तुम्हें मैंने कितने कष्ट से पाला है। तुम्हें किसी प्रकार का दुःख या कष्ट भी नहीं होने दिया है। फिर भी तुम्हें यह वैराग्य क्यों उत्पन्न हुआ है? मैं तुम्हारी जननी हूं।

तुम्हारे बिना मैं और मेरे बिना तुम कैसे रहोगे? अभी तुम्हारी वय ही क्या है? रात्रि को भी तुम 'मां-मां' पुकार उठते हो, फिर भला तुम अकेले शूकर क्षेत्र में कैसे रह सकोगे।

बालक ने कहा, मां! यह सब माया मोह है। कोई किसी का न तो पिता 'है, न माता है और न ही पुत्र है। जीव अनेक बार जन्मता और मृत्यु को प्राप्त होता है। इस जन्म-मरण के बन्धन में पड़ा वह कई बार माता-पिता आदि बनता है, फिर कौन किसका क्या है, यह कैसे कहा जाए? चिरन्तन सत्य तो एकमात्र भगवान् ही हैं। मैं शूकर क्षेत्र में उन्हीं की आराधना में लीन हो जाना चाहता हूं। यदि आप मुझे वहां ले चलें तो वहां में आपको एक अन्य गोपनीय रहस्य भी बतलाऊंगा।

पुत्र की ज्ञानपूर्ण बातें सुनकर माता-पिता विस्मित हुए बिना न रह सके और उन्होंने पुत्र के साथ शूकर क्षेत्र में जाने का निश्चय कर लिया। यज्ञ-यजन हेतु सहस्रों गायों, धन-रत्न आदि तथा अनेक साथियों सहित वे उस पावन क्षेत्र की ओर चल पड़े। गोदान करते और पावन कर्म से पूत होते हुए वे कई महीनों की यात्रा के पश्चात् अन्त में अपने गन्तव्य पर पहुंच गये। जिस दिन वे वहां पहुंचे वह वैशाख मास की द्वादशी तिथि थी। उस पवित्र तीर्थ में पहुंचकर उन्होंने निष्ठापूर्वक स्नान, धर्मानुष्ठान, गोदान करते हुए ग्रीष्म ऋतु व्यतीत की। पावस ऋतु आने पर भी वे धर्माचरण में ही रत रहे। तदुपरान्त कार्तिक मास की द्वादशी भी आ पहुंची। तब पिता ने पुत्र से कहा, वत्स! हमें इस क्षेत्र में आए हुए छः मास व्यतीत हो गए हैं, किन्तु तुमने अभी तक वह गोपनीय रहस्य नहीं बतलाया।

पुत्र ने सहजभाव से उत्तर दिया, तात यह विषय अति पावन एवं गुह्यतम है। आज के दिन धर्मानुष्ठान कर, कल मैं आपको इस संबंध में सब कुछ बतला दूंगा।

दूसरे दिन जब रविमण्ड का आलोक धरा को नहलाने लगा, द्विजगण मंगलगान गाने लगे, तभी पवित्र जल में स्नान करके तथा भगवान् विष्णु (मेरी) चतुर्भुज प्रतिमा को श्रद्धावनत प्रणाम करके उस पुत्र ने पिता को अपने पूर्वजन्म में खंजन पक्षी होने का संपूर्ण वृत्तांत कह सुनाया। उस पावन प्रसंग को सुनकर उस वैश्य ने सपत्नी अपना शेष जीवन वहीं व्यतीत कर दिया तथा अब नश्वर शरीर छूटा तो उस धर्म-स्थल के प्रभाव से वे श्वेतद्वीप में प्रवेश पाने के अधिकारी बने। उनके साथ के अन्य लोगों को भी तीर्थ के पुण्य प्रताप से

सुखभाग आर अन्त म श्वतद्वाप का प्राप्ति हुइ। उनक साथ हा उनक पशु भा उस याान स मुक्त होकर उत्तम योनियों में जन्मे।

हे देवी वसुन्धरे! अब मैं तुम्हारे दूसरे प्रश्न का उत्तर देता हूं, तुम ध्यान से सुनो। मेरे मंदिर को गोमय से लीपने वाला व्यक्ति इस कार्य में जितने पगों की दूरी पार करता है, उतने ही सहस्र वर्षों तक वह दिव्य लोक में रहता है। बारह वर्षों तक ऐसा करने वाला साधक सदा सम्पन्नता, कुलीनता एवं सुख-सौभाग्य भोगता हुआ अन्त में कुशद्वीप का अधिकारी बनता है। वहां वह दस सहस्र वर्षों तक रहता है। इसी प्रकार मेरे अन्तर्गृह को स्वयं लीपने वाला अथवा उपयुक्त पारिश्रमिक देकर दूसरे से लेपन करवाने वाला भी निःसंशय ही मेरे लोक में आता है। इसी भांति जो व्यक्ति जितनी दूरी चलकर लेपन हेतु गोबर लाता है, पगों की संख्यानुसार उतने वर्षों तक उसे स्वर्ग में सुखभोग की प्राप्ति होती हैं। पुनः शाल्मलिद्वीप में बारह वर्ष सहस्र वर्ष वास करके भारतवर्ष में जन्म लेता तथा नृपत्व का अधिकारी बनता है। वह लोक में पूज्य एवं मान्य होता है। उसके पश्चात् पुनः मानव योनि में जन्म लेकर अपने पुराने संस्कारों के वशीभूत होकर मेरे मंदिर आदि के लेपन में प्रवृत्त होता है और फलतः अन्त में मेरे लोक में पहुंचता है। गो-स्नान, मंदिर लेपन आदि के लिए जल लाने वाला, मन्दिर में मार्जन कर्म करने वाला (झाड़ू लगाने वाला) तथा स्वच्छता का कार्य करने वाला भी क्रमशः क्रौंचद्वीप, शाकद्वीप तथा भारत भूमि में उत्पन्न होकर नाना सुख पाकर अंत में श्वेतद्वीप को प्राप्त करता है। इसके अतिरिक्त मेरा गुण-गान करते हुए जो भजन करता है, वाद्य बजाता है तथा नृत्य करता है, वह भी उत्तम फल को प्राप्त करता है।

पृथ्वी बोली, भगवान्! इस प्रसंग को सोदाहरण और विस्तारपूर्वक सुनने की मेरी इच्छा है। आप सुनाने की कृपा कीजिये।

भगवान् ने कहा, सर्वप्रथम भजन-गायन के विषय में सुनो। वराह क्षेत्र में मेरे मंदिर के निकट ही एक चाण्डाल रहता था। वह भगवद्-भक्त था तथा प्रतिक्षण भजन-गायन में लगा रहता था। उसका नियम था कि वह रात्रि-जागरण करता और उक्त-भाव से मेरे गीत गाता।

एक रात वह वीणा लेकर संगीतालाप करता हुआ मेरे मंदिर की ओर आ रहा था कि मार्ग में एक भूखे ब्रह्मराक्षस ने उसे पकड़ लिया और खाने को तैयार हुआ।

किन्तु उस समय भक्त के हृदय में भजन-गायन की अभिलाषा जागृत हुई, उसने ब्रह्मराक्षस से कहा, हे भाई! मुझे कुछ समय के लिए छोड़ दो, मैं भगवान् के मंदिर में भजन गाने के बाद तुम्हारे पास आ जाऊंगा, तब तुम मुझे खा लेना। इस तरह उसने प्रार्थना की।

तब ब्रह्मराक्षस ने कहा कि मैं इतना मूर्ख नहीं हूं, जो हाथ में आये शिकार को छोड़ दूं और न तुम इतने भोले हो कि मृत्यु के मुंह से बचकर दोबारा उसी में पड़ने के लिए आ जाओ।

इस पर चाण्डाल ने कहा, यह सत्य है कि मैंने मनुष्य की योनि में जन्म लिया है। मेरा विश्वास करो, क्योंकि विश्वास पर ही दुनिया चलती है। विश्वास पर ही यह धरती, सूरज, चांद अपना अस्तित्व बनाए हुए हैं, मेरा विश्वास करो, भगवान् का कीर्तन करके मैं तुम्हारे पास आऊंगा और तुम मुझे अपना भोजन बना लेना।

ब्रह्मराक्षस ने ये बातें सुनकर उसे जाने की अनुमति दे दी। वह भक्त भगवान् के मंदिर में रात भर पद गाता रहा और दिन निकलते ही वह राक्षस के पास जाने लगा। उसी समय एक व्यक्ति ने उससे पूछा, इतनी तेजी से कहां भागे जा रहे हो? उसने कहा, मैं ब्रह्मराक्षस का भोजन बनने जा रहा हूं, अगर मैं नहीं गया तो मुझ पर बहुत पाप लगेगा और मैं असत्य तथा अधर्म का पात्र बनूंगा। उस सज्जन ने कहा, क्या अपनी मौत को खुद गले लगते हो, प्राणी की रक्षा तो प्रथम धर्म है मनुष्य का। वह ब्रह्मराक्षस बड़ा ही विकट है, वह तो लाशों तक को नहीं छोड़ता। मेरी यह प्रार्थना है कि तुम वहां न जाओ किन्तु चाण्डाल नहीं माना और ब्रह्मराक्षस के पास आकर बोला, मैं आहार बनने के लिए प्रस्तुत हूं। मुझे भोग लगाकर इस लोक से दूसरे लोक में भेजने का कष्ट करें।

उसकी इस सत्यनिष्ठा से प्रभावित होकर ब्रह्मराक्षस ने कहा, अपने प्राणों के बदले, जो तुमने रातभर भगवान् का कीर्तन किया, उसका फल मुझे दे दो! मैं तुमको छोड़ दूंगा।

चाण्डाल ने कहा, यह नहीं हो सकता, मुझे खाकर अपनी आत्मा को शान्त करो। परन्तु ब्रह्मराक्षस ने प्यार से कहा, मुझ पर कृपा करो! अपने कीर्तन के एक पद का फल

मुझे देकर मेरे परिवार का उद्धार करो। उसकी बात सुनकर चाण्डाल ने कहा, तुम कौन हो और तुम्हारा कल्याण मेरे हाथों कैसे हो सकता है?

ब्रह्मराक्षस ने कहा, मैं पूर्व जन्म में सोम शर्मा नामक ब्राह्मण था, मैं अनपढ़ और शास्त्रहीन था, फिर भी यजमानी करता था और जनता को मूर्ख बनाता था। एक दिन मैं 'पंचरात्र' नामक यज्ञ कर रहा था, तभी अन्तिम आहुति देने से पहले मेरे उदर में शूल उठा और मैं मृत्यु को प्राप्त हुआ। उन्हीं गलत कर्मों के परिणामस्वरूप मेरी यह दशा हुई। तभी चाण्डाल ने अपने गाने का फल राक्षस को प्रदान किया और फिर वह राक्षस से मुक्त होकर मनुष्य योनि में आ गया, वह सब मेरी भक्ति के एक पद का ही फल था।

मेरी उपासना में वाद्य-वादन करने पर भक्त को कुबेर-गृह में नौ सहस्र नौ सौ वर्ष तक सुख-सौभाग्य मिलता है तथा वहां से मुक्त होकर वह मेरे ही लोक में आता है, महर्षि वसिष्ठ से इसी के प्रभाव से देवताओं से 'शवला धेनु' को प्राप्त किया था।

मेरी भक्ति से प्रेरित होकर, मेरे निकट, मेरे मंदिर या मूर्ति के सामने नृत्य करने वाला अगले जन्म में सम्राट बनता है और फिर उस जन्म में जो मन लगाकर मेरी भक्ति करता है, उसे इस मुक्ति संसार से उठाकर सदा के लिए अमर कर देता हूं।

वह संसार में सब जगह विद्यमान है, प्रातःकाल की शान्ति में सच्चे मन से इसका पाठ करने वाले को निश्चय ही इस संसार में मुक्ति मिलती है। मुझमें आस्था न रखने वाले को कभी भी इस फल की प्राप्ति नहीं होती।

पृथ्वी ने कहा, हे संसार के ज्ञाता, आप कृपा करके यह बतलाइए कि आप किन तीर्थों में सदा विराजमान रहते हो, जिससे कि वहां मनुष्य उत्तम गति की प्राप्ति कर सके।

भगवान् ने कहा, वसुधे ऐसे तीर्थों में कोकामुख प्रमुख है, इसका परिचय मैं पहले ही करा चुका हूं। कोकामुख में मैं सदा विद्यमान रहता हूं। यहां गुप्त रूप से मेरी मूर्ति का निवास है। वहां पर जो मनुष्य जाता है, वह इस माया रूपी संसार के बंधन से छूट जाता है। वहां जलबिन्दु विष्णु धारा पद, चतुर्धारा, अनित्य धेनु वट, कोटि वट तथा पापप्रमोचन आदि उत्तमोत्तम प्रदान करने वाले अनेक मोक्षदायी क्षेत्र हैं। इन तीर्थों का फल कोकामुख सापेक्ष है। इसी के अन्दर बदरी क्षेत्र भी है जहां दष्ट्रांकर विष्णु तीर्थ, सर्वकामिक, मत्सत्य शिला

आदि तीर्थ हैं। यहां पर कौशिका नदी की तीन धाराएं गिरती हैं। इस मत्सत्य शिला में स्नान करते समय यदि मत्सत्य दर्शन भी हो जाए तो उसे भगवान् के प्रत्यक्ष दर्शन ही समझना चाहिए और स्नान के पश्चात् मधु तथा लाज मिश्रित अर्घ्य प्रदान करना चाहिए। इस कोकामुख के दक्षिण की ओर मेरी प्रतिमा रूप के पास शिला चंदन नामक स्थान है। इन सभी स्थानों में पुण्यफल का वर्णन करना सम्भव नहीं, किन्तु यह सत्य है कि इनमें तपस्या, उपासना, स्नान, ध्यान, यज्ञ, यजन तथा केवल विशुद्धभाव से विचरण करने मात्र से सर्व दोषों-पापों से मुक्ति क्या सद्गति की प्राप्ति होती है।

परम पावन कोकामुख के निकट ही हिमालय क्षेत्र में बदरिकाश्रम नामक तीर्थ-स्थल है। वहां पर वे ही सज्जन पहुंच पाते हैं, जिन पर मेरी कृपा होती है। उस भूमि पर पैर रखते ही और वहां पर स्नान करते ही, मानव की मनोकामना पूरी हो जाती है। इसी बदरिकाश्रम में 'ब्रह्म कुण्ड' नामक तीर्थ है। वहां मैं हिम में निवास करता हूं। वहां पर तीन रातें रह कर स्नान एवं उपवास करने वाले को 'अग्निष्टोम' यज्ञ का फल प्राप्त होता है, वही अग्नि 'सत्यपद' नामक तीर्थ-स्थल भी है। वहां 'इंद्रलोक' नामक तीर्थ का भी बड़ा माहात्म्य है। वहां पर रहकर इन्द्र ने तपस्या कर मुझे प्राप्त किया था।

बदरिकाश्रम में 'पंचशिख' नाम का एक ऐसा तीर्थ स्थान भी है, जहां हिमगिरी के पंचश्रृंगों से पांच धाराएं फूटती हैं। इन पांच धाराओं में स्नान करने पर अश्वमेध यज्ञ का फल प्राप्त होता है, अन्य तीर्थों में 'चतुस्स्रोत, वेदधारा, सोमाभिषेक, उर्वश कुण्ड आदि भी हैं। ये सभी श्रेष्ठ तीर्थ अपनी-अपनी महत्ता के लिए विश्व-विश्रुत होने के साथ बहुत ही फलदायी हैं।

देवी वसुन्धरे! इस बदरिकाश्रम में तप करने का अपना ही विशिष्ट फल है। मैंने यहां पर गुप्त रहकर अरबों वर्षों तक तपस्या की थी। उस समय कोई भी देवता, यहां तक कि ब्रह्मा, महेश आदि भी मुझे देख पाने में असमर्थ थे। वह सब मुझे ढूंढ़ने के लिए व्याकुल हो उठे। तब वे दीन भाव से मेरी स्तुति करने लगे, इस पर मैंने प्रसन्न होकर दर्शन दिये और उनका भ्रम दूर किया, यह सम्पूर्ण बदरिकाश्रम ही मेरी प्रतिमा एवं मेरे स्वरूप का प्रतीक

है। यहां तप, स्नान तथा अन्य पावन कर्म करने वाला, जो चाहता है, वही प्राप्त करता है और निष्काम होने पर मेरे विष्णु लोक में पधारता है।

पृथ्वी ने जिज्ञासा प्रकट की, इन तीर्थ-स्थानों की यात्रा बहुत ही कठिन है। पुरुष तो मान लो जा सकता है परन्तु अबला नारी भला वहां तक कैसे पहुंच सकती है? कृपा करके नारी जाति के लिए भी सुकर उपासना-धर्म का बोध कराइए।

भगवान् ने उत्तर दिया, देवी! सब कुछ मुझ समर्पित करके, शुद्ध मन से मेरी उपासना करने से संन्यास योग द्वारा भी सहज सिद्धि की प्राप्ति हो जाती है। यह कर्म नारी जाति के लिए भी कठिन नहीं है।

स्त्री को शुद्ध मन से मेरी भक्ति करनी चाहिए, ऋतुकाल आने पर उसे निराहार रहकर चौथे दिन सिर से स्नान कर, धवल वस्त्र धारण करने चाहिए। फिर घर में अन्न को मेरा प्रसाद समझकर ग्रहण करना चाहिए। उसे अपनी इन्द्रियों पर नियंत्रण तथा संयम रखना भी आवश्यक है। संन्यास योग से यह सब सम्भव है क्योंकि वह मोहपाश को काट डालता है, नारी ही नहीं पुरुष और नपुंसक तक भवसागर से तर जाते हैं।

श्री वराह भगवान् बोले, पुण्ये! अब मैं तुम्हें विंध्य पर्वत की तलहटी में बने पवित्र स्थल 'मन्दार' के विषय में कुछ बतलाता हूं। इस मन्दार पर त्रेता युग में 'राम' के रूप से अवतरित होऊंगा। इस क्षेत्र का महत्त्व इसलिए अधिक है कि मैंने वहां खिले पुष्पों को अपने सीने से लगाया था, तब से मुझे उस स्थान से विशेष प्रेम हो गया। वहां एक मन्दार वृष भी है जिसकी छाया में मैं निवास करता हूं! वह वृक्ष द्वादशी और चतुर्दशी को पुष्पित और सबको दृष्टिगोचर होता है परन्तु अन्य तिथियों को कोई देख नहीं पाता। उस स्थान पर जाकर उक्त वृक्ष का दर्शन करने से परमगति की प्राप्ति होती है।

अन्य तीर्थों में 'प्रापण' तथा 'बैकुण्ठ कारण' आदि तीर्थ भी उल्लेखनीय हैं, इनमें वैकुण्ठ में हल्दी के समान पीले वर्ण की एक जल धारा भी प्रवाहित होती है, जिसमें स्नान करने से सब पाप मिट जाते हैं और स्वर्ग की प्राप्ति है तथा कोटर संस्थित अभीरक आदि स्थल भी हैं, जो अमित फल देने हैं।

मरु पवत पर 'स्यमन्तक' नामक स्थान पर म सदा वास करता हू। यह 'स्यमन्तक' मंदर के अन्तर्गत है। विन्ध्याचल के दक्षिण दिशा में चक्र, वाम भाग में गदा तथा अग्र भाग में शंख, मूसल और हल विराजमान रहता है, इस रहस्य को जानना बड़े ही सौभाग्य की बात है, जो सज्जन भक्ति भाव से आता है, वह ही इसे जान पाता है।

हे देवी! अब मैं कुछ अन्य तीर्थों का भी वर्णन कर देता हूं जिससे तुम उसका महत्त्व जान सको, इनमें से एक शालिग्राम है। पूर्व युग में यहां शूरसेन नामक एक यदुवंशी राजा हुए थे। उनके पुत्र का नाम वसुदेव था, जिनकी भार्या देवकी नाम से प्रसिद्ध थी। आने वाले समय में वसुदेव और देवकी के पुत्र के रूप में अवतार ग्रहण कर दुष्टों का नाश करूंगा। उस समय मैं 'वसुदेव' नाम से प्रसिद्ध होऊंगा, उसी पूर्व युग की बात है कि सालद्वायन नामक एक अति यशस्वी, मनस्वी एवं मेरे परम-अनुरागी ऋषि थे। वह सदा मेरी भक्ति में लीन रहते थे। उन्होंने मेरुगिरी शिखर, पिण्डारक और (कुमांऊ का लोहाघाट) क्षेत्र में पुत्रैषणा से कठोर तप किया, इतना कठोर तप करने के बाद भी वह मुझे देख नहीं पाये। मैं शालिग्राम के रूप में विराजमान था और अब भी उसी रूप में वहां रहता हूं। उसी समय भगवान् शिवशंकर भी वहां शिला के रूप में उपस्थित हो गए। यही कारण है कि शिव-शिलाओं से युक्त वह क्षेत्र 'सोमेश्वर' कहा जाता है। इन क्षेत्रों में कुछ शिलाएं 'चकनाभा' हैं, जो मेरी प्रतीक हैं और कुछ अन्य 'शिवनाभाग' भी हैं जिनसे मुक्त होने के लिए घोर तप किया था। इससे शिव उनकी भक्ति से बहुत प्रसन्न हुए और उन्होंने वह वरदान पाया। उस समय सोम (चन्द्र) ने भगवान् शंकर से वरदान मांगा था। हे आशुतोष! वरदायक भगवान्! आप मेरे इस 'सोमलिंग' में सदा वास किया कीजिए। भगवान् शंकर ने कहा, मैं अब इस स्थान पर विशेष रूप से विराजमान होऊंगा, क्योंकि सालद्वायन मुनि को वर देने वाले भगवान् विष्णु भी यहां वास करते हैं। तुम्हारे तप के कारण भी यह स्थान सोमेश्वर लिंग के नाम से प्रसिद्ध हो गया, इसका विशेष माहात्म्य होगा। हे सोम! किसी समय में रेवा ने भी मेरे जैसे पुत्र पाने की इच्छा से मेरी तपस्या की थी। तब मैंने वरदान दिया था कि मैं गणपति सहित लिगरन्प में तुम्हारे गर्भ में तीर्थ में वाम करूंगा। तब यह यहीं रहने लगी और मैं इसके (गर्भ) तलहटी में वास करता रहा हूं। इसी प्रकार गण्डकी ने भी भगवान्

विष्णु को प्रसन्न करके उन्हें अपने पुत्र के रूप में प्राप्त करने का वरदान मांगा था। कालान्तर में यही 'कार्मिक तीर्थ' कहलाया। इसका बहुत माहात्म्य बतलाया गया है।

पृथ्वी ने जिज्ञासा प्रकट की, भगवान्! त्रिवेणी-संगम में गंगा, यमुना और सरस्वती के मिलन केन्द्र प्रयाग को कहा जाता है, इनमें स्नान करने से सभी पापों का अन्त और मुक्ति प्राप्त होती है।

पृथ्वी ने पुनः पूछा, भगवान्! इन तीर्थों के अतिरिक्त अन्य जो भी तीर्थ आपको प्रिय हों, उसको भी बताने की कृपा करें।

भगवान् ने कहा, देवी! अब मैं तुम्हें लोहर्गल, मथुरा, अक्रूर, वृन्दावन तथा यमुना आदि तीर्थों तथा उनके माहात्म्य के विषय में बतलाता हूं, तुम श्रद्धापूर्वक सुनो।

'लोहर्गल तीर्थ' 'सिद्धस्ट' से तीस योजन की दूरी पर स्थित म्लेच्छों के देश के मध्य, दक्षिण भाग पर हिमालय पर स्थित है। यहां पर मेरी एक स्वर्ण प्रतिमा है। एक बार दानवों ने मिलकर यहीं मुझ पर आक्रमण किया था और मैंने अपने सुदर्शन चक्र से उनका संहार करके इस क्षेत्र में देवी को प्रतिष्ठित किया तथा इसे 'लोहर्गल' नाम दिया था।

लोहर्गल तीर्थ के उत्तर में मैं प्रत्यक्ष वास करता हूं। इसी क्षेत्र में मैंने एक बार एक शंख ध्वज की रचना की थी। उसे सब प्रकार से अलंकृत करके और स्वयं आयुध धारण करके मैं श्वेत द्वीप पहुंचा। उस समय वहां कुरु वंशी रहते थे। मैंने उन सबको और आकाश में रहने वालों को नीचे फेंक दिया, किन्तु वह अश्व फिर भी आकाश में बना रहा। तभी से अश्व पर स्वर्ग यात्रा सम्भव हो गयी। इस क्षेत्र में पंचसार, नारदकुण्ड, उमाकुण्ड, वसिष्ठकुण्ड, पंचकुण्ड, सप्तर्षिकुण्ड, अग्निसार कुण्ड, ब्रह्म कुण्ड आदि अनेक महत्त्वपूर्ण तीर्थ हैं। 'लोहर्गल' के इन पावन तीर्थों में जो श्रद्धापूर्वक धर्म-कर्म करता है, उसे परम सिद्धि की प्राप्ति होती है। मैंने तुम्हारी भक्ति और श्रद्धा को देखकर ही यह वृत्तांत तुम्हारे प्रति कहा है। यह आख्यान परम पवित्र है। 'लोहर्गल' का वृत्तांत सुनने के उपरांत भगवान् ने कहा, अब मैं उसका वर्णन कर रहा हूं जो मुझे तीनों लोकों में सर्वाधिक प्रिय है, वह 'मथुरा तीर्थ' के नाम से प्रसिद्ध है। यहां पर मैंने कृष्ण का अवतार लिया अतः इसका माहात्म्य नैमिषारण्य, प्रयाग, पुष्कर उज्जैन तथा काशी से भी बढ़कर है। माघ मास के उत्तर पर्वों पर

प्रयाग म स्नान करन पुण्य हाता ह, वह मथुरा म एक हा दिन क निवास स प्राप्त हा जाता है। वाराणसी में एक सहस्र वर्ष मास का फल मथुरा में एक कृषण के ही वास से मिल जाता है। इसी प्रकार अन्य तीर्थों की तुलना में भी इसका माहात्म्य बढ़कर है। मथुरा में श्री हरि का वास होने से यहां सभी तीर्थों का वास समझना चाहिए। यहीं पर मैं कृष्ण के रूप से अवतार ग्रहण करूंगा तथा उस समय कंस, जरासंध आदि दुष्ट आत्मा मेरे हाथों मारे जाएंगे।

इस मथुरा पुरी में 'विश्रान्ति' और बिन्दुक' नामक प्रसिद्ध तीर्थ हैं। इससे सम्बन्धित एक परम प्राचीन आख्यान इस प्रकार है। प्राचीन समय में 'काम्पिल्य' नामक एक नापित (नाई) भी रहता था। कुछ काल वहां ब्राह्मणोचित कर्म, यमुना-स्नान तथा पूजा-पाठ आदि करते हुए वह मृत्यु को प्राप्त हुआ। वह पुण्य तीर्थ के प्रभाव से वह उत्तम ब्राह्मण योनि में उत्पन्न हुआ।

नैमिषारण्य में एक दुष्ट निषाद रहता था। एक दिन वह मथुरा आया उस दिन चतुर्दशी थी। उस निषाद के मन में यमुना-स्नान की इच्छा जागृत हुई वह वहां बाहर न निकल सका और मृत्यु को प्राप्त हो गया। दूसरे जन्म में वह क्षत्रिय वंशी राजा बना। इसका नाम यक्ष्मधनु था तथा उसका राज्य सौराष्ट्र प्रदेश था। वह क्षत्रिय धर्म का आचरण करता हुआ कर्म प्रजापालन में रत हुआ। उसका विवाह प्रसिद्ध प्रतापी काशी नरेश की सुन्दर कन्या पीवरी से हुआ था। उसकी अन्य रानियां भी थीं, किन्तु वह पीवरी को ही सर्वाधिक चाहता था। उसके सात पुत्र और पांच कन्याएं थीं। उसने सत्तर वर्षों तक शासन किया। तभी उसे एक दिन मथुरा की स्मृति आई उसके मुख से 'हा-हा' शब्द निकल पड़ा। यह शब्द सुन पास ही शयन कर रही रानी ने पूछा, तो उन्होंने इसका कारण बताया कि निद्रा में मुख से अनायास ही ये शब्द निकल पड़े। किन्तु पीवरी को इस पर विश्वास न हुआ और वह बराबर इस विषय पर चर्चा करने लगी। अन्त में हारकर राजा ने कहा, 'मैं मथुरा पुरी चलकर इस संबंध में कुछ बतला सकता हूं। यदि तुम्हारी उत्सुकता हो तो राजकुमार को राज्य सौंपकर वही चलना चाहिए। विद्या ही सच्ची आंख है, धर्म ही सच्चा बल है, त्याग सबसे बड़ा सुख और राग सबसे बड़ा दुःख है। अतः सब महामाया को त्यागकर मथुरा

चलना चाहिए। संसार के सुख-संग्रह की अपेक्षा सर्वस्व त्याग ही महान् एवं श्रेष्ठ होता है, हमें यह नहीं भूलना चाहिए। तत्पश्चात् मंत्रियों व ज्ञानी लोगों से विचार-विमर्श करके

यक्ष्मधनु ने अपने सबसे बड़े पुत्र को राज्य की गद्दी पर बिठाकर स्वयं और रानी के साथ मथुरा को चला गया। मुग्ध भाव से राजा रानी ने मथुरा में प्रवेश किया और भक्ति भाव से तीर्थ-स्नान और देवी-देवताओं के दर्शन तथा पूजन किये। एक दिन रानी ने राजा से वह रहस्य पूछा, जिसे बताने का वचन दिया था। राजा ने कहा, प्रथम मैं तुम्हारे पूर्व जन्म के विषय में जानना चाहता हूं।

पीवरी ने राजा को बताया, मैं पूर्वजन्म में भी मानवी थी। उस समय मैं गंगा तट पर रहती थी। कार्तिक मास की शुक्ला द्वादशी तिथि को मैं परम पावनी यमुना पार कर रही थी कि धारापत्तन के जल में गिर पड़ी और वहीं मेरे प्राण निकल गये। उसी पवित्र तीर्थ में प्राण त्यागने से मेरा पुनर्जन्म काशी नरेश की राजकुमारी के रूप में हुआ और मुझे आपकी पटरानी बनने का सौभाग्य प्राप्त हुआ।

तब राजा ने भी पूर्व प्रसंग विस्तारपूर्वक सुना दिया। इसके उपरान्त ही वहीं रम गए तथा मृत्यु के पश्चात् सर्व बंधनों से मुक्ति पाकर मेरे लोक में आये।

इस मथुरा पुरी के तीर्थों में 'मधुबन', काम्यकंवन कुन्दवन, विमलकुण्ड, महावन और वृन्दावन आदि बड़े ही पावन एवं पापनाशक क्षेत्र हैं, ये विविध लोकों का सुख-भोग प्रदान कर मोक्ष देने वाले हैं। इसी प्रकार नागतीर्थ, घण्टाभरण तीर्थ, मानस तीर्थ और शिव क्षेत्र का भी विशेष माहात्म्य है। अन्तिम दो तीर्थों का सम्बन्ध शिव और गणेश जी से है।

भगवान् ने कहा, देवी वसुन्धरे! अब तुम अक्रूर तीर्थ का माहात्म्य सुनो। मुझे यह तीर्थ परम प्रिय है तथा अयन, विषुद तथा विष्णुपदी के अवसर पर मैं विशेष रूप से यहां वास करता हूं। सूर्य ग्रहणादि के अवसर पर यहां स्नान करने वाला मोक्ष की प्राप्ति करता है। इसी तीर्थ पर एक सुधनु नामक सम्पन्न वैश्य रहता था। वह मेरा भक्त था, नाच-गाकर मेरा संकीर्तन करता था। एक रात वह नृत्य और गाने के लिए मेरे पास आ रहा एक ब्रह्मराक्षस ने उसे पकड़कर खा जाना चाहा, पर सुधनु ने कहा, मैं भगवान के सामने नृत्य करके और

गाकर आऊगा तब तुम मुझे खा लेना। पर ब्रह्मराक्षस बोला, यह सब झूठ है, तुम नहीं लौटोगे। सुधनु ने सत्य का बखान करते हुए कहा, यदि मैं अपना वचन न निभाऊं तो विश्व के बड़े-से-बड़े पाप का फल मुझे मिले। इस पर ब्रह्मराक्षस ने उसे जाने दिया। रात्रि को उसने मेरी प्रतिमा के सामने नृत्य किया। प्रातःकाल होने पर यमुना में गोता लगाकर मेरे दर्शन किए और ब्रह्मराक्षस के पास जा पहुंचा। मार्ग में मैंने रूप बदलकर उसे रोकना चाहता किन्तु उसने मेरी बात नहीं मानी।

उसकी सत्यनिष्ठा से ब्रह्मराक्षस प्रसन्न हो गया। उसने कहा, यदि भगवान के सामने किए गये नृत्य का फल मुझे दे दो, तो मैं तुम्हें जिन्दा छोड़ दूंगा। किन्तु सुधनु ने मना कर दिया और कहा, तुम मुझे खा लो। अन्त में ब्रह्मराक्षस ने एक नृत्य का फल मांगा। वैश्य सुधनु ने कहा, तुम्हें वह फल की कामना क्यों है? तुम कौन हो और ब्रह्मराक्षस क्यों बने? इस पर वह हंसकर बोला, तुमने मुझे पहचाना नहीं, मैं तुम्हारा पड़ोसी अग्निदत्त हूं। चोर बनने के कारण मेरी यह गति हुई है। इससे छुटकारा पाने से ही पुण्य फल की कामना है, तुम मेरे ऊपर उपकार करो।

अक्रूर तीर्थ की महिमा बहुत अधिक है। राजसूय यज्ञ का फल इस तीर्थ में स्नान करने से प्राप्त होता है और श्राद्ध करने से पितरों का उद्धार होता है। मथुरा और वृन्दावन का महत्त्व भी बहुत है। वृन्दावन के महत्त्व का वर्णन कठिन है। यह स्थल प्राकृतिक सौन्दर्य से परिपूर्ण है और इसी में संपीढ कुण्ड है जिसमें स्नान करने वाला व्यक्ति अग्निष्टोम यज्ञ का फल प्राप्त करता है। भगवान् वराह ने बताया कि इस वृन्दावन में ही ऋषि और राजाओं ने बहुत तप किये हैं और मैंने भी यहां कृष्णावतार के रूप में जन्म लिया है और यहां ही सूर्य की उपासना करके राजा शान्तनु ने भीम के समान पुत्र प्राप्त किया और मुझे शाम्भ पुत्र की प्राप्ति हुई।

मथुरा तीर्थ-स्थलों मे बहुत महत्त्वपूर्ण स्थल है। यहां पर एक केशिस्थल केश असुर के वध से सम्बन्धित है। यहां पर पिण्डदान का बहुत माहात्म्य है। इस तीर्थ की यात्रा करने से पाप दूर हो जाते हैं। मथुरा का यह पावन क्षेत्र बीस योजन परिधि के विस्तार में है। अनेक

ताथ यहा ह आर म स्वय उनका रक्षा करता हू। जा व्याक्त मर कृष्ण रूप का विग्रह करक, कृष्ण रूप के विग्रह के दर्शन करके यहां पर परिक्रमा करता है उसके पापों का अन्त हो जाता है।

भगवान् ने वसुन्धरा को आगे बताया कि मथुरा कुण्ड की प्रदक्षिणा का विधान बहुत महत्त्वपूर्ण है। मनुष्य को चाहिए कि वह कार्तिक महीने की शुक्ल पक्ष की अष्टमी को वहां पहुंचे, परिक्रमा का व्रत ले और प्रात:काल स्नान आदि करके परिक्रमा प्रारम्भ कर दे। इस परिक्रमा का इतना महत्व है कि परिक्रमा करता हुआ व्यक्ति यदि किसी को छू ले तो वह भी तर है।

एक बार ब्रह्मा ने सप्तर्षियों को बताया था कि वेदों का अध्ययन, दान, यज्ञ बगीचे और कुओं का निर्माण उतना फल नहीं दे पाता जितना मथुरा की परिक्रमा करके प्राप्त हो जाता है।

हे वसुन्धरा! इस परिक्रमा की शुरुआत विश्रान्ति तीर्थ में नहाकर सब देवताओं के दर्शन करने के बाद होनी चाहिए और परिक्रमा करने वाले को मन, वचन से शुद्ध होना चाहिए। इसके विषय में कहा गया है कि प्रात:काल नौंवी तिथि को प्रदक्षिणा प्रारम्भ करें और दक्षिण कोटि में नहाए। नहाने बाद सर्व विघ्नविनाशक पवनपुत्र हनुमान का नाम स्मरण करना चाहिये। तत्पश्चात् वसुमती देवी, कस वासनिका, औग्रसेना, चर्चिका तथा वधूटी आदि देवियों का दर्शन किया जाता है। अष्ट देवियों, घर तथा वास्तुदेवियों के दर्शन करते हुए आगे बढ़ना चाहिए। इस प्रकार दक्षिण कोटि तक मौन परिक्रमा करें। फिर इक्षुवास को प्रणाम कर वासपुत्र, अर्कस्थल, वीरस्थल, कुशस्थल, पुण्यस्थल तथा महास्थल आदि दर्शन करके हयमुक्ति में चाहिए। यह तीर्थ इस बात की याद कराता है कि इस पुरी की परिक्रमा किसी वाहन पर बैठकर नहीं की जानी चाहिए। कहा जाता है कि किसी समय एक राजकुमार अश्वारूढ़ होकर सेवक को साथ लेकर परिक्रमा निकला। दैववशात् मार्ग में ही उसके अश्व और भृत्य दोनों की ही मृत्यु हो गई और वे दोनों मुक्त हो गए किन्तु वह राजकुमार भवसागर में ही पड़ा रह गया। इस तीर्थ के दर्शन करने के बाद दूसरे स्थलों में भी जाना चाहिए इनमें महत्त्वपूर्ण है मल्लिका देवी और शिव कुण्ड।

यहां पर भूतेश्वर का विग्रह है और उसके पश्चात् स्तम्भोच्चय, बालह्रद कुण्ड आदि भी हैं। इस स्तम्भोच्चय शिखर को कृष्णावतार रूप में मैं स्वयं सजाता-संवारता हूं। इसकी परिक्रमा से मोक्ष प्राप्त होता है। इसकी परिक्रमा के उपरांत नारायण स्थान, कुब्जिका, वामन स्थान, सिद्धिढा, भोगढा व सिद्धेश्वरी नाम कृष्ण रक्षिका, विद्येश्वरी देवी, कर्णेश्वरी देवी, सरस्वती, सरि तथा गणेश दर्शन-स्थल भी मथुरा परिक्रमा के अंग हैं। इनके बाद भार्ग्य तीर्थ, भद्रेश्वर, सोमेश्वर, घटाभरणक, गरुड़केश, धारा लोपनक, वैकुण्ड, खण्डवेलक, मंदाकिनी, संयमन, असिकुण्ड, गोपतीर्थ, मुक्तिकेश्वर, वैलक्ष गरुड़ तथा महापातक-नाशन के दर्शन किये जाते हैं। महापातक-नाशन के दर्शन करके भगवान् शिव की स्तुति करने और विश्रान्ति-संज्ञक तीर्थ में जाने का माहात्म्य, शिव की स्तुति करने और विश्रान्ति-संज्ञक तीर्थ में जाने का माहात्म्य है। फिर सुमंगला के मंदिर में जाकर श्रीकृष्ण की इस बहन की स्तुति करते हुए मथुरा परिक्रमा की निर्विघ्न सम्पन्नता का वरदान मांगना चाहिए। फिर इसके बाद पिप्पलाद मुनि से पूजे जाकर परिक्रमा को पूरा करें। इस विषय में भगवान् वराह ने चक्रतीर्थ का माहात्म्य बताने के लिए एक कथा सुनाई।

पुराने समय की बात है कि वेदों को जानने वाला एक ब्राह्मण महागृहोदय नगर में रहता था। एक दिन वह अपने बेटे के साथ शालिग्राम तीर्थ गया और वहीं पर रुक गया। उसने अपना सारा समय देव-दर्शन में लगाना शुरू किया तथा उसे एक ब्राह्मण मिला। उन्होंने उससे कल्पग्राम की बहुत प्रशंसा की तो एक दिन शालिग्रामवासी ब्राह्मण ने कान्यकुब्जी ब्राह्मण से कहा, हमें भी कल्पग्राम ले चलो।

इसके उत्तर में ब्राह्मण ने कहा कि सिद्ध पुरुष ही वहां जा सकते हैं और यह कहकर दूसरा ब्राह्मण अपनी शक्ति का प्रदर्शन करने के लिए तैयार हुआ और कहा कि मैं भी सिद्ध पुरुष हूं। उसने बाएं हाथ से ब्राह्मण और उसके पुत्र को उठा लिया और कल्पग्राम तक ले गया। दोनों पिता-पुत्र वही रहने लगे और समय के बीतने पर ब्राह्मण का शरीर क्षीण हो गया। फिर वह अपने पुत्र से बोला कि मुझे गंगा के किनारे ले चलो। पुत्र उसे गंगा के किनारे ले आया। कुछ समय बाद एक दिन ब्राह्मण-पुत्र काम के लिए कान्यकुब्ज ब्राह्मण के यहां पहुंचा, उसने वही खाना खाया और अपनी कन्या का विवाह ब्राह्मण-कुमार से कर दिया।

तब वह लड़का ससुराल में ही रहने लगा। वह कभी-कभी अपने पिता को देख आया करता था। एक दिन उसने अपने ससुर से पूछा कि पिता के कष्ट का कारण क्या है, तो उसे पता चला कि इसका कारण कभी किया हुआ अपवित्र भोजन है। पुत्र ने यह बात अपने पिता को बता दी, तो उसने पश्चाताप से भरकर अपनी टांग तोड़ डाली और मृत्यु को प्राप्त हुआ। पुत्र लौटा तो उसने मृत पिता के कारण बहुत शोक किया और उसके ससुर ने बताया कि तुम्हें भी ब्रह्म हत्या लग गई है क्योंकि तुम अपने पिता की मृत्यु के कारण बने हो।

ब्राह्मण कुमार चिन्तित होकर उनसे पूछने लगा कि यह बताइए कि मेरी मुक्ति का उपाय क्या है, तो उसके ससुर ने बताया कि मथुरा में रहकर चक्रतीर्थ में स्नान करो, तो तुम्हें मुक्ति मिल जायेगी। उस ब्राह्मण-कुमार ने उसके आदेश का पालन किया।

इस तरह चक्रतीर्थ का बहुत पुण्य प्रभाव है। एक ब्राह्मण ब्रह्महत्या से ग्रस्त जीवन से निराश हो चुका था, उसे इस तीर्थ में यात्रा करने पर मुक्ति मिली। इसीलिए मथुरा के बैकुण्ड तीर्थ पर बहुत महत्त्व है। मथुरा तीर्थ के पश्चिम भाग में गोवर्धन है, जहां भगवान् श्रीकृष्ण विद्यमान हैं। वहीं कपिल वराह के रूप में भी मैं भी विद्यमान रहता हूं। इस प्रतिमा की रचना कपिल ऋषि ने की थी। कपिल की कृपा से यह प्रतिमा दशानन इसे पुष्पक विमान में रखकर लंकापुरी ले गया। वहां से विभीषण से उस प्रतिमा को प्राप्त कर श्रीराम उसे अयोध्या ले आए। उसी समय लवणासुर ने मथुरा में आतंक मचा रखा था। भगवान् राम ने शत्रुघ्न को उसका दमन करने भेजा और वे अपने कार्य में सफल रहे। तब उन्होंने साठ सहस्र वेदज्ञ ब्राह्मणों को वहीं बसाया और स्वयं अयोध्या लौट आए। भगवान् ने प्रसन्न होकर भाई से वरदान मांगने को कहा, तो उन्होंने विनयपूर्वक वही कपिल वराह की प्रतिमा मांग ली। इस पर मर्यादा पुरुषोत्तम भगवान् राम ने शत्रुघ्न को, मथुरा को और मथुरा वासियों, सभी को धन्य-धन्य कहा क्योंकि उन्हें सदा कपिल वराह का सान्निध्य और आशीर्वाद प्राप्त हो गया था तथा पुष्कर में, गया में, ज्येष्ठ मास में पिण्डदान करने से और सेतुबन्ध रामेश्वर के दर्शन आदि करने से जो फल प्राप्त होता है, इस कपिल वराह के दर्शन मात्र से वह सब मिल जाता है। देवी! इसी प्रकार का फल विश्रान्ति संज्ञक गोविन्द, केशव तथा दीर्घ विष्णु के प्रति श्रद्धा से भी प्राप्त होता है। उसी प्रसंग में उत्तर में कुबेर तीर्थ, पश्चिम

में वरुण तीर्थ, पूर्व भाग में इन्द्र तीर्थ और बीच में अन्न कुण्ड का महत्त्व भी जान लेना चाहिए। इस अन्न कुण्ड की परिक्रमा से मनुष्य आवागमन से मुक्त हो जाता है।

गोवर्धन पर्वत के अंचल में ये सारे क्षेत्र हैं और इसकी पूजा से अश्वमेघ यज्ञों का फल मिलता है। गोवर्धन की परिक्रमा करने से कृष्ण रूप प्राप्त होता है। शक्र तीर्थ नाम का एक महत्त्वपूर्ण तीर्थ है। देवराज इन्द्र ने क्रोध से उसका महत्त्व अधिक बढ़ गया है क्योंकि भगवान् कृष्ण के कहने पर ब्रज के निवासियों ने उसका भोग लगाया था। जब इन्द्र ने अपनी उपेक्षा से क्रोधित होकर मथुरा को डुबाने की कोशिश की थी। तब गोवर्धन पर्वत उठाकर कृष्ण ने रक्षा की थी। वृषभ रूप में आकर भगवान् कृष्ण ने ही राधाकुण्ड स्थल पर अरिष्ठासुर का वध किया था। उससे उन्हें दुःख हुआ तो वहीं राधा आई। उन्होंने तीर्थ की रचना की और उसके अन्दर नहाकर कृष्ण वृषभ-वध के दोष से मुक्त हुए।

मथुरा सर्वश्रेष्ठ तीर्थ माना जाता है। इसके विषय में एक कहानी यह है कि यहां एक बनिया रहता था। जो हमेशा देन-लेन करता था। एक बार उसने कथा सुनकर कथा-वाचक को एक स्वर्ण-मुद्रा दान में दे दी, उसे प्रेत योनि प्राप्त हुई उसने एक वृक्ष की कोटर में अपना निवास बना लिया। एक दूसरा वैश्य उधर से आया और उसने अपने खाने के लिए उस आते हुए वैश्य को पकड़ लिया। तब उससे कहा कि हे प्रेत! मैं तो माता-पिता की सेवा कर रहा हूं, तुम मुझे छोड़ दो। तब उन दोनों में संवाद हुआ।

प्रेत- तुम कहां निवास करते हो?

वैश्य- गोवर्धन पर्वत और यमुना के बीच मथुरा में रहता हूं और मेरा सारा धन चुरा लिया गया है।

प्रेत- मैं तुम्हें छोड़ सकता हूं लेकिन शर्त है कि अपने धन से मुझे पिण्डदान करो और पिण्डदान से पहले चातु-सामुद्रिक में नहाकर पवित्र होओ।

वैश्य- एक घर के अतिरिक्त मेरे पास कुछ नहीं फिर मैं तर्पण कैसे कर सकता हूं। लेकिन मुझे भी आश्चर्य हो रहा है कि प्रेत के रूप में तुम्हें यह सब कुछ कैसे पता चला?

इस सवाद क बाद प्रत न उस समझाया कि तुम्हार घर म कुछ धन गड़ा हुआ है और यह कहकर उसने अपने वैश्य जीवन का पूरा कथानक सुना दिया और उसने यह भी बताया कि सोने का दान देने से ही प्रेत योनि के बावजूद उसे चातु-सामुद्रिक का महत्त्व याद रहा।

इस वार्तालाप के बाद वैश्य चला गया और उसने पिण्ड-कर्म किया तथा उसकी भावना से प्रेत योनि से मुक्ति हो गई।

भगवान् वराह ने पृथ्वी को मथुरा पुरी का महत्त्व बताते हुए एक और कहानी सुनाई और बताया कि इस नगरी में असिकुण्ड तीर्थ का बहुत महत्व है क्योंकि इसकी रचना अन्य तीर्थों की रक्षा के लिए स्वयं भगवान् ने की थी। उन्होंने बताया कि पुराने समय में समुति नाम का एक धर्मात्मा राजा था। एक बार तीर्थयात्रा करते हुए ही उसकी मृत्यु हो गई। तब उनके पुत्र विमति शासक बने। यह भी धर्मात्मा थे। एक दिन नारद ऋषि ने उसके पास आकर कहा, राजन्! पितृ-ऋण चुकाये बिना अन्य धर्म-कर्म अधूरे रहते हैं। इतना कहकर नारद जी लौट गए। राजा कुछ समझ न पाया और उसने शास्त्रज्ञ ब्राह्मणों से इसका अर्थ पूछा।

ब्राह्मण बोले, नारद के कथन का अर्थ यह है कि आप पहले पिता को अपूर्ण तीर्थ-यात्रा को अपनी तीर्थ-यात्रा का फल देकर पूर्ण करें। इस प्रकार आप पितृऋण से मुक्त हो जाएंगे।

ब्राह्मणों के वचन सुनकर राजा विमति ने सर्व तीर्थों की प्रमुख स्थली मथुरा में वास कर तीर्थलाभ का पुण्य संचय करना प्रारम्भ कर दिया। उसके इस भार को सहन न कर सकने के कारण कभी तीर्थ एकत्र होकर मेरे पास कल्पग्राम में पधारे। उन्होंने मेरी स्तुति की तथा निवेदन किया, भगवान्! हमें अभय करें।

तीर्थों की प्रार्थना पर उनके उद्धार तथा सुमति-विमति के तारण हेतु असिप्रहार से विमति का शिरच्छेद कर दिया। असिप्रहार से वहां पर गड्ढा बन गया जो 'असिकुण्ड तीर्थ' कहलाया। इसी पावन तीर्थ के उत्तर तक स्थलों की, जिसका वर्णन पहले ही किया जा चुका है, गणना तीर्थ रूप में होती है।

इसके उपरांत विश्रान्ति तीर्थ का वर्णन करते हुए भगवान् वराह ने कहा, प्राचीन काल में एक ब्राह्मण था, जो रात को चोरी करता था। एक दिन चोरी करते हुए पहरेदारों ने उसे देखा और उसे पकड़ने दौड़े। उनसे डरकर वह भागा और एक कुएं में गिर गया। दूसरे जन्म में वह ब्रह्मराक्षस बन गया। इस तरह वह समाज में तो आया लेकिन किसी को भी अपना आहार नहीं बना पाया क्योंकि ब्रह्मराक्षस के भीतर ही एक पवित्र ब्राह्मण बैठा था। तब उसने उससे कहा कि आप कहीं और चले जाइए जिससे मैं ठीक तरह से भोजन कर सकूं। उससे मना करने पर उस ब्राह्मण ने कहा कि तुम अन्य लोगों को अहित नहीं कर सकते। कुछ समय में दोनों ब्राह्मणों में मित्रता हो गई तो ब्रह्मराक्षस ने कहा कि आप मुझे विश्रान्ति तीर्थ की यात्रा का फल देने की कृपा करें। ब्राह्मण ने आश्चर्यचकित होकर उससे पूछा तो ब्रह्मराक्षस रूपी ब्राह्मण ने पहले जन्म का वृतांत सुना दिया, एक विष्णु मन्दिर में उसे विश्रान्ति तीर्थ का पता चला और यह भी मालूम हुआ कि वहां भगवान् हरि का निवास है क्योंकि वहां उन्होंने विश्राम किया था। यह सुनकर मन में बैठे ब्राह्मण ने उसे उसका फल दिया और वह उस योनि से मुक्त हो गया।

भगवती वसुन्धरा ने ये सारे वृतांत सुनकर पूछा कि क्या मथुरा के तीर्थ का और कोई महत्त्व है? तब वराह जी ने कहा, बहुत पहले भगवान् रुद्र ने मेरी तपस्या करके मथुरा निवास का वरदान पाया था।

वराह ने बताया कि मैंने ही शिवजी से यह व्यवस्था की थी कि इस पवित्र स्थल में रहते हुए जब तक कोई आपके दर्शन नहीं करेगा, तब तक उसे यहां का तीर्थ फल प्राप्त नहीं होगा।

मथुरा के विषय में बताते हुए भगवान वराह ने कहा कि यहां के सभी क्षेत्र भगवान के चरण चिह्नों से पवित्र हैं। किन्तु एक स्थल पर अर्द्ध चक्र ही है। इस अर्द्ध चक्र क्षेत्र में स्नान-पूजन करने वाला मोक्षाधिकारी होता है। इस क्षेत्र में भगवान् कृष्ण की क्रीड़ाभूमि के दोनों छोर 'दक्षिण-कोटि' और 'उत्तर कोटि' के नाम से प्रसिद्ध हैं। दक्षिण कोटि से यात्रा प्रारम्भ कर उत्तर कोटि में समाप्त की जानी चाहिए। इस क्षेत्र में यज्ञोपवीत के परिमाण से यात्रा

करने पर भी अनेक कुलों का सहज ही उद्धार हो जाता है। इसी रूप में यज्ञोपवीत के परिमाण को बताते हुए भगवान् ने कहा कि दक्षिण छोर से उत्तर छोर तक यज्ञोपवीतकी नाम है। इस यात्रा में मौन रहना चाहिए क्योंकि मौन भक्तिसूचक होता है।

भगवान् वराह ने कहा, देवि मैंने अनेक बार कहा है कि मथुरावासी मेरे ही रूप हैं। इस सम्बन्ध में मैं तुम्हें गरुड़ का आख्यान सुनाता हूं। एक बार वे भगवान् श्रीकृष्ण के दर्शन की अभिलाषा से मथुरा पधारे और उन्होंने भगवान् की स्तुति की। तब भगवान् ने उनके समुख प्रकट होकर कहा, क्या चाहते हो? यह सुनकर गरुड़ बोले कि जब मैं मथुरा में आया तो मुझे यहां से भ्रम हुआ। तो हे भगवान्! मुझे वास्तविकता का ज्ञान कराइए। तब भगवान् कृष्ण ने कहा कि यहां के सभी व्यक्ति मेरे ही प्रतिरूप हैं।

मथुरा आने वाले को चाहिए कि वह माता देवकी और यशोदा से संबंधित स्थलों के साथ अन्य तीर्थों की भी पूजा करें। इसके आगे भगवान् ने कहा कि यहां पर एक तीर्थ है, गोकर्ण तीर्थ। उस तीर्थ का बहुत महत्त्व है। उसके विषय में मैं तुम्हें बताता हूं। हे देवि! बहुत समय पूर्व यहां पर वसुकर्ण नाम का एक वैश्य अपनी पत्नी सहित रहता था। उसकी पत्नी गुणशीला और धार्मिक प्रवृत्ति की थी। किन्तु दुर्भाग्यवश वह स्त्री सन्तानहीन थी। एक दिन सरिता तट पर अनेक पुत्रवती नारियों को देखकर उस नारी का हृदय विषाद से भर गया। उसे अपनी सन्तानहीनता बहुत सताने लगी। वह एकांत में बैठकर करुण भाव से विलाप तथा अश्रुपात करने लगी। वहां एकांत बैठे एक ब्राह्मण का हृदय भर आया और उसने उस वैश्य-स्त्री से पूछा, तुम्हें क्या दुख है?

वैश्य-पत्नी ने उत्तर दिया मुझे सन्तान न होने का दुख है?

ब्राह्मण ने कहा, हे देवि तुम श्रद्धापूर्वक भगवान् गोकर्ण महादेव की पूजा करो। उन्हें दीपदान तथा माल्यापर्ण आदि करो, इससे तुम्हारी कामना अवश्य पूर्ण होगी।

यह सुनकर मुनि को प्रणाम कर वैश्य-पत्नी घर लौट आई। उसने संपूर्ण वृतांत पति का कह सुनाया। तब दोनों ने नियमपूर्वक सरस्वती में स्नान करके भगवान् गोकर्ण की उपासना प्रारम्भ कर दी। इस वर्ष की साधना के उपरांत उन्हें एक पुत्र प्राप्ति हुई। भगवान् गोकर्ण की कृपा से प्राप्त उस पुत्र का नाम भी गोकर्ण रखा गया। उसके जातकर्म, नामकरण

तथा चूड़ाकर्म आदि संस्कारों के अवसर पर वसुकर्ण ने सहस्रों गायों का दान व अन्य धार्मिक कृत्य किए। गोकर्ण के युवा होने पर उसका विवाह हुआ किन्तु उसे भी सन्तान-सुख न मिल सका। तत्पश्चात् उसने पुत्र की इच्छा से तीन और विवाह किए किन्तु सबके सब व्यर्थ सिद्ध हुए। उसके द्वारा किए गए धार्मिक व्रतों-अनुष्ठानों तथा दान आदि का भी कोई परिणाम न निकला। उसकी आर्थिक स्थिति भी इतनी अधिक जर्जर हो गई कि उसके लिए माता-पिता तथा भार्याओं का पालन भी दूभर हो गया। इस स्थिति में वह व्यापार तथा धन पैदा करने के विचार से मथुरा से बाहर गया। एक दिन थककर वह एक वृक्ष की कन्दराओं से युक्त उस स्थान में एक माल्याकर वर्तुल स्थान आसनवत् दृष्टिगत हुआ और लगा कि कोई स्वागतार्थ मुझ अतिथि को बुला रहा है। आश्चर्यचकित होकर गोकर्ण ने कहा, आओ, अतिथि! तुम्हारा स्वागत है। अभी मेरे माता-पिता तुम्हें पाद्यार्घ्य देकर तुम्हारा स्वागत-सत्कार करेंगे क्योंकि अतिथि विष्णु रूप होता है। आपके आगमन का कोई भी समय कुसमय नहीं होता। अतिथि का सत्कार न करने पर अतिथि सब पुण्य साथ ले जाता है और अपना पाप आतिथेय को दे जाता है।

तोते की ज्ञानपूर्ण बातें सुनकर गोकर्ण ने कहा, तुम कौन हो और तुम्हें यह योनि कैसे प्राप्त हुई?

तोता बोला, पूर्वजन्म में मैं वामदेव ऋषि का शुकोदर शिष्य था। मैं वाचाल था और धर्म-विषयों पर कुतर्क किया करता था। गुरु के उपदेशों से भी मेरी प्रकृति न बदल सकी। एक बार मैंने ऋषि-मुनियों की उपस्थिति में कुतर्क किया। गुरुजी सहित सभी ऋषि मुनियों ने मुझे ऐसा करने से रोका किन्तु मुझ पर उनका जब कोई प्रभाव न पड़ा तो कुपित होकर शुकदेवजी ने मुझे वाचाल शुक हो जाने का शाप दे दिया। इस पर गुरु वामदेव ने मेरा अपराध क्षमा कर देने की उनसे प्रार्थना की, तो शुकदेवजी ने कहा, तोते की योनि पाने पर भी पुराण-वेत्ता और शास्त्रज्ञ होगा तथा मथुरा में इसकी मुक्ति होगी।

शाप के फलस्वरूप मैं शुक बन गया और हिमालय के अंचल में विचरण करने लगा। एक दिन मैं एक आखेटक द्वारा पकड़ लिया गया और पिंजरे में बन्द कर यहां रख दिया गया।

इस समय तक शबरी जाग गई और कुछ ही विलम्ब से शबर भी वहां पहुंच गया। ज्ञानी तोते के कथानुसार उन दोनों ने गोकर्ण का अतिथि-सत्कार किया और पूछा भगवन् आप किस स्थल से आ रहे हैं? हम आपकी क्या सेवा कर सकते हैं? गोकर्ण ने कहा, मैं मथुरापुरी का वासी हूं। आपके अतिथि-सत्कार से प्रसन्न हूं। इस सत्कार के अतिरिक्त यदि आप मुझे देना चाहें तो यह शुक मुझे देने की कृपा करें। मैं इसे मथुरा ले जाकर पुत्रवत् पालना चाहता हूं।

शबर ने कहा, यमुना-स्नान के फल के बदले में आप इसे ले जा सकते हैं। गोकर्ण ने कहा, मुझे यह स्वीकार है और वह उस तोते का लेकर मथुरा लौट आया।

गोकर्ण मथुरापुरी पहुंचा तो वह ज्ञानी शास्त्रज्ञ तोता अपने माता-पिता को सौंप दिया और साथ ही उसके गुणादि का परिचय भी उन्हें करा दिया। गोकर्ण उस तोते को साथ लेकर अपने अन्य मित्रों सहित समुद्र-यात्रा पर निकल पड़ा। कुछ दिनों की यात्रा के उपरांत सागर में उत्ताल तरंगें उठने लगीं और यान डगमगाने लगा। यान के यात्रियों ने कहा, हमारे मध्य कोई पापात्मा विद्यमान है, जिसके कारण हम समुद्री तूफान में पड़ कर मृत्यु की ओर जा रहे हैं। गोकर्ण ने सोचा, मैं ही पुत्रहीन होने के कारण सर्वाधिक पापी हूं। यह सोचकर दुखी मन से उसने तोते से कहा, अब तुम्हीं हमारी रक्षा का कोई उपाय बताओ।

तोते ने कहा, पिताजी! आप चिन्ता न करें। मैं अभी इस दिशा में प्रयत्न करता हूं। तब वह जहाज से निकलकर आकाश में उड़ता, ऊंचे पर्वत शिखरों को पार करता हुआ एक विष्णु मन्दिर में पहुंचा। वहां सभी कुछ मणिमरकतमय था। उस तोते के वहां पहुंचने के कुछ ही समय उपरांत एक अपरूप देवी वहां प्रकट हुई और उसने दिव्यासन पर बैठकर भगवान् का पूजन किया। एक क्षण में ही वैसी ही अन्य अनेक देवियों ने प्रकट होकर भगवान् के सामने नृत्य व पूजन किया और तब वे वहां से चली गईं। उस मन्दिर में जटायु के वंशधर कुछ पक्षी भी थे। तोते ने उन्हें अपने पिता की कष्ट-कथा सुनाई और सहायता की प्रार्थना की। उसकी व्यथा-कथा सुनकर कुछ पक्षी उसके साथ गए और गोकर्ण की सुरक्षित उस मन्दिर में ले आए। गोकर्ण के आने के कुछ की समय पश्चात् वे देवियां भी वहां प्रकट हुईं। उन्हें देखकर गोकर्ण तोते के साथ छिप गया, किन्तु देवियों को उसकी

उपस्थिति का ज्ञान हो गया। उन्होंने उसके भोजन आदि की व्यवस्था की और कहा, तुम स्वर्ग तुल्य इस स्थान का भोग करो तथा जब तक तुम्हें कार्यसिद्ध नहीं हो जाता, यहीं रहो। इतना कहकर वे वहां से चली गईं। उधर जलयान भी किसी प्रकार किनारे जा लगा। गोकर्ण को उसमें न देखकर सबने सोचा कि उसकी मृत्यु हो गई हैं उन्होंने उसके वृद्ध पिता के पास पुत्रवत् जाने और उसका स्वर्ण भाग उन्हें सौंपने का निश्चय किया।

गोकर्ण अपने माता-पिता के शोक की स्थिति को सोच-सोचकर अति व्याकुल हो रहा था। इस पर तोते ने कहा, पिताजी! आपको यहां से निकालकर ले जाने की शक्ति तो मुझमें नहीं है किन्तु आपकी कुशल-क्षेम का समाचार मैं आपके माता-पिता तक पहुंचा सकता हूं। तब वह मथुरा की उड़ चला और वहां पहुंचकर उसने गोकर्ण की कुशल-क्षेम का समाचार उसके वृद्ध माता-पिता को सुनाकर उन्हें शोकमुक्त किया। गोकर्ण के साथियों से पुत्रवत् व्यवहार और स्वर्ण आदि पाकर सुकर्ण को बड़ा आनन्द और फिर उसने उन सबको सस्नेह विदा कर दिया।

देवियों के कथनानुसार गोकर्ण उस मन्दिर में पूजा-अर्चना करता रहा। वे देवियां भी यथावत् नृत्य-भजन के लिए आती रहीं। इस प्रकार तेरह दिन व्यतीत हो गए। तभी गोकर्ण ने लक्ष्य किया कि वे देवियां म्लान तथा निस्तेज-सी हो रही हैं। उसने सोचा, अहो! पुत्रहीनता सबसे बड़ा पाप है। मेरी संगति से ही इन देवियों का तेज तक क्षीण पड़ गया है। हाय दुर्भाग्य! फिर साहसपूर्वक उसने कहा, देवियों! आपके दुःखी व म्लान होने का कारण क्या है ? देवियों ने कहा, हम उद्यान अधिष्ठात्री देवियां हैं। अयोध्या-नरेश अपने उद्यानों की सदा हमसे देख-भाल करवाते हैं। इस समय वे चातुर्मास-यात्रा पर मथुरापुरी नामक महान तीर्थ का भ्रमण कर रहे हैं। उनकी अनुपस्थिति में उद्यान मालियों ने उद्यान को नष्ट-भ्रष्ट कर दिया है। इसी से हम उदास और हो गई हैं।

गोकर्ण ने कहा, भाग्य की इस विपरीतता से बाहर निकलने पर मैं अयोध्या नरेश से ऐसा ने होने की विनय करूंगा। इस समय मेरी आप से विनय है कि आप मुझे ये बतलाने की कृपा करें।

(क) उद्यान या वृक्ष आदि लगाने से क्या फल मिलता है?

(ख) कूप-तड़ाग आदि बनवाने का क्या पुण्य होता है?

देवियों ने कहा, आपके प्रथम प्रश्न का पूरक ही द्वितीय प्रश्न है। ये कर्म 'पूर्त' कहलाते हैं। इष्टकर्म, यज्ञ, यजन, अग्निहोत्र आदि से स्वर्ग मिलता है, तो इन 'पूर्त' कर्मों, वृक्ष, उद्यान आदि लगाने, कूप-तड़ाग आदि बनवाने से मोक्ष की प्राप्ति होती है। उद्यान या वृक्ष लगाने से भूमिदान या गोदान का पुण्य प्राप्त होता है। फल-पुष्पयुक्त वृक्ष अपने आरोपणकर्त्ता को नरक-यातना से त्राण दिलाते हैं। कूप-तड़ाग आदि का निर्माण या जीर्णोद्धार करने से भी पूर्व कर्मों का पुण्य फल प्राप्त होता है।

इतना सुनते-सुनते गोकर्ण को अकस्मात् ही माता-पिता की स्मृति हो आई और भावावेश के कारण वह मूर्छित हो गया। तब देवियों ने जल-बिन्दु छिड़ककर उसे पुनः सचेत कर दिया। गोकर्ण ने कहा, देवियों! मैं मथुरावासी हूं। वहां मेरे वृद्धा माता-पिता, चार पतिव्रता पत्नियां, उद्यान आदि हैं। मैं वहां जाना चाहता हूं।

देवियों में ज्येष्ठा ने कहा, ठीक है! तुम आज ही वहां चले जाओ। इससे हमारा इष्ट भी सिद्ध हो जाएगा। उन्होंने उसे आभूषणों से अलंकृत किया और एक दिव्य यान में बिठलाया तथा प्रभूत रत्नराशि प्रदान कर तोते सहित विदा कर दिया।

मथुरा पहुंचते ही गोकर्ण सर्वप्रथम अयोध्या नरेश से मिला और उन्हें रत्न आदि भेंट कर उसने स्वयं अपूर्व राज-सम्मान प्राप्त किया। तब राजा ने कहा, महाराज! आप इस समय तनिक बाहर चलने का कष्ट करें। वहां मैं आपको अद्भुत दृश्य दिखाऊंगा तथा कल्याणकारी बात भी कहूंगा।

राजा ने इसकी व्यवस्था कर दी। तब तक वे देवियां भी वहां आ पहुंची। अब अयोध्या-नरेश को सब बातों का ज्ञान हो गया। उन्होंने तत्क्षण अपनी सम्पूर्ण सेना वापस भेज दी, जिससे राज्य तथा वहां के उद्यानों की सुव्यवस्था कर सकें। देवियों का भी अभीष्ट सिद्ध हो गया, अतः गोकर्ण से तुम्हारा कल्याण हो, कहकर विदा हो गईं। राजा ने भी उस महान आत्मा को नाना रत्न-आभूषण आदि देकर सम्मानित किया और स्वयं राज्य में लौटकर नूतन उद्यानों के आरोपण और संरक्षण में लग गए।

अब गोकर्ण अपने घर आया। उसने और तोते ने सभी परिजनों का यथासाध्य स्वागत-सम्मान किया। अनेक वृक्ष और उद्यान लगाकर गोकर्ण ने अपनी पुत्रहीनता के कलंक से मुक्ति पा ली। उसने उस महान् तोते के कारण ही सब कुछ पाया था, अतः उसकी स्मृति में उसने 'शुकेश्वर' नामक एक मन्दिर की और शुक सत्र 'शुक सत्र' नामक एक सदाव्रत की स्थापना की, जहां दो सौ ब्राह्मण प्रतिदिन भोजन पाते थे। जिस शबर दम्पति से उसे तोते की प्राप्ति हुई थी उन्हें उसने अपने त्रिवेणी के स्नान का फल प्रदान कर दिया, अतः वे तोते के साथ एक दिव्य यान में बैठकर स्वर्ग को गए। गोकर्ण को अपने परिजनों सहित उत्तम गति की प्राप्ति हुई।

भगवान् वराह बोले, देवि! त्रिवेणी के स्नान का फल प्राप्त होने से शबर और उसकी पत्नी के स्वर्ग-गमन का अद्भुत और परम पावन प्रसंग तो तुम्हें सुना ही चुका हूं। अब तुम इससे भी अधिक विस्मयजनक एक अन्य वृत्तांत सुनो। यह त्रिवेणी स्नान के पूर्ण माहात्म्य को सिद्ध करने वाला रहस्यमय प्रसंग है। तुम्हारी श्रद्धा के कारण ही मैं इसे प्रकट कर रहा हूं। भगवान वराह ने कथा कहते हुए कहा कि पुराने समय की बात है महानाम नाम का एक तपस्वी ब्राह्मण इसी नाम के वन में रहता था। एक बार वह तीर्थ-यात्रा करने के लिए मथुरा गया। रास्ते में उसे बहुत भयंकर रूप वाले कुछ प्रेत मिल गये तो ब्राह्मण ने उनसे पूछा कि ये कौन लोग हैं, जिनकी यह दशा हुई?

ब्राह्मण के प्रश्न के उत्तर में प्रेतों ने अपने नाम बताए और कहा कि 'हमारी यह दशा हमारे ही कुकर्मों के फल से है। एक प्रेत ने कहा कि मेरा पर्यूषित है। मैं अपने आप तो अच्छा भोजन करता था लेकिन ब्राह्मणों को खराब भोजन देता था। कभी-कभी अन्न के लोभ में व्रत भी कर लेता था। दूसरा प्रेत सूचीमुख भी व्रत कर लिया करता था और शीघ्रम नाम के प्रेत ने बताया कि उसकी आदत थी कि जब कोई याचक आता था तो वह उसको न देकर कहीं और चला जाता था। रोधक नामक प्रेत घर में ही छिपा रहता था। लेखक नामक प्रेत धरती पर लकीरें खींचने लगता था। अतः ब्राह्मणों की उपेक्षा करने के कारण उनकी यह दशा हुई है।

यह सुनकर महानाम ने उनका आहार पूछा क्योंकि आहार से मनुष्य प्रकृति का ज्ञान होता है। अपना आहार बताते हुए प्रेतों को संकोच होने क्योंकि उनका आहार मल-मूत्र मज्जा है। उन्होंने बताया कि हम कूड़ा-कर्कट तथा अस्त-व्यस्त स्थान में रहते हैं और हमारा निवास वहां है, जहां कलह और लड़ाई-झगड़ा होता रहे। यह बताकर प्रेतों ने कहा कि हे ब्राह्मण! हमें हमारी मुक्ति का उपाय बताइए। तब ब्राह्मण ने कहा कि इस योनि से छुटकारा पाने के कई साधन हैं। अनेक प्रकार वे व्रत उन साधनों माने जाते हैं। चान्द्रायण, यकरात्र, त्रिरात्र, कृच्छ, अति कृच्छ आदि। इन व्रतों को करने वाला कभी भी प्रेत योनि में नहीं पड़ता। संन्यासी का सम्मान करने वाला, श्रद्धापूर्वक मिष्ठान्न दान करने वाला, पांच, तीन अथवा एक वृक्ष को भी जल सींचने वाला व्यक्ति इस योनि से मुक्त रहता है। सम्पूरण प्राणियों पर दया करना, देवों, पितरों, गुरुजनों तथा अतिथियों आदि का पूजन करना भी प्रेत योनि से दूर रखने में सहायक है। इसी प्रकार अन्य सभी सत्कर्म भी मानव को इस योनि से बचाए रखते हैं, किन्तु दुष्कर्मों का परिणाम तो भयानक होता ही है। मदिरापान, कन्या-विक्रय, धन-अपहरण, गौहत्या तथा ब्रह्महत्या जैसे नीच कर्मों से मानव को निश्चय ही प्रेत योनि में जाना पड़ता है। उसके बाद प्रेतों से प्रश्न किया कि अज्ञान के कारण और जानकर जो पाप करते हैं उनकी मुक्ति किस प्रकार से हो सकती है? क्योंकि दोनों स्थितियां भिन्न हैं उनका प्रश्न सुनकर ब्राह्मण ने कहा कि मैं ऋषि वसिष्ठ के द्वारा दिये मानधाता को इसी प्रश्न के उत्तर का सार बताता हूं।

ब्राह्मण ने कहा कि वामन द्वादशी होती है। इस दिन सरस्वती में स्नान करके भगवान् वामन का पूजन करना चाहिए। व्रत रखना और कमण्डलु का दान आवश्यक है। फिर भगवान् वराह की सोलह तरह से पूजा करनी चाहिए। ऐसी उपासना से मनुष्य अपने आपको प्रेत योनि से बचा लेता है और स्वर्ग में निवास करता है। इसके बाद वह कुलीन ब्राह्मण बनता है। ब्राह्मण ने फिर दोबारा कहा कि इस व्रत की समाप्ति के लिए भगवान् के देव गर्भ रूप की पूजा और कपिला गऊ का दान करना चाहिए। इस प्रकार से यह व्रत सौ गुना हो जाता है। मैंने अपने आप में वह व्रत सारस्वत स्थल पर किया इसलिए मुझे कोई बाधा नहीं हुई। तुम भी यदि ऐसा व्रत करोगे तो प्रेत योनि से छुटकारा पा लोगे।

जैसे ही ब्राह्मण प्रेतों के इस संवाद में लीन हुए तभी वहां पर कुछ देवदूत आ गये। उन देवदूतों ने प्रेतों से कहा कि इस ब्राह्मण के मुख से तुमने वामन द्वादशी के व्रत की महत्ता सुनी है और सुनने से तुम्हारे पाप दूर हो गये हैं। तुम्हें इस योनि से मुक्ति मिल गई है। इसलिए तुम विमान में बैठकर स्वर्ग जाओ। इस तरह वे प्रेत स्वर्ग चले गये, क्योंकि उन्हें इस स्थल पर प्रेत योनि से मुक्ति मिली थी, इसलिए इस स्थल का नाम पिशाच-मोचन पड़ा। भगवान् वराह ने कथा की विवेचना करते हुए आगे कहा कि मानसी अथवा कृष्ण गंगा का बहुत महत्त्व है, इसमें स्नान करने से और यहां आने से सभी प्रकार से सुख और शांति की प्राप्ति होती है। सभी तीर्थों का फल मिलता है।

मथुरा से सम्बन्धित और उसके महत्त्व को बढ़ाकर अनुभव करने वाले प्रसंग हैं। इन सबसे मथुरा का महत्त्व स्थापित होता है और यह पता है कि मथुरा से बड़ा कोई तीर्थ नहीं तथा भगवान् कृष्ण से बड़ा कोई नहीं।

सूतजी ने मुनियों से कहा, भगवान् वराह ने मथुरा के माहात्म्य का वर्णन करते हुए प्रतिमाओं की प्रतिष्ठा के विषय में भी बताया। अतः भगवती देवी वसुन्धरा ने उनसे अनेक प्रश्न पूछे। वसुन्धरा ने यह भी पूछा कि आपने लकड़ी, पत्थर, मिट्टी, तांबा, सोना, चांदी आदि के विग्रह की जो बात कही है, वह किस तरह संभव है? इन प्रतिमाओं की प्रतिष्ठा का विधान क्या है?

देवी वसुन्धरा की जिज्ञासा के उत्तर में भगवान् वराह ने उनसे कहा कि मैं विशिष्ट रूप से इस विषय में बताता हूं। लकड़ी और लोहे की प्रतिमा बनाना अलग-अलग रूप से लाभदायक है। पत्थर की प्रतिमा करते हुए यह बात ध्यान रखनी चाहिए कि किसी स्वच्छ, सुन्दर पाषाण खण्ड का चयन करना चाहिए। उस खण्ड पर श्वेत वर्तिका से चिह्न अंकित करके उसकी अक्षत, दही आदि से अर्चना करने के पश्चात् किसी दक्ष शिल्पी को उसके निर्माण में नियुक्ति करनी चाहिए। प्रतिमा के बन जाने पर चावल, दही आदि से उसका पूजन और उसकी प्रदक्षिणा करनी चाहिए। भगवन्! आप माया स्वरूप एवं मायासबल हैं। आप अखिल जगत में विराजते हैं। इस प्रतिमा में भी आप विद्यमान हैं। आप आदिहीन, अन्तहीन और अपराजेय हैं। आपको बारम्बार मेरा प्रणाम स्वीकार हो। तत्पश्चात् साधक

'ओम नमो वासुदेवाय' मन्त्रोच्चारण पूर्वक उस प्रतिमा का जलाभिषेक करें। प्रतिमा की स्थापना व प्रतिष्ठा के उपरांत सायंकाल चार दीपक प्रज्ज्वलित करें। प्रतिमा के नीचे पंचगव्य, चंदन और दुग्ध पूर्ण चार कलशों की स्थापना करें। इस प्रकार पाषाण की प्रतिमा में प्राण-निष्ठान करके सामगान आदि से मुझे रिझाने वाला मेरा भक्त निश्चय ही मेरे, भगवान् श्री हरि के लोक में स्थान पाता है। पाषाण-प्रतिमा के पूजन की विधि भी पूर्ववत ही समझनी चाहिए।

भगवान् बोले, सर्वप्रथम जिस किसी भी वस्तु या धातु की प्रतिमा बनानी हो उसका भली-भांति शोधन कर लेना चाहिए। फिर निम्नलिखित विधि से उनकी रचना करके पूजार्चना करनी चाहिए।

लकड़ी की प्रतिमा बनाने के लिए महुए की लड़की का प्रयोग ही सर्वोत्तम है। शोधित लकड़ी को प्रतिमा का आकार देकर उसे स्वास्तिक के श्रीवत्स तथा कौस्तुभ मणि के चिह्न आदि से खूब अलंकृत करना चाहिए। कर्पूर-कुंकुम-अगरूमलय तथा इत्र इत्यादि से प्रतिमा का अनुलेपन करने के उपरांत विधिपूर्वक पूजन और क्षीर का भोग लगाना चाहिए। भगवान् से उस प्रतिमा में प्रतिष्ठित होने की प्रार्थना करनी चाहिए। वहां उपस्थित सभी भगद्भक्तों को प्रतिमा का पूजन भी करना चाहिए। यह सब कर लेने के उपरांत मन-ही-मन 'ओम नमो नारायण' का जाप करते हुए प्रतिमा की प्रदक्षिणा करनी चाहिए। भगवान् से विनय करनी चाहिए, भगवान्! आपके अतिरिक्त मेरा कोई अन्य आश्रम नहीं है, अतः आप इस स्थान का कभी परित्याग न करें। इस प्रकार काष्ठ-प्रतिमा स्थापित कर उसका पूजन करने वाला भव-चक्र से मुक्ति पाता तथा सीधा मेरे लोक में पहुंचता है।

मृत्तिका की प्रतिमा की रचना करते समय उसकी अखण्डता का ध्यान आवश्यक है। श्रवण नक्षत्र में स्थापना व प्रतिष्ठापना का उद्यम करना चाहिए। मेरी उस प्रतिमा को पंचगव्य और चंदन मिलाकर स्नान कराए और विनती करते हुए कहे, हे अच्युत! आप विश्व की रचना करने वाले तथा विश्व को सुरक्षित रखने वाले हैं। आप मेरे द्वारा स्थापित इस प्रतिमा में प्रतिष्ठित होइए। आप 'ॐकार' रूप हैं। इस प्रकार प्राण-प्रतिष्ठा कर उपर्युक्त विधि से ही पूजा करें। 'ओम् नमो नारायणाय' मेरे इस मंत्र का जाप करना चाहिए।

कास्य प्रातमा का रचना करवाकर उस गृह-प्रवश करात समय अघ्य आवश्यक है। मेरे विश्वव्यापी एवं सर्वशक्तिमान स्वरूप की कल्पना करते हुए प्रार्थना करनी चाहिए। पश्चात् उत्तर की ओर मेरा मुख करके मेरी प्रतिष्ठा करनी चाहिए। पंचगव्य, सब प्रकार के चन्दन, लाजा एवं मधु से पूर्ण चार कलशों की पूर्ण शास्त्रीय विधि से स्थापना की जानी चाहिए और 'ओम नमो नारायणाय' मंत्र पढ़ते हुए सूर्यास्त होने पर प्रतिमा को वहीं छोड़ दें, जहां पर वह है। पुनः प्रातःकाल घर के अन्दर ले जाकर उसकी प्रतिष्ठा, पूजा, अभिषेक आदि करें। शान्ति कलश लेकर प्रतिमा पर जलार्पण करें। जितने बिन्दु प्रतिमा पर जलपात होता है, उतने हजार वर्ष भक्त विष्णु-लोक में निवास का अधिकारी बनता है। रजत या स्वर्ण प्रतिमाओं की प्रतिष्ठा, निर्माण व पूजन आदि की विधि भी पूर्ववत् ही है।

इसी प्रकार ताम्र-प्रतिमा की रचना कर उसकी पूजा का भी विधान है। इस प्रतिमा को मन्दिर में ले जाकर पूर्वाभिमुख प्रतिष्ठित कर देना चाहिए। गुरु में श्रद्धा रखते हुए मेरा समुचित पूजन करना चाहिए। गुरु में श्रद्धा रखते हुए सविधि, शास्त्रानुकूल मेरा पूजार्चन करने और ताम्र-प्रतिमा स्थापना करने से मातृ-पितृ पक्षी की इक्कीस पीढ़ियां तर जाती हैं। श्रद्धा सबसे बड़ी वस्तु है। सुन्दरी! श्रद्धालु जन किसी भी धातु की प्रतिमा बनाए, किसी भी आकार में मेरी कल्पना करें, मैं उस सबको यथावत् स्वीकार करता हूं। श्रद्धा-भक्ति सहित मेरी आराधना और मेरा जलाभिषेक करने वाला भी सहस्रों वर्ष पर्यन्त स्वर्ग-सुख का अधिकारी होता है।

पृथ्वी बोली, दयानिधान भगवान्! अब आप मुझे यह बतलाने की कृपा कीजिए कि शालिग्राम और शिवलिंग पूजन का क्या महत्त्व है और साथ ही यह समझाने की कृपा कीजिए कि घर में भगवान् की कितनी मूर्तियां होनी चाहिए। इस विषय पर भी मैं कुछ जानने की इच्छा रखती हूं।

भगवान् ने उत्तर दिया, शालिग्राम मेरे रूप एवं आकार की भावमयी पाषाण-प्रतिमा है। इस प्रकार की पाषाण-प्रतिमा का माहात्म्य मैं अभी बतलाऊंगा, किन्तु पहले तुम यह जानने लगो कि किसी भी गृह में विषम संख्या में प्रतिमाओं की स्थापना या उनकी पूजा

निषिद्ध है। तीन शालिग्रामों, तीन गणेशों, तीन दुर्गाओं की पूजा निषिद्ध है। यदि तीन शलिग्राम हों तो उनमें से एक का पूजन वर्जित है। दो शिवलिंग, दो सूर्य प्रतिमा अथवा दो गोमती चक्र का भी पूजन नहीं किया जाता। भग्न, खण्डित, जली या अंगहीन प्रतिमा का पूजन भी सामान्यतः अनिष्टकारी और उद्वेगकारी होता है। यहां पर मैं यह भी बतला दूं कि शालिग्राम की 'चक्र चिह्नयुक्त' प्रतिमा खण्डित होने पर भी पूजी जा सकती है और वह शुभ फलदायी होती है। देवी! यों तो सभी प्रकार की प्रतिमाओं या मूर्तियों के पूजन का अमित फल प्राप्त होता है किन्तु शिवलिंग या शालिग्राम की पूजार्चा का विशेष महत्त्व है। एक शिवलिंग या एक शालिग्राम के पूजन से भक्तों को असीम पुण्य की प्राप्ति होती है। किन्तु शालिग्राम का पूजन नीच व्यक्ति तथा अपवित्र स्त्रियों के लिए निषिद्ध कहा गया है। शिवलिंग की पूजा में ऐसी कोई रुकावट नहीं है। शालिग्राम की पूजा का महत्त्व बहुत अधिक है। यदि कोई व्यक्ति एक ही दिन में बारह शालिग्रामों की पूजा करता है, तो उसे बारह करोड़ स्वर्ण कमल पर विराजमान शिवलिंग की एक कल्प तक उपासना करने के बराबर पुण्य प्राप्त होता है और यदि वह सौ शालिग्रामों का एक बार में पूजन करता है, तो इसके फल का मैं सौ वर्षों तक भी वर्णन नहीं कर सकता। हे वसुधे! इस प्रकार मैंने तुम्हारे इस प्रश्न का उत्तर दे दिया है, अब तुम और क्या सुनना चाहती हो?

अब पितरों से सम्बद्ध एक अन्य प्रसंग सुनो, किसी समय मथुरापुरी में चन्द्रसेन नामक एक महाप्रतापी और शूरवीर राजा था। उसकी अनेक रानियां थीं। जिनमें से एक का नाम 'चन्द्रप्रभा' था। वह सर्वगुण सम्पन्न तथा अन्य रानियों से विशिष्ट थी। उसकी एक दासी का नाम प्रभावती था। उसके कुल के सभी जन अविचारी तथा नीचकर्मा थे। जिस कारण उनके वंश में एक वर्णसकर उत्पन्न हो गया था और उसी के कारण उसके सभी पितर नरक-यातना भोग रहे थे।

एक बार अनेक पितर ध्रुव तीर्थ में पधारे। उनमें से कुछ तो दिव्ययानों पर सवार होकर आए। वे प्रसन्न भी थे क्योंकि उनके वंशजों ने सदा ही श्रद्धा द्वारा उन्हें तृप्त किया था, अतः वे आशीर्वाद देकर चले गए। कतिपय अन्य पितर क्षीणकाय, क्षुधा-व्याकुल तथा दुखी थे। वे बड़ी कठिनता से वहां पहुंचे और अपनी संतानों को शाप देकर लौट गए क्योंकि

संतानों ने उनका कभी श्राद्ध नहीं किया था। एक तत्त्वदर्शी ऋषि यह दृश्य देख रहे थे। सब पितरों के लौट जाने पर वे अपनी कुटी में आए और श्राद्ध, पितर आदि के विषय में सोचने लगे। वे इस प्रकार चिन्तन कर ही रहे थे कि एक अतिसूक्ष्म शरीरधारी पितर उनके पास आए और बोले, ऋषिश्रेष्ठ! मैं आज तक नरक की घोर यातना भोग रहा हूं, क्योंकि मेरे वंश में वर्णसंकर उत्पन्न हुआ है जिसके कारण मैं सदा श्राद्ध से वंचित रह जाता हूं।

ऋषि ने प्रश्न किया, क्या श्राद्ध करने या न करने का ही यह फल है? पितर बोले, श्राद्ध करने का और न करने का फल अवश्य प्राप्त होता है। यदि विधिपूर्वक तथा श्रद्धा सहित श्राद्ध किया जाता है तो पितर सुखी होते तथा स्वर्ण-लाभ करते हैं। इससे श्राद्धकर्ता को भी पुण्य की प्राप्ति होती है। इसके विपरीत श्राद्ध न करने पर पितर भूखे रह जाते हैं, नरक में पड़कर दुःख भोगते हैं तथा उनकी संतान भी पाप की भागीदार होती है।

ऋषि ने पुनः पूछा, श्राद्ध करने का क्या विधान है?

पितर बोले, श्राद्ध करने वाले के मन में श्रद्धा का होना आवश्यक है। श्राद्ध करने के बाद उपयुक्त पात्र, स्थान और काल में दक्षिणा दी जानी चाहिए। तिल, कुशा एवं मंत्र से श्राद्ध सफल होता है। इनके अभाव में किए गए श्राद्ध असुरों द्वारा ग्रहण किए जाते हैं। इस प्रकार के श्राद्धों का अधिकार राक्षसों को परम पुरातन काल से प्राप्त रहा है।

सर्वप्रथम भगवान् वामन ने राजा बलि को पातालवास की आज्ञा देकर श्राद्ध उन्हीं को समर्पित कर दिये थे।

पुनः राम ने दशानन का वध करके और सीता जी के मुख से यह सुनकर कि हे प्राणेश्वर! त्रिजटा आप में भक्ति रखती थी, ऐसे श्राद्धों का फल उसे प्रदान कर दिया था।

भगवान् शिवशंकर ने भी वासुकि पर प्रसन्न होकर श्राद्धों का फल उन्हें (नागों को) प्राप्त करने का वरदान दिया था।

मुनिराज ने पितर से कहा, जो पितर यहां क्षीण, दीन-दुर्बल बन कर आए थे क्या इसी प्रकार वे उनके श्राद्ध किये गये हैं?

पितर ने उत्तर दिया, निश्चय ही ऐसा हुआ है। तभी तो पितर कामना करते हैं, क्या हमारे कुल में कोई ऐसा उत्पन्न होगा जो पवित्र सरिता तट पर तृपध्वं, उदारता, आयन्तु आदि मंत्रों सहित सविधि हमारा श्राद्ध तर्पण करेगा, जिससे कि हम क्षुधा रहित तृप्त भाव से अपने लोक में संतुष्ट रह सकेंगे। इतना कहकर वह पितर वहीं मौन हो गया।

उसकी ऐसी करुण-गाथा सुनकर त्रिकालश ऋषि का हृदय द्रवित हो गया और वे अविलम्ब राजा चन्द्रसेन के पास जा पहुंचे। राजा ने उन महान् ऋषि को देखते ही खड़े होकर उन्हें प्रणाम किया तथा अर्घ्य, पाध व मधुपर्क आदि से उनका सम्मान करके विनय पूर्ण उनके आने का प्रयोजन पूछा। ऋषि बोले, महाराज! आज मैं ध्रुव तीर्थ गया था। देखो, वे आपकी पटरानी की दासी प्रभावती के पूर्वज हैं। कृपया आप उन दोनों के साथ प्रभावती की पुत्री विरुपकनिधि, को भी यहां बुलवा दें। आज्ञा होते ही पटरानी और प्रभावती तो तत्क्षण ही वहां पहुंच गई किन्तु विरुपकनिधि मद्यपान में डूबी होने के कारण अनुचरों द्वारा पकड़कर वहां प्रस्तुत की गई। उसे देखते ही ऋषि सब कुछ समझ गए। उन्होंने उससे पूछा, क्या तुम यथाविधि अपने पितरों का तर्पण, श्राद्ध आदि कर पिण्डदान देती हो?

मद्यपान से उन्मत्त वह दासी बोली, कैसा श्राद्ध-तर्पण या पिण्डदान मुझे तो यह भी ज्ञात नहीं है कि मेरे पितर कौन हैं?

यह सुनकर मुनिश्रेष्ठ ने राजा से प्रार्थना की, आप अपने प्रजाजनों के साथ आज ध्रुव तीर्थ श्राद्ध से तृप्त हो गए।

पितन ने कहा, 'मैं इस दासी का पूर्वज अगस्ति हूं। श्राद्ध कर्म से पूर्व यह इस ध्रुव तीर्थ में स्नान करें और वेद-शास्त्रोक्त विधि से यह मेरा श्राद्ध, पिण्डदान तर्पण और पितरार्चन करें। इस कर्म में सम्पादन हेतु रजत (चांदी) पात्र, चंदन और काषाय वस्त्रों का होना भी अनिवार्य है। मेरी यह संतान यदि विधि से मेरा श्राद्ध करेगी तो सब मेरी सद्गति को स्वयं देख लेंगे। अगस्ति के ऐसा कहने तथा राजा और मुनि द्वारा प्रेरित किए जाने पर रानी चन्द्रावती अपनी उस दासी से श्राद्ध करवाने को तत्पर हो गई।

श्रद्धासहित विधिपूर्वक श्राद्ध और पिण्डदान होते ही उस पितर का रूप दमक उठा। उनका यह सूक्ष्माकार सुन्दर और पुष्ट हो गया। उस समय ऐसा लगा जैसे कि मानो कोई

दवता हा उस ापतर क रूप म वहा उपास्थत हा। उसका आकृात स परम सताष का एसा भाव झलक रहा था, जैसे मानो वह यज्ञ कृत्य पूर्ण करके अवभृथ स्नान से आह्लादित हो रहा हो।

सबने प्रत्यक्ष रूप में अद्भुत दृश्य देखा कि असंख्य दिव्य विमान वहां उतरे, जिनमें अगस्ति के सामने अनेक पितर विराजमान थे। उन सबने वहां उपस्थित जन समुदाय से कहा, आप लोग श्राद्ध-तर्पण पिण्ड-दान आदि का परिणाम स्वयं देख चुके हैं। आप सबकी कृपा से ही हमारे लिए दुर्लंघ्य नरक-सागर को पार करना सम्भव हुआ है। आप सबका कल्याण हो। तब अगस्ति और अन्य पितर उन दिव्य यानों पर आरूढ़ होकर स्वर्ग को चले गये।

राजा चन्द्रसेन भी उस स्थली की पवित्रता और माहात्म्य को देखकर मुग्ध हो उठा। वह मुनि को प्रणाम करके परिजनों व पुरजनों सहित नगर को लौट गये।

ब्रह्मा जी ने नारद से कहा कि प्रत्येक व्यक्ति मरणशील है किन्तु उसे कर्म करते रहना चाहिए। सत-रज और तम से प्रभावित जीव कर्म करता है। शास्त्र आदि का अध्ययन तथा तत्त्व चिन्तन आदि सतोगुण के लक्षण हैं। भोग आदि की इच्छा रजोगुण कहलाता है। हिंसा, अश्रद्धा, अमान्य व्यवहार आदि तमोगुण हैं। इनमें क्रमशः जिसमें जो गुण प्रधान होता है, प्राणी की आयु उसी अनुपात में बढ़ती-घटती रहती है। तमोगुणी की आयु अल्प होती है। रजोगुणी मध्यम जीवी और सतोगुणी दीर्घजीवी होता है, किन्तु अमर कोई नहीं रहता। यह जानकर भी मनुष्य मृत्यु से डरता है। अतः मृत्यु के समीप पहुंचे मनुष्य के सामने वेद-मंत्रों का पाठ करना चाहिए। इससे यह भय-मुक्त होता है। उसे पूरी तरह से भयमुक्त करने के लिए उसके मरणासन्न मुख में मन्त्रोच्चारपूर्वक विशुद्ध मधुपर्क डाल देना चाहिए। इससे उसे परलोक में भी तुष्टि मिलती है। प्राण निकल जाने पर मृतक को वृक्ष के नीचे ले जाकर सुगन्धित द्रव्य घृत-तेल मलकर पार्थिव शरीर का शोधन करें। पृथ्वी के सभी तीर्थों और सागरों का ध्यान कर शव को जलस्नान कराना चाहिए। पश्चात् दक्षिण की ओर चरण कर उसे चिता पर रखकर प्रधान अग्नियों को ध्यान करके यह मंत्र पढ़ें, अग्निदेव! इस मृत प्राणी को अब आप ही की शरण है। जीवितावस्था में इसने न जाने कैसे-कैसे कर्म किए

होंगे, किन्तु अब यह निःशेष प्राण हो चुका है। अब आप इसके इस शरीर को दग्ध कर दें, जिससे कि यह स्वर्ग जा सकें। इस मन्त्रोच्चारण के साथ ही चिता की परिक्रमा करें और शव के सिर के निकट अग्नि प्रज्ज्वलित कर दें। अग्नि देने के पश्चात् उस व्यक्ति का नाम लेकर तर्पण करें तथा भूमि पर पिण्डदान करें। इस प्रकार दाह-संस्कार करके स्नान तथा वस्त्र प्रक्षालन के उपरांत ही वहां से लौटना चाहिए। उस दिन से दस दिवस पर्यन्त सभी सगोत्री-जन अशौच के भागी हो जाते हैं और उनके लिए सभी देव-कर्म भी निषिद्ध हो जाते हैं। सभी वर्णों में मृतक के दाह-संस्कार की यही विधि है।

इसके बाद भगवती पृथ्वी ने अशौच की शुद्धि के विषय में पूछा, तो भगवान् वराह ने कहा कि किसी अपने ही गोत्र की मृत्यु से सम्बन्धित काम अशौच होता है। ऐसे समय में 10 दिन तक धार्मिक कार्य भी नहीं करना चाहिए।

इसकी शुद्धि का उपाय बताते हुए भगवान् ने कहा कि मनुष्य को चाहिए कि वह तीसरे दिन नदी में स्नान करें और स्नान करने के बाद आटे के तीन पिण्ड बनाकर दान करें और जल की अंजुलियां भी दे। चौथे दिन से सातवें दिन तक एक-एक पिण्ड और एक-एक अंजुलि देनी चाहिए। स्मरणीय है कि पिण्डदान एक ही स्थल पर न किया जाए। दस दिन तक यह क्रिया-कर्म किया जाता है। दसवें दिन और कर्म करवाकर स्वच्छ-नव वस्त्र धारण करने होते हैं। इससे पूर्व कभी सम्बद्ध जनों को तिल-तेल अथवा आंवला तेल लगाकर स्नान करना चाहिए। इस प्रकार बंधु बांधवों में घर वापस आना चाहिए। ग्यारहवें दिन प्रेत योनि को प्राप्त उस मृतक को एकोदिष्ट श्राद्ध तथा पिण्डदान से पितरों की श्रेणी में पहुंचा देना चाहिए, तेरहवें दिन ब्राह्मणों को आमंत्रित करके उन्हें पकवान भोजन कराना चाहिए, ब्राह्मण को निमंत्रण देते समय यह सोचना चाहिए कि यमराज द्वारा आहूत मृतक पवन-रूप में आकर उस ब्राह्मण में विराज गया है। इस प्रकार जिस व्यक्ति का श्राद्ध किया जाना हैं, उसका संकल्प लेकर श्राद्ध की विधि पूरी करनी चाहिए। इन दृष्टि से कुछ महत्त्वपूर्ण प्रक्रिया है जिसका ध्यान रखना बहुत आवश्यक है।

–नदी के किनारे पीपल अथवा किसी पेड़ की छाया में दक्षिण या पूर्व की तरफ मुख करना।

–चौसठ पिण्ड-दान करना।
–पिण्डदान-स्थल को पवित्र रखना।
–पितरों की भलाई के लिए उसे वर्जित कर्म से मुक्त रखना।
–ब्राह्मण का सम्मान।
–दान में छाता, जूता, धूप, दीप आदि का दान।

इस विधि का प्रयोग करने से पितर रक्षित होते हैं और भगवान् आदित्य के द्वारा बताये इस विधान के द्वारा श्राद्ध करने वाले को चाहिए कि वह अपने तीन बार चरण धोये। श्राद्धकर्ता ब्राह्मण को भी शुद्ध होना चाहिए। उसे भी खुले मन से दान मिलना चाहिए।

श्राद्ध करने से पूर्व स्नान करके नतमस्तक होकर पृथ्वी की स्तुति करनी चाहिए और फिर प्रेत या मृतक का नाम लेकर उसके गोत्र का उच्चारण करते हुए तिल का दान करना चाहिए। उसके बाद गोदान, फिर गूलर की लकड़ी से बने पात्र में काला तिल और जल देकर 'सौरभेय सर्वहित:' मंत्र का उच्चारण कर दान देना चाहिए।

श्राद्ध का यही विधान मनु तथा अन्य मुनियों द्वारा भी बतलाया गया है। सभी वर्णों के लिए एक-सा विधान है। इस नश्वर में जो कुछ है, सब नाशवान है, अतः उसके प्रति ममता नहीं करनी चाहिए तथा पितरों की संतुष्टि के लिए पितृयज्ञ, श्राद्ध, अवश्य करना चाहिए। ध्यान रखने की बात है कि राजा निमि ने इसका प्रथम आयोजन किया था, अतः इसे 'निमि यज्ञ' कहते हैं। इसमें द्विजातियों को मंत्रोच्चारण पूर्वक और शूद्रों को बिना मंत्र के ही श्राद्ध कर्म करने का अधिकार है।

पृथ्वी ने प्रश्न किया, सामान्यतः दान का अधिकारी सुपात्र ब्राह्मण ही है, किन्तु भगवान्! श्राद्ध या मृतक संस्कार, प्रेत-कर्म में दिया जाने वाला दान गर्हित समझा जाता है। श्रेष्ठ ब्राह्मण उन्हें किस प्रकार स्वीकार कर सकता है और यदि स्वीकार करता है और यह गर्हित कर्म है, तो उससे ब्राह्मण का उद्धार या प्रायश्चित कैसे हो सकता है?

सूत जी बोले, विप्रो! यह प्रश्न परम-उपयोगी एवं महत्त्वपूर्ण था, अतः पृथ्वी द्वारा इसे पूछते ही शंख-दुन्दुभि का वादन होने लगा और दिव्य रूपधारी भगवान् वराह ने बड़े ही आनन्द के साथ इसका उत्तर देना आरम्भ किया।

भगवान् ने कहा, यदि ब्राह्मण प्रेतार्थ प्रदत्त अन्न का अज्ञानवश भक्षण कर लेता है, तो उसे शरीर-शुद्धि हेतु एक दिवस तथा एक रात्रि सर्वथा निराहार रहना चाहिए। उसे पवित्र नदी में स्नान, संध्या-तर्पण तिल-वहन, शान्ति और मंगल पाठ का आश्रय लेना चाहिए। उसे मधुपर्क और पंचगव्य का सेवन करने के उपरांत गूलर काष्ठ के पात्र में जल लेकर अपने गृह का परिमार्जन करना चाहिए। सामर्थ्य हो तो गोदान भी करना चाहिए। प्रेतान्न-भक्षी ब्राह्मण यदि इस प्रायश्चित के किए बिना ही मृत्यु को प्राप्त हो जाता है, तो वह यमलोक में भयानक यातनाएं भोगता है और यदि उस प्रायश्चित को कर लेता है तो वह अपने और दाता के उद्धार में सहज ही सक्षम हो जाता है। वेदज्ञ, धर्माचारी एवं धर्मकर्म पारंगत ब्राह्मण को किसी भी प्रकार का दान दिया जा सकता है।

भगवती पृथ्वी भगवान् वराह के द्वारा अनेक प्रसंग सुनने के बाद भी तृप्त नहीं हुई तो उन्होंने पिण्डदान के अधिकारी के विषय में पूछा। तब उन्होंने समझाते हुए भगवान् ने कहा कि पिण्डदान एक पवित्र कर्म है। पितृ यज्ञ में पिता, दादा और परदादा इसके अधिकारी होते हैं। सभी यज्ञों में यह महत्त्वपूर्ण माना जाता है। इनमें देवयज्ञ, ब्रह्मयज्ञ, भूतयज्ञ और मानवयज्ञ प्रमुख हैं। इन सबका संबंध मुझसे है।

कर्म के अनुष्ठान में ब्रह्मयज्ञ और देवयज्ञ सामान्य माने जाते हैं। अर्थात इनमें सुपात्र ब्राह्मण को देखकर ही अनुष्ठान करना होता है। इनके अभाव में पिण्डदान का कोई महत्व नहीं रहता। हे वसुन्धरे! इस प्रसंग में तुम भी प्रणाम की अधिकारिणी हो क्योंकि कई रूपों में वैष्णवी कास्यपि रूप में विजया नामों से भी तुम्हें प्रणाम करने का विधान है। इस तरह शास्त्रों के अनुसार किया गया पितृयज्ञ निर्दोष होता है।

पितरो के संतोष के लिए उन्हें गति मिलती है। देवता प्रसन्न होते हैं और जन-कल्याण का विस्तार होता है। पितरों की कृपा से यह यज्ञ कराने वालों को भी यश और धन की प्राप्ति होती है।

यह ध्यान रखना चाहिए कि दुष्ट आचार वाले व्यक्ति इस विधान में न आ पाएं क्योंकि वे इसके अधिकारी नहीं हैं।

यदि पितृयज्ञ को पूर्ण रूप से सफल करना है तो पहले अग्नि में आहुति देना और उसके बाद ब्राह्मण को भोजन कराना ही प्रमुख विधान है। देवताओं का मुख अग्नि है और यज्ञ में ब्रह्मा, विष्णु महेश पिता, दादा और परदादा के रूप में रहते हैं।

एक बार अजीर्ण होने पर पितरों को देखते हुए सोम ने अजीर्णता का कारण पूछा तो पितरों ने कहा कि हम तो ब्रह्मा, विष्णु, महेश के रूप में पितर यज्ञ में गये थे। वहां हमने अपनी संतानों द्वारा दी गई वस्तुएं लीं, तो अजीर्ण हो गये।

यह सुनकर सोम ने कहा कि मैं स्वयं तुम्हारे साथ चलता हूं और इस विषय में ब्रह्मा जी से पूछता हूं। यह सब सोचकर वे ब्रह्मा जी के पास गये। तब उनसे ब्रह्मा जी ने कहा कि भविष्य में सभी मनुष्य शांडिल्य ऋषि के पुत्र विभावसु और धूम्रकेतु के साथ पितरों को पिण्डान देंगे। इसके बाद ही आवाहन करने योग्य अग्नि को भोजन देंगे। यह सोचकर और बताकर उन्होंने अग्निदेव को बुलाया। जब अग्निदेव वहां उपस्थित हो गये, तो उन्होंने कहा कि हे अग्निदेव! तुम स्वयं ब्रह्म रूप हो अतः पितरों को दिये गये पिण्ड में तुम्हारा भी भाग होगा और इसके बाद ही दूसरे को अपना भाग लेंगे। यह कहकर ब्रह्माजी ने अग्नि को प्रसन्न किया और पितरों का अर्जीण दूर हो गया।

इसमें एक व्यवस्था यह है कि वेदपाठी ब्राह्मणों, जो कभी मृतक संबंधी भोज नहीं करते, को श्राद्धों में भोजनार्थ न बुलाया जाए। उन्हें वैश्व देव निमित्तिक भाग ही देना चाहिए। यदि श्राद्ध में कोई दोष रह जाए तो उसका विधिपूर्वक प्रायश्चित करना भी आवश्यक है। श्राद्ध करने की विधि इस प्रकार है, इसका पालन होना आवश्यक है।

श्राद्धकर्ता बाल तथा नाखून कटवाकर तेल लगाने के बाद स्नान करें और शुद्ध हो। तत्पश्चात् ब्राह्मण को मण्डल में लाकर पाद्य, अर्घ्य, धूप, दीप, तिल तथा माला आदि से उसका पूजन करें। श्राद्ध कर्म सम्पन्न होने पर ब्राह्मण को भोजन कराए। इस बात का ध्यान रखें कि सपात्रक श्राद्ध में पितरों को लक्ष्य कर संकल्प नहीं कराया जाता। ब्राह्मणों के संतुष्ट होने पर स्वस्ति वाचन करें। इस स्वस्ति वाचन से मन शुद्ध होता है।

श्राद्ध में तीन पिण्ड दिये जाते हैं, उन्हें उठाने से पूर्व पृथ्वी को तीन बार-वैष्णवी, काश्यपी और अक्षया नाम से प्रणाम करें। तब प्रथम पिण्ड स्वयं खाएं, दूसरा पत्नी को दें और तीसरा जल में डाल दें।

इस प्रकार किया गया श्राद्ध या पितृयज्ञ पूर्णतः सफल होता है। उससे पितरों की तृप्ति और श्राद्धकर्ता की समृद्धि होती है। श्राद्ध के अंत में शान्ति पाठ से शुभ मंगल की प्राप्ति होती है। यह सुनकर भगवान् से भगवती पृथ्वी ने पूछा कि मधुपर्क किस मात्रा में और किस रूप में लेना चाहिए और उसके बनाने की विधि क्या है?

वसुन्धरा की बात सुनकर भगवान् वराह ने कहा कि मधुपर्क मेरा ही अंश है। तुम जानती हो कि दक्षिण अंग से सृष्टि के समय इसकी उत्पत्ति हुई। यह विश्वकल्याण का स्वयं रूप है। इसके बनाने की विधि बहुत सरल है कि समान मात्रा में शहद, दही और घी मिलाकर पवित्र मंत्रों का उच्चारण किया जाये। यह सुनकर पृथ्वी ने फिर पूछा, तो उसके पान की विधि बताते हुए भगवान् वराह ने कहा कि जब मधुपर्क लिया जाय, तो भक्त को कहना चाहिए हे भगवान! आपके द्वारा जगत की सृष्टि होती है। आप देवादि कर्म और यज्ञ के साक्षी हैं। हे प्रभो! आप मुझे आवागमन के चक्र से मुक्ति प्रदान करें। मुझे शान्ति दें। इसके उपरांत वह मुझे समर्पित करना चाहिए।

मधुपर्क समर्पण करते समय 'ओम नमो नारायण' मंत्र के साथ प्रार्थना करनी चाहिए, 'हे देवाधिदेव! देव सृष्टा, सर्वव्यापी भगवान् आप सर्व सुपूजित हैं। भवसागर से मेरा तारण करने के लिए आप इन मधुपर्क युक्त पात्रों में विराजमान हों। मैं दधि, घृत, मधु आदि से बना यह मधुपर्क आपको समर्पित करता हूं। 'हे विश्वेश्वर! विश्वपूजित यज्ञादि देवदेवेश आप इसे स्वीकार करें।' इस प्रकार भावमय स्तवन से मैं प्रसन्न होता हूं। कभी-कभी यदि कुछ नहीं मिले तो हाथ में जल लेकर ही मधुपर्क समझा जा सकता है। यदि मरणासन्न व्यक्ति को मधुपर्क दिया जाता है, तो उसे शांति मिलती है। इस विषय में मैं एक प्रसंग सुनाता हूं-

प्राचीन समय की बात है, एक बार राजा जनमेजय अश्वमेध यज्ञ कर रहे थे। उस समय वैशम्पायन उनसे मिलने आये किन्तु राजा यज्ञ में दीक्षित थे। इसलिए मुनि उनसे नहीं मिल

पाये और यज्ञ की समाप्ति तक प्रतीक्षा करनी पड़ी। उधर जब यज्ञ समाप्त हुआ तो जनमजय को पता चला कि इस प्रकार ऋषि वैशम्पायन आये हुए हैं और प्रतीक्षा करने के लिए उन्होंने पास में ही एक आश्रम बनाकर निवास प्रारम्भ कर दिया है। राजा को बहुत मानसिक कष्ट हुआ कि उनके कारण ऋषि को प्रतीक्षा करनी पड़ी और उन्होंने यह भी सोचा कि यह तो मुनि का अपमान हुआ है। उन्हें इस बात की भी चिन्ता हुई कि मुनि न जाने कैसा शाप दें बैठें। इस तरह चिन्ता से व्याकुल राजा स्वयं मुनि के सामने उपस्थित हुए। उन्होंने पहले तो उनका सम्मान किया और उनसे क्षमा मांगी। राजा के मन में मुनि के शाप का भय बराबर विद्यमान रहा। उन्होंने कहा कि हे प्रभो! आप मुझे यमलोक की यंत्रणा से बचने का उपाय बताइए। मैं उस यमपुरी का रूप भी जानना चाहता हूं। मेरे मूल प्रश्न ये हैं-

(1) यमपुरी का रूप कैसा है? (2) वहां चित्रगुप्त की कार्य-शैली कैसी है? (3) उनकी कथनी का क्या रूप है? (4) वहां व्याधियों का कैसा रूप है? (5) यमराज और काल का स्वरूप क्या है? (6) कर्म-विपाक का क्या स्वरूप है?

यह सुनकर वैशम्पायन ने कहा कि मैं इसके विषय में तुम्हें पुराना आख्यान सुना देता हूं। उस समय नचिकेता यमपुरी से वापस आये थे और यह समाचार चारों ओर बहुत शीघ्रता से फैल गया था। यह समाचार पाकर अनेक ऋषि-मुनि ऋषि उद्दालक के पास एकत्रित हो गये और उन्होंने यही प्रश्न नचिकेता से पूछे जो तुमने अभी मुझसे पूछे हैं। कथा इस प्रकार है कि उद्दालक नाम के एक ऋषि थे और उनका नचिकेता नाम का एक पुत्र था। पुत्र सुयोग्य और दान की महिमा को जानने वाला था। एक बार पुत्र के किसी प्रश्न से असंतुष्ट होकर ऋषि ने उससे शाप पर विचार किया और तब वह पूज्यपाद! आप तपोनिष्ठ सत्यवादी ऋषि हैं। आपका वचन मिथ्या नहीं हो सकता, अतः मैं इसी क्षण यम के पास उनकी पुरी में जाता हूं।

पुत्र का वचन सुनकर ऋषि को बहुत पश्चात्ताप हुआ। वे बोले, बेटा! यह ठीक नहीं है। मैं भले ही मिथ्यावादी और तपोभ्रष्ट ही क्यों न समझा जाऊं परन्तु तुम्हें वहां नहीं जाने दूंगा। बेटा! वहां अनेक प्रकार के दारुण कष्ट सहने पड़ते हैं। वहां के राजा वैवस्वान बड़े ही

क्राधा स्वभाव क ह, अतः व तुम्ह वहा ठहरन भा न दग। ह पुत्र! इस हतु तुम वहा जान का विचार त्याग दो। यह मेरा अनुरोध है।

नचिकेता बोला, पितृचरण सत्य की बड़ी महिमा है। सत्य से ही तेजस्वियों का तेज है और उसी से शेषानाग धरती को धारण करते हैं। उसी सत्य से धर्म की महिमा है। धर्मराज सदा सत्य के पोषक हैं, अतः आपको सत्य का त्याग नहीं करना चाहिए। मैं यमपुरी से पुनः लौटकर आऊंगा और आप पुत्रहीन नहीं रहेंगे, आप मुझे जाने की आज्ञा दीजिए।

पुत्र की बातें सुनकर पिता ने कोई उत्तर नहीं दिया। उनके मौन को स्वीकृति मानकर नचिकेता यमपुरी को चल पड़ा। यमपुरी पहुंचने पर यमराज ने उस ऋषि-कुमार का स्वागत किया। उसके तप और सत्यतेज का ही यह परिणाम था कि यमराज ने नचिकेता को उपयुक्त आसन भी अर्पित किया। ऋषि कुमार कई दिनों तक यमपुरी में रहा और उसने यम से अनेक प्रश्न पूछे, यमपुरी के दर्शन किए और अन्त में यमराज की आज्ञा प्राप्त कर पिता के पास लौट आया। यह मैंने कथा के प्रारम्भ में ही तुम्हें बताया था कि इस समाचार से लोगों में बहुत आश्चर्य फैला और फिर वे प्रश्न किये गये। नचिकेता ने सारे प्रश्न सुने और सुनकर लोगों का संदेह दूर करने के लिए उत्तर दिया। उन्होंने एक प्रकार से यमपुरी का साक्षात वर्णन कर दिया। उन्होंने पहले कहा कि यमपुरी में झूठ बोलने वाले को बहुत कष्ट सहना पड़ता है। जो अपना आचरण ठीक नहीं रखता उसे यातना मिलती है। मिथ्या आचरण करने वाले, व्यभिचारी, नीच मनोवृत्ति वाले अलग-अलग नरक लोकों में जाते हैं। अब मैं आपके प्रश्नों का उत्तर देता हूं, इसमें सबसे पहला प्रश्न है यमपुरी का रूप।

यमपुरी के दो परिभाग हैं और सहस्र योजन उसका क्षेत्र है। यह दिव्य महलों और अट्टालिकाओं से भरा हुआ है। यहां पर अनेक प्रकार के दृश्य देखने को मिलते हैं। मृत्यु के बाद जीव यहीं जाता है। यहां की नदियों में पुष्पोदका और वैवस्वती प्रमुख हैं। पहली नदी में स्वर्ण के रंग का पानी भरा है और उसके किनारे सोने की रज सुशोभित हैं। दूसरी वैवस्वती नदी यमपुरी के बीच में है। यही वहां की सबसे बड़ी नदी है। उसका जल बहुत निर्मल है। उसके किनारे हंस विचरण करते हैं।

यमपुरी में यंत्र उपकरण और प्रकाश की व्यवस्था बहुत अच्छी है। पुण्यात्माओं वाले अच्छे आवासों में रहते हैं। दक्षिण की तरफ लोहे के दरवाजे के क्षेत्र हैं। वहां पापी जीवों के लिए यंत्रणा से भरे हुए आवास गृह हैं। जो अधर्मी पापाचारी हैं, उनका प्रवेश पश्चिमी द्वारा से होता है। यह द्वार ज्वालामय है। इससे गुजरना बहुत कष्टकारक होता है।

यमपुरी में एक सुन्दर सभा-भवन है। वहां अनेक ऋषि मुनि, तपोनिष्ठ संन्यासी आदि सदा विद्यमान रहते हैं। इन ऋषियों में वेदज्ञ, धर्म-नीति-निपुण, ज्ञान-विशारद, छन्द शास्त्र के ज्ञाता, सामवेदी, निरुक्तवादी, धातुवादी आदि सभी प्रकार के धर्मात्मा हैं। ये सब अपने-अपने रूप में कार्य करते हैं। साथ में उस यमपुरी में यातुधान, कूष्माण्ड तथा मांसभक्षी, एकपदी, द्विपदी, त्रिपदी और बहुपदी राक्षस भी हैं। विचित्र रूपाकृति के प्राणी, पशु-पक्षी भी वहां भरे पड़े हैं, संक्षेप में यही यमपुरी का रूपाकार है।

अब मैं चित्रगुप्त और उनकी कार्यशैली का वर्णन करता हूं। यमराज ने मुझे एक सिद्ध मुनि मानकर पाद्यार्घ्य व आसन प्रदान किया। मैंने भी बड़े सम्मान और बड़ी श्रद्धा-भक्तिपूर्वक उनकी स्तुति की। उस स्तुति से प्रसन्न होकर धर्मराज यम ने मुझसे वर मांगने को कहा और मैंने उनसे निवेदन किया, भगवान्! मुझे चित्रगुप्त और उनकी कार्य-व्यवस्था के दर्शन करा दीजिए। यमराज की आज्ञा से शीघ्र ही एक अनुचर मुझे चित्रगुप्त के पास ले गया। भृत्य ने यमराज का संदेश भी चित्रगुप्त को सुनाते हुए कहा, आप इनके प्रति मित्रता का व्यवहार करें, इनसे सु वचनों में बोलें और इन्हें समयानुकूल, बातें भी बतला दें। वहां पर मेरा बहुत सम्मान हुआ और गुप्त रूप से मुझे उन्होंने सारी यमपुरी दिखा दी। पूरी यमपुरी का रूप देखते हुए मैंने देखा कि वहां पर यमदूतों की दौड़-भूप, उनके द्वारा पापी-पापियों को दिये जाने वाले वीभत्स दण्ड, नरकों में पचपक रहे पापी, तेल-क्षार आदि कड़ाहो में खौलते पापी, आग में ईंधन के रूप में झोंके जा रहे दुष्टात्माओं तथा उनकी चीत्कार आदि सभी कुछ मैंने देखा और सुना। मैंने वहां शूल की नोकों पर छिद रहे, कोल्हू में पेरे जा रहे, तप्त रक्त-मज्जादि से उफनती वैतरणी में फेंके जाते पापियों को बहुत अधिक कष्ट मिलते देखा। मुझे बताया गया कि यह कष्ट उनके कर्मों के कारण मिलता है।

अब इसके बाद मैं यमपुरी की कुछ विशेष स्थलियों का वर्णन करता हूं। वहां पर मैंने एक कूट शल्मलि वृक्ष भी देखा। मुझे बताया गया कि उसके कांटे प्राणघाती हैं। उस पर अनेक पापी लटके रहते हैं और यमराज के कूष्माण्ड नाम के सेवक उस वृक्ष पर चढ़कर पापियों का भोग करते हैं। उनका रक्त पीते हैं और उनकी हड्डियां इधर-उधर फेंक देते हैं और फिर उन अस्थियों को दूसरे वन्य पशु खा डालते हैं।

यमपुरी में धातु की बनी हुई अनेक तारियां हैं। उनका शरीर भस्म ताप से भरा हुआ है। वे उन बलात्कारियों के शरीर से चिपट जाती हैं, जो पर स्त्रियों, अपनी बहनों, पुत्र-वधुओं, राजा की रानियों तथा मित्र-पत्नियों आदि के साथ संभोग करने वाले हैं। उनके ताप से व्याकुल होकर वे भागते हैं और स्त्रियां उनका पीछा करती हैं तथा बार-बार उनसे चिपटकर उन्हें भस्म कर देती हैं, किन्तु उनकी यातना का फिर भी अन्त नहीं होता, अतः वे असिपत्र और तालवान नामक नरकों में फेंक दिये जाते हैं, जहां वे हिंसक तथा नीच पशुओं द्वारा नोचे-खसोटे जाते हैं। वहां मांस-मज्जा-पाषाण-अस्थि आदि के अम्बार लगे हैं और पापियों को इतनी अधिक दारुण यातना दी जाती है कि उनके उस आर्तनाद से दिशाएं प्रकम्पित हो जाती हैं, किन्तु वहां उनका रक्षक कोई नहीं होता। वृक्ष आदि से रहित, पाषाण-युक्त पर्वताकार शूलत्रक नामक नरक भी वहीं है। इससे आगे शृंगटक नामक वन है। यहां विषाक्त घास और नारकीय नीली मक्षिका की प्रधानता है। यहां जीव कीट के रूप में आता है और उस पर मक्षिकाएं भयानक आक्रमण करती हैं, जीव अपने बंधु-बांधवों को वहां बन्धनयुक्त तथा आर्तनाद व अश्रुपात करते हुए देखता है। तब यमदूत भयानक आयुधों लात-घूंसों से उनको मारते हैं और इस तरह से नाना प्रकार से उनको कष्ट देते हैं।

नचिकेता ने यमपुरी का वर्णन करने के बाद यमराज और काल स्वरूप के विषय में बताया तो एक कथा अथवा घटना सुनाई जिससे स्थापित होता है कि वहां पर भी कभी-कभी व्यवस्था में विरोध हो जाता है।

एक दिन कार्याधिक्य से थककर दूत तनिक विश्राम करने लगे, चित्रगुप्त ने उनसे यों आलस्य में न बैठने को कहा तो उन्होंने कहा तनिक विश्राम कर लेने दें। हम बहुत थक

चुके हैं। किन्तु चित्रगुप्त न माने और उन्होंने उन विरोधी दूतों को दण्ड देने के लिए 'मन्देह' राक्षसों को प्रकट किया। अब दूतों और मन्देहों के मध्य भयानक संग्राम छिड़ गया। चारों ओर मारो-मारो, काटो-काटो, बचाओ-बचाओ का कोलाहल छा गया। निश्चय दूत अधिक शक्तिशाली थे, अतः उन्होंने राक्षसों को मार-मारकर छक्के छुड़ा दिए। फलतः वे भागने को उद्यत हुए कि इसी समय इस संघर्ष का समाचार पाकर 'यमराज' वहां आ पधारे। उनकी आज्ञा से युद्ध बंद हुआ और चित्रगुप्त तथा दूतों के मध्य समझौता हो गया।

यह स्थल उन पापियों के लिए दण्डवत् था जो चुगली करते, झूठ बोलते, दम्भ और आडम्बर करते, कुवचन बोलते, पिता की हत्या करते हैं। उन्हें कानों में कील ठोकने, रस्सियों से बांधने या हड्डियों तक तोड़ देने का दण्ड मिलता था। यही यमराज का आदेश था। चित्रगुप्त ने असत्य के चार विभाग कर रखे हैं, कटुवचन, निन्दा, हिंसा, असत्य। इनमें से किसी भी एक प्रकार के असत्य या अन्य प्रकार का कुत्सित कर्म बोलने या करने पर वहां ऐसी असह्य यातना दी जाती है कि जिसकी कल्पना मात्र से शरीर कांप जाता है। इसके अतिरिक्त इन्हीं कर्मों के फलस्वरूप मुक्ति तथा पुनर्जन्म का भी निर्धारण होता है। नीचकर्मी सदा अधम योनि में ही जन्म पाता है। अब आप कर्मविपाक के विषय में सुनो। यमपुरी में मैंने यमराज व चित्रगुप्त को वार्ता और विमर्श करते हुए सुना था। वे क्रमानुसार पुनर्जन्म, नरक-स्वर्ग, आदि की व्यवस्था कर रहे थे। ऋषिवरो चित्रगुप्त कर्मों के अनुसार प्राणी के फल का निर्धारण तथा अनुमोदन करते तथा यमराज स्वीकृति प्रदान करते थे। किसी को वृक्षयोनि, किसी को पशु, तिर्यच या ऐसी ही अन्य योनि मिल रही थी तो कोई स्वर्ग भेजा जा रहा था। चित्रगुप्त के कथन के अनुसार ही किसी को मुक्त किया जा रहा था तो किसी को पितरों का साथ प्राप्त हो रहा था।

धर्म में निरत, पापरहित, परोपकार में लगने वाले जन नरक की यातना से मुक्त रहते हैं। जीवन भर परनिन्दा न करने वाला परम धर्मनिष्ठ, विपत्ति-सम्पति में समान रूप से धर्माचरण करने वाला सदा स्वर्ग सुख-भोग का अधिकारी होता है। युद्ध भूमि में वीरगति पाने वाले को माल्यार्पण तथा अन्य प्रकार का सम्मान दिया जाता है। राष्ट्र की रक्षा में रत और उसके लिए अपने प्राण विसर्जन करने वाला चित्रगुप्त के न्यायानुसार यमदूतों द्वारा

भी वंदनीय होता है। वह दिव्य विमानवाही होकर स्वर्ग का अधिकारी होता है। नचिकेता ने पुनः कहा, महाभागे! मैंने वहां चित्रगुप्त की कर्म लेखा पुस्तिका का भी अवलोकन किया था। उसमें कर्मानुसार फलभोग का निर्णय भी लिखा हुआ था। उससे यह स्पष्ट हो जाता था कि प्रत्येक प्राणी के तुच्छ से तुच्छ तथा महान् से महान् सभी कर्मों का लेखा चित्रगुप्त के पास रहता है और वे उन्हीं के योग द्वारा फल प्रदान करते हैं।

कुकर्म में रत व्यक्तियों के लिए भी दण्ड विधान है। धर्म से विमुख और पतिव्रता स्त्री का त्याग करने वाला, पुत्रहीन व्यक्ति रौरव नरक में भेजा जाता है। धर्म कार्य करने पर भी स्त्री से अधिक आसक्ति रखने वाले को पुनः मानव योनि में जन्म लेना पड़ता है। इसी प्रकार चित्रगुप्त सभी के कर्मों का यथोचित फल प्रदान कर रहे थे। उनके अनुसार कोई स्वर्गलोक को, कोई ब्रह्मलोक को, कोई शिवलोक को तथा कोई विष्णुलोक को भेजा जा रहा था। इसके विपरीत कोई भूलोक में पुनः नयी योनि प्राप्त कर रहा था। कोई वहीं सम्मानित, प्रताड़ित या दण्डित हो रहा था।

नचिकेता बोले, चित्रगुप्त ने गौ की बड़ी महिमा गाई है। उनके अनुसार गाय दिव्य प्राणी है। उसके अंग-प्रत्यंग में देवता और तीर्थों का वास होता। वह सब तीर्थों में श्रेष्ठ एवं परम फलदायिनी है। गाय धरती पर अमृत बांटने वाली है। इसके दधि, दुग्ध, घृत आदि से देवता शंकर, अग्नि और पितरों को परम संतुष्टि प्राप्त होती है। इसके पंचगव्य से अश्वमेघ यज्ञ का पुण्य प्राप्त होता है। गौओं के दांतों में मरुद्गण का, निहा से सरस्वती का, खुरों में नाग-गन्धर्व का, आंखों में रवि का वास होता है। इसके अतिरिक्त इनसे स्मृति कीर्ति, मेधा, कान्ति, विधा-बुद्धि, शान्ति, तुष्टि-पुष्टि व शान्ति-पाठ आदि की भी प्राप्ति होती है, ये सभी गौ की अनुगाभिनी हैं। जहां गाय का वास होता है, वहां श्री, धर्म, ज्ञान, लक्ष्मी, देवगण, तीर्थ आदि सभी सहज भाव में रहते हैं, अतः पुरातन युग से ही गाय के पालन और दान का माहात्म्य मान्य है।

नचिकेता बोले, ऋषिश्रेष्ठों! मैंने आप लोगों को कर्मविपाक आदि के विषय में तो बतला ही दिया है। अब मैं 'धर्मराज-नारद संवाद' के आधार पर दान-धर्म आदि का महत्व भी कहता हूं। आप लोग समाहित चित्त होकर श्रवण करें।

एक बार परम ज्ञानी एवं परम कौतुकी देवर्षि नारद धर्मराज की सभा में आ पधारे। देवर्षि को अपनी सभा में देखकर धर्मराज पुलकित हो उठे तथा उन्हें ससम्मान पाद्य, अर्घ्य, आदि प्रदान कर उनका गुणगान करने लगे। धर्मराज ने कहा आपके समान ज्ञानी और भक्त एवं पवित्रात्मा के यहां पधारने से हम धन्य हो गए हैं और हमारी पुरी भी धन्य हो गई है। यह हमारा अहोभाग्य है। भगवान्! अब आप अपने यहां पधारने का प्रयोजन बतलाने की कृपा कीजिए।

देवर्षि ने कहा, धर्मराज! आप न्यायश्रेष्ठ, धर्मज्ञ, नीति-निपुण तथा कर्मानुसार फल प्रदान करने वाले दण्डाधिपति हैं। आपकी सभा में आने का मेरा प्रयोजन इस प्रकार है-

मैं जानना चाहता हूं कि किस दान-व्रत या धर्म का पालन करने से मानव को अमरत्व की प्राप्ति होती है?

संसार में कुछ जन सुख-ऐश्वर्य, श्री कीर्ति आदि के भागीदार हैं तथा शेष इसके विपरीत देखे जाते हैं। इसका क्या कारण है?

दान कौन-सा श्रेष्ठ है तथा उसे प्राप्त करने का अधिकार सुपात्र कौन है?

धर्मराज ने नारद के इन तीनों प्रश्नों का क्रमशः उत्तर इस प्रकार से दिया-

सुविज्ञ मानव केवल सत्कर्म, सुदान तथा विशुद्ध मन से किए गए शास्त्रसम्मत व्रत से अमरत्व प्राप्त करने में सफल होता है। जो इसके विपरीत आचरण करता है, वह नरक का भागी होता है।

वेद पारागामी, स्वामी की आज्ञा का पालन करने वाला, शूरवीर, इन्द्रीयजित, अहिंसक, ब्रह्मचर्य का पालन करने वाला आदि सभी दीर्घजीवी होते हैं। ये लोग पृथ्वीतल में सुख भोग कर मरने पर दिव्य लोक के होते हैं। ये लोग पृथ्वीतल में सुख भोग कर मरने पर दिव्य लोक के अधिकारी बनते हैं। पतिव्रता सती-साध्वी स्त्री को भी यही गति होती है। दयालु, प्राणी मात्र में सम्भाव रखने वाले, पवित्र आचरण का आश्रय लेने वाले जन भी सुख-भोग करते हैं तथा नरक की यातना से बचे रहते हैं। गोदान करने, यज्ञादि में मन लगाये, माता-पिता की सेवा में रत रहने, भूदान करने तथा अपनी सभी ऐषणाओं पर विजय पा लेने वाले देवत्व को प्राप्त करते हैं।

अग्निहोत्र से विमुख, नीच, पर-स्त्रीगामी, शास्त्र-विरुद्ध, देवता आदि का अपमान करने वाला अथवा अन्य पापकर्म करने वाला पृथ्वी पर तो दुःख-क्लेश भोगता ही है, मृत्यु के पश्चात् नरक में कठोर यातना भोगता और पुनः हीन योनि में जन्म पाता है।

आपके तीसरे प्रश्न का उत्तर तो सौ वर्षों की अवधि में भी सम्भव नहीं है। महामुने फिर भी मैं इस संबंध में कुछ कह देता हूं।

दान-व्रत आदि की संख्या अगणित है और वे सभी सुफलदायी हैं। विचारणीय है कि केवल संकल्प के फल की प्राप्ति नहीं होती। उसके लिए तपस्या करना आवश्यक है। जो जन वास्तव में तपस्या करते हैं, वे दीर्घजीवी, रूप-सम्पन्न, ज्ञानी-विज्ञानी और सर्व भोगों को भोगने वाले होते हैं। दान करने से उपभोग की वस्तुएं प्राप्त होती है, ब्रह्मचर्य से दीर्घ जीवन प्राप्त होता है तथा दीक्षा ग्रहण करने से उत्तम कुल प्राप्त होता है।

धर्मराज ने पुनः कहा, महामुने जो व्यक्ति फल-मूल खाकर जीवन-यापन करता है, वह राजसी भोग का अधिकारी होता है। केवल पर्णभक्षी स्वर्ग प्राप्त करता है। विधिपूर्वक श्राद्ध या दान करने से पुत्र, श्री और सौभाग्य की वृद्धि होती है। केवल जल पर अपना जीवन निर्वाह करने वाला अपना अभीष्ट प्राप्त करने में सफल होता है।

त्रिकाल स्नान और संध्या के नियम में दृढ़ रहने वाले को भी ब्रह्म की प्राप्ति होती है।

अन्नदान करने वाला स्वस्थ, तीव्र बुद्धि और स्मरण-शक्ति वाला होता है। जल पिलाने वाला तृप्ति और अन्न तथा जल-दान करने वाला अपनी सभी कामनाओं की पूर्ति कर लेता है। अन्न, जल, फल, वस्त्र और रस दान करने वाला इस जन्म में सौभाग्यशाली होकर, दूसरे जन्म में भी सब कुछ प्राप्त करता है। धूपादि सुगन्धित वस्तुओं का दान करने से वसुलोक अथवा गोलोक में वास मिलता है। इसी प्रकार घृत, स्नेह, रथ, मधु आदि के दान से सुकुमारता, कोमल-कान्तता, स्फूर्ति, दिव्य विमानों तथा विविध रसों की प्राप्ति होती है। दीप दान का विशेष महत्त्व है। यह प्राणी की सर्वत्र अन्धकार से रक्षा करता है। भयभीत प्राणी को अभयदान देना सर्व-कामना-पूरक होता है।

इन सारे प्रसंग के बाद भगवान् वराह ने पृथ्वी को बताया कि सब कुछ मेरे में निहित है और जो नचिकेता ने एक बार कहा था, वह मैं तुम्हें बता देता हूं कि कलयुग की शक्ति को प्रभावहीन करने में एकादशी शक्ति का रूप महत्त्वपूर्ण है। भगवान् वराह से यह सब सुनकर धरती ने उन्हें प्रणाम किया और उन्हीं में लीन हो गई।

नचिकेता के वक्तव्य से सभी भक्त लोग आनन्दित हुए और जब ऋषि-मुनि चले गये तो नचिकेता अपनी तपस्या में लीन हो गये।

सूत ने त्रेता युग के एक तपस्वी के कथानक से वराह के महत्त्व को स्थापित किया। उन्होंने सुनाया कि त्रेता युग में नन्दी नाम का एक तपस्वी तपस्या कर रहा था। वह हजारों वर्ष तक तपस्या करता रहा तो भी देवताओं पर कोई असर नहीं हुआ लेकिन शिवजी प्रसन्न हो गये और उन्होंने उसे दर्शन दिये तब उसने शिवजी की स्तुति की और कहा हे सनातन-अनादि-अजन्मा परमेश्वर! आपको मेरा प्रणाम है। जगत को धारण तथा उसका पोषण करने वाले त्रिनेत्रेश! आपको मेरा नमन है। आप नीलकण्ठ, भव्य, भूत, हर, त्रयम्बक, सृष्टा, संहारकर्ता, भीम आदि नामों से भी प्रसिद्ध हैं। आप ही कपाल-माली हरितश्मश्रुधर, श्मशान निवासी भी हैं। आप शिवशंकर हैं। आपको मेरा नमन है, बारम्बार नमन है। आप रुद्र हैं, आपको मेरा प्रणाम है। आप मुझसे प्रसन्न हों। भगवान्! आप सर्वज्ञ हैं। आपको मेरा बारम्बार नमन है।

अपनी इस स्तुति को सुनकर शिवजी ने उन्हें गणेश्वरीगति प्रदान की और अपने रूप की समानता दी। शिवजी के अन्तर्धान होने पर नन्दी स्वयं शिवरूप हो गये। इसके बाद सूत ने नंदी और गणेश के वार्तालाप को बढ़ाते हुए शिव के स्वरूप की महिमामयी व्याख्या की।

भगवान् शिव का महत्त्व सर्वोपरि है। भगवान् वराह ने कहा कि गौकरण तथा श्रृंगेश्वर की स्थापना शिव के महत्त्व का द्योतक है और सभी देव शिव के सान्निध्य में निवास करते हैं।

इस प्रकार यह वराह पुराण भक्त को फल देने वाला पुराण है। इसमें पृथ्वी और भगवान् वराह के संवादों का सार है। इसके पढ़ने और सुनने से मोक्ष की प्राप्ति होती है और पाप नष्ट हो जाते हैं। विभिन्न तीर्थ स्थल में जाकर और स्नान करके मनुष्य अपने मन से शुद्ध हो जाता है। तीर्थ-स्थलों में जाकर इस पुराण के सुनने से करोड़ों गुणा अधिक फल मिलता है।

वराह पुराण से मन के क्लेश दूर होते हैं।

एक अध्याय का विशुद्ध पाठ करने से एक कपिला गोदान का पुण्य प्राप्त होता है।

दस अध्यायों के पाठ से अग्निष्टोम और अतिरात्र जैसे यज्ञों के करने का फल मिलता है।

पुरी पुराण में अध्ययन से पुत्र-पौत्र आदि की प्राप्ति होती है। सबसे बड़ी बात है कि पुराण के पठन-पाठन से भगवान् नारायण की कृपा से भक्त को सायुज्य मुक्ति मिलती है।

• • •